完美的秩序
认识巴厘的复杂性

PERFECT ORDER

RECOGNIZING
COMPLEXITY
IN
BALI

［美］史蒂芬·兰星（J. Stephen Lansing） 著

侯学然 译

文化藝術出版社
Culture and Art Publishing House

图书在版编目（CIP）数据

完美的秩序：认识巴厘的复杂性 /（美）史蒂芬·兰星著；侯学然译. -- 北京：文化艺术出版社，2024.11. -- ISBN 978-7-5039-7749-7

Ⅰ. C91-093.42

中国国家版本馆 CIP 数据核字第 2024XW5139 号

Copyright © 2006 by Princeton University Press.
All rights reserved. No part of this book may be reproduced or transmitted in any form or by any means, electronic or mechanical, including photocopying, recording or by any information storage and retrieval system, without permission in writing from the Publisher.

普林斯顿大学出版社版权所有（2006年）。
普林斯顿大学出版社保留所有权利。未经出版商书面许可，不得以任何形式或通过任何电子或机械方式（包括影印、录音或任何信息存储和检索系统）复制或传播本书的任何部分。

北京市版权局著作权合同登记　图字01-2024-3498号。

完美的秩序：认识巴厘的复杂性

（原版书名：Perfect Order: Recognizing Complexity in Bali）

著　　者	［美］史蒂芬·兰星（J. Stephen Lansing）
译　　者	侯学然
责任编辑	丰雪飞
责任校对	董　斌
书籍设计	马夕雯
出版发行	文化藝術出版社
地　　址	北京市东城区东四八条52号（100700）
网　　址	www.caaph.com
电子邮箱	s@caaph.com
电　　话	（010）84057666（总编室）　84057667（办公室） 84057696—84057699（发行部）
传　　真	（010）84057660（总编室）　84057670（办公室） 84057690（发行部）
经　　销	新华书店
印　　刷	国英印务有限公司
版　　次	2024年12月第1版
印　　次	2024年12月第1次印刷
开　　本	710毫米×1000毫米　1/16
印　　张	21
字　　数	300千字
书　　号	ISBN 978-7-5039-7749-7
定　　价	88.00元

版权所有，侵权必究。如有印装错误，随时调换。

推荐序一

马克思在青年时代曾根据对东方古老国家和民族的研究提出"亚细亚生产方式"的观点,认为东方与西欧社会有不同的发展道路和政治经济特点。马克思直到晚年还在研究这个问题,并写出了一些有更深入认识的论文。他显然希望根据这些研究扩充对人类社会的认知,在西欧以外的东方进一步总结人类社会的发展规律。但马克思过早去世,尚未完成他的研究,因此这种由他开创的东方社会研究并没有建立起系统的理论。

在马克思去世半个多世纪以后,一位西方学者卡尔·奥古斯特·魏特夫继续对马克思提出的东方社会开展研究,并撰写了《东方专制主义:对于极权力量的比较研究》一书。他认为东方社会普遍具有治水社会的特点,治水导致集权,因此这类社会都是专制主义的极权社会。

这个结论在国际学术界产生了广泛影响,在中国的历史学、政治学和民族学学界也得到不少人的认可。当然也有更多学者认为他的观点过于武断、证据不足。国际学界所指的"东方国家"包括了中国、埃及、印度、伊朗、日本、北非诸国及其民族,也包括俄罗斯。其多元的历史和现实社会的特点很难用魏特夫的观点一概而论。但马克思开创的东方社会研究显然是人类历史与社会研究不可回避的课题,需要学者们继续努力。

著名人类学家史蒂芬·兰星于2006年出版的著作《完美的秩序:认识巴厘的复杂性》中,用深入细致的民族志资料,对这个问题给予了阐释并明确提出了自己的新观点。他通过对印度尼西亚巴厘岛上农村中水利灌溉系统和农民社会生活的细致调查，说明了这个东方农业社会并不是依靠集权、专制来维持的，而是一个复杂的文明体系，是由多元文化、生态环境与社会结构相互协调适应而维持的和谐社会。也就是说，他用实证反驳了魏特夫关于东方社会普遍具有集权、专制特点的结论。这样的研究确实对我们具有重要启示意义。它让我们明白了人类学实证调查的重要价值，另外也告诉世人，与西方的所谓"民主""平等"社会相比，东方国家有既与自然环境"天人合一"，又能够人人共存的和谐社会。

侯学然博士在人类学领域耕耘多年，对国际人类学界关于生态人类学角度的研究，对于现代化与经济如何协调发展的前沿研究有全面的把握，她曾从事中国农村水稻社会土地流转与社会变迁的研究，在农村做过长时段的调查，对农民、水利社会和当今中国农村的快速变迁都有丰富的体验和思考，并写下了相关的专著。因此她对于兰星所著的印度尼西亚农村的民族志描述有深入理解和认同。为此，她认为有必要将其介绍给中国学界和社会，遂花了数年时间，精心翻译，反复推敲，终于把这部信达雅的译作呈现给了读者。读着这部言辞清丽顺畅的译作，让人有耳目愉悦之感，相信该译作也一定会受到中国学界的欢迎。

中央民族大学教授　杨圣敏

2024 年 12 月

推荐序二

人类学家总是渴望证明自己研究的前文明社会或者非西方社会能够提供某种在西方的历史和文化中无法获得的教益，这一点并不总是能够取得成功——有些表面上看来辉煌的学术胜利其实是禁不住推敲的。但兰星教授的《完美的秩序：认识巴厘的复杂性》（以下简称：《完美的秩序》）无疑在对东南亚的传统水利事业与"绿色革命"的相关分析当中做到了这一点。而且，相比早几年詹姆斯·C. 斯科特以社会主义作为标靶的那本《国家的视角：那些试图改善人类状况的项目是如何失败的》，《完美的秩序》提供了更加完善的民族志材料和更具想象力的理论视野。

在 2006 年首次出版之后，此书在英语学界更多被关注的是他的博弈论视角和研究方法，兰星通过引入病虫害作为一个关键变量，丰富了格尔茨对巴厘灌溉体系的分析，干旱和病虫害的相互影响造成了整个灌溉体系的纳什均衡。兰星以此分析了巴厘的灌溉体系的形成机制和运作方式，并以此和亚当·斯密基于现代市场经验提出的"看不见的手"的运作方式及背后的道德基础进行了有趣的对比。在兰星看来，通过计算机模拟灌溉系统的运作并和现实经验进行拟合的过程本身也许并非最重要的，反而是这种系统所要求的开放与合作的平等主义伦理系统才是问题的关键。在这一点上，他和格尔茨的巴厘研究之间的差异并没有他自己设想的那么大。但与格尔茨讲巴厘的问题完全归结为巴厘印度教的文化模式不同的是，兰星更强调灌溉会社苏巴克及基层社区的南岛语族背景，从而将印度教中典型的男性原则和女性原则之间的对反关系转变成了印欧人的等级制思想与南岛语族的平等主义模式之间的对立互补关系。与印度教的吠檀多派的二元论中出现的阴阳关系中强调"梵"与"幻"的对反关系不同的是，苏巴克的女性原则因为最高水神庙的达努女神拒绝了其兄长的求爱而成为一个排斥男性原则普鲁沙的独立力量。这一点让兰星看到了将等级人和平等人关系处理成为男性原则和女性原则之间关系的理论曙光。而实际上，这个做法亦无非是数论派哲学的翻版，当然实践上也和当地流行的金刚乘佛教的二元论共同属于湿婆信仰的一部分。而引入南岛语族的意义在于，原本在印度教哲学中武士和生产者之间的关系被隐喻成男性原则和女性原则的对反是在杜梅齐尔的研究中已经被排斥的，但南岛语族基于天地神婚的文化图式使这一类比获得了合法性，代价则是，不论是格尔茨还是兰星，都没有进一步说明在这种情况下，社会如何完成两种完全不同的文明原则的整合。前者基于剧场国家的纯粹卡理斯玛统治和后者基于圣加拉的宇宙学原理都不足以支撑巴厘漫长的国家史和文明史。在我看来，要解决这个问题就要将巴厘的战争史同样纳入研究视野当中来，并且呈现巴厘的亲属制度内部的等级关系如何同时使等级和平等成为可能。真正的问题是南岛等级制度和印度教的等级制度的耦合机制，而不是简单地将南岛社会设想成基于女性原则的平等主义乐园。

东南亚的田野调查从20世纪60年代开始就在不断为人类学提供着源源不断的学术给养，巴厘更是东南亚民族志调查最为活跃的田野地。由于大传统的多样性、等级制度、殖民史、民族主义等重大问题往往会集中在一个案例中被呈现出来，东南亚的民族志也呈现出了与大洋洲、美洲和非洲传统民族志完全不同的样貌。兰星的《完美的秩序》比较少见地正面处理了南岛语族和印度教文明被整合到一个社会或者国家中的状况，类似的问题也出现在东南亚的其他地方，以及希腊等地。作为一本民族志作品，这本书有着不可替代的意义。

　　侯学然博士和我都曾经研究过中国的水利社会和稻作农业问题，我们共同面对的是东亚社会的文化图式下，灌溉与国家建构之间关系的经典问题。就像美国人类学家戴木德所说，中国和南太平洋的文化图式之间的深刻关联是理解双方的根本基础，在一个少有印度教的干扰而纯粹由汉人和南岛共享的文化图式之下，水利问题与整体社会的关系完全是另外的样式。众所周知，如何进一步推动水利社会的广泛比较研究，是中国社会科学必然要面临的问题，在这方面，《完美的秩序》提供的启发远不止纳什均衡那么简单。

厦门大学教授　张亚辉

2024 年 12 月

译者序

本书荣获美国人类学协会人类学与环境部 2007 年度朱利安·斯图尔德图书奖（Julian Steward Book Award），作者是著名人类学家史蒂芬·兰星（J. Stephen Lansing）教授，出版于 2006 年。兰星通过巴厘文化系统和苏巴克（Subak，意为水稻组织）这一作为世界文化遗产的水利系统等复杂性的论述阐释了当地社会民主和非集中、平等机制的社会网络运作方式。继魏特夫提出东方专制主义的理论后，学界目前仍然没有较为有力的理论和实践研究给予反驳，兰星对巴厘文化、水利灌溉系统的研究几乎与魏特夫的主张是完全对反的，这一经验为中国学术界进一步反思魏特夫的理论提供了重要的理论基础。

兰星的著作讲述了一个关于巴厘的精神实践如何在 1000 多年里巧妙地创造了世界上极微妙、多产的文化与农业系统的精彩故事，运用前沿的复杂性理论阐明了一个高度复合、具有高度适应性的系统是如何出现的。作为一部集自然人文保护、复杂性理论和人类学为一体的开创性著作，本书呈现了作者扎根于巴厘水神庙的田野调查，探索了水神庙合作网络的社会基础。作者综合考察了水神庙的考古历史、生态功能及其在巴厘"宇宙论"中的地位，以女性为主体的仪式，反映出巴厘农民团结起来改变秩序的意识觉醒，强调了男女的二元互补性，也揭示了传统农业技术是如何受到现代化规模农业项目威胁的。在绿色革命干扰了巴厘水稻梯田的生态管理之前，苏巴克和水神庙的作用几乎未被"现代化"的力量注意。即使在它们的功能、作用显现之后，从西方社会科学的视角来看，本地的传统系统也很难被理解。但从苏巴克的角度反观，这些西方认为的"迷信"与"神奇"的想法和做法为治理水稻梯田和通往农业现代化的道路提供了不可或缺的工具。

这本书富有超高的学术价值，极大地影响了比较研究的视野和比较方法运用的合理性。本研究通过将文化的复合与社会的平等性相结合，重新探索了巴厘的国家与社会关系，对多元文化的价值给予了肯定和强调。这一解释比格尔茨的"剧场国家"概念更加本土化，也更加系统和完善，更有利于启发中国的文化及文明体系研究。目前，我国的文化与社会研究思想都处于极为活跃的时期，将本书翻译成中文将促进我国知识界的学术生产，以及对民族学、人类学和社会学领域的核心问题给予深度理解，其翻译及出版也将对文化体系、社会结构、文化遗产的研究和绿色农业、乡村振兴的发展有着重大的借鉴意义。

导言部分说明了作者在田野调查期间目睹了正在经历大规模的社会转型的巴厘岛发生的一系列社会和环境危机，开始反思巴厘"传统"社会是如何组织的，并对研究缘起、研究主题及各章的内容进行了认真介绍。

第一章，作者带着"水神庙网络与巴厘灌溉发展历史的实际关系"这一问题，通过水控制的考古学知识探讨了巴厘何时开始灌溉以及古代王国的组织形态、苏巴克和水神庙的权力范围，并在一个古老的水神庙和灌溉系统的遗址进行了考古发掘和研究。第二章，作者描述了研究结果，并对苏巴克和水神庙的起源提出了历史解释，围绕着巴厘的治水历史与邻近的爪哇岛的平行发展逐点进行比较。第三章，作者借鉴了系统生态学和博弈论中的一些思想，关注水神庙网络的生态效应问题，以及农民之间合作的基础。作者的合作者克莱默设计了 172 个位于乌斯河（Oos）和佩塔努河（Petanu）流域的苏巴克模型，全面记录水神庙网络的影响，试图验证模型的预测能否在水稻梯田的实际管理中得到证实。第四章，作者继续分析马塞提·帕莫斯·阿普（Masceti Pamos Apuh）的14个苏巴克，重点从生态学视角转移到苏巴克的治理上，以回答马克思主义理论的基本问题：等级制度是否会在巴厘的苏巴克会议上消失。第五章，作者从巴厘人的视角关注苏巴克组织的"平等人"，如何理解苏巴克将大量的时间和资源投入水神庙的宗教活动中，并解释与苏巴克的民主有关的仪式和信仰的深层含义。第六章，作者重点介绍巴厘岛最高的水神庙——它有能力改变苏巴克的决定，拥有更大的精神权威。作者利用丰富的田野材料解释这座庙似乎与水神庙网络作为分散的自治机构的观念相矛盾的难题，进一步阐明这座水神庙的作用及其祭祀仪式的深层含义。第七章，作者总结了系列调查和研究中的知识与思考。从西方社会科学的视野来看，水神庙的存在很难被理解，水神庙网络依赖于农民之间的合作水平：他们在整个流域的尺度上动态地、积极地管理水稻梯田的生态。结论解释了印度教和佛教的思想和文化传统为健全整个巴厘的自治制度创造了先决条件。自我控制和相互依赖被认为是治理社会和自然世界的先决条件，巴厘人关于自我的观念与西方社会的个体主义意识形态形成了鲜明的对比。

尤其值得注意的是，本书的创新之处在于，作者通过巴厘的民族志个案，对文化遗产、文明体系、水利社会、多元文化、农业系统、生态环境与社会结构等问题的研究进行了有效的综合和探索。兰星十分重视巴厘的多元文化和稻作农业的传统水控制，而世界文化遗产苏巴克灌溉系统对亚洲地区的农业制度、文化文明系统的研究都有着深刻的启发意义，于是借助人类学在理论与方法论方面的知识优势，把文化遗产提高到文化研究、社会治理的高度，从而将文化遗产与经济、社会、文化的互动关联起来。该研究的经验基础来自多年的田野调查，是人类学之于巴厘乃至东南亚地区的重要的民族志作品。兰星运用印欧人的共同体原则支持巴厘小型"水利社会"的判断，比较巴厘的治水历史与邻近的爪哇岛稻作农业的平行发展，更侧重于苏巴克之间的合作与水神庙网络的自我组织。他的创新之处还在于把人类学的经典理论"尼加拉"和"德萨"的对反归属于南岛区域原有宗教系统中的二元宇宙论（dualistic cosmology），代表王权的宗教寺庙系统（男性原则）是追求社会的等级秩序的，而代表平等的水神庙系统（女性原则）则希望通过平等原则完美分配农业耕作所需要的自然资源，以达到丰产。相比于"剧场国家"理论突出国王—祭司与灌溉会社之间的声望竞争，兰星更强调男女之间必须互补与平衡才能合成一个整体的巴厘社会。稻作也是中华农耕文化之源，在对经验和理论的反思中，通过对比研究可以发现亚洲文化的关联性以及中国文明的独特性，在现代性的延展中不断完善自身，这符合全球共同发展的理念和策略。

而在现实应用价值上，兰星揭示了巴厘传统水稻种植实践的隐藏结构和玄妙的运行状况。管理巴厘梯田、水田的民主组织苏巴克已有1000年的历史，将整个社会联系在一个嵌套的层级结构中。但当绿色革命来到巴厘时，水稻收成损失，农民通过水神庙系统和灌溉系统有效协作，激励平衡。这种"完美的秩序"是如何自我维持的，对于文化传承和社会结构的研究都非常重要。马克思和魏特夫认为，巴厘国王的权力来自他们对水利灌溉的控制；兰星的解释在于，系统从上到下、错综复杂地相互关联，各部分平等自主地运作，灌溉系统可以同时同质又独立于国家。

人类的劳动不仅具有技术性，而且具有象征和宗教意义。水神庙中使用的"圣水"象征着灌溉用水及其在各层级农业和各社会系统中的循环。同时，巴厘的时间感知和实践十分厚重，其浓郁的时间密度应该被引入时间匮乏的西方社会。此外，兰星的巴厘经验不仅有助于文化遗产、农业发展、生态保护、社会建设的有机结合之研究，还能为人类学的经验研究，中国特色文化、社会、农业、生态等的现代化研究提供新的视角和启发。

我把最真诚的感谢献给我的两位导师：杨圣敏教授和张亚辉教授。杨老师教导我，人类学的研究方法首先要了解学科发展的历史，通过学科史了解前辈提出的问题及其发展历程，思考前人如何提出、深入并解决问题——这是一个"模仿"的过程，像是站在巨人的肩上思考，重走前人的思想历程，只有越靠近学科史的基础部分，不断地体会才能一点点走近这个学科。然后，通过书本学习与外出实践的结合，积累经典，通于田野，方可蓄势而备，厚积薄发。

《完美的秩序：认识巴厘文化及其复杂性》(Perfect Order: Recognizing Complexity in Bali)是两位导师在我攻读博士学位期间推荐给我的，对我的博士学位论文研究启发很大。张老师说："做学问要将学科经典与社会现实、与时代特征结合起来。学科经典就像树根，永远有可探寻、可推敲之处；根基稳固了才有可能去谈枝叶的部分，即衍生的、随时代迭更的知识。与此同时，把握环境也很重要，每一个人类学家，甚至从事任何学科的学者，都要知道前人所提的学科根本问题为什么有价值，而后反思如何调整才能使之更切合时代发展，或者通过认识社会，对根本问题进行时代的内在表述，这就有学科创新的意义了。"这部著作就是我用经典触摸当下时代的脉络、理解复杂之下的交错，继而完成立高见远的贯通之极好尝试了。

此书的主体部分之翻译完成于我还是一个博士研究生时，毕业后入职中国艺术研究院，有幸得到院基本科研业务费项目的出版资助，让整体的文本能够面世，虽然几经修改与重新思考，但由于个人学识有限，在荷兰语、印尼语、印地语的专业知识理解和汉译的表达上仍有提升空间。有些比较重要的引文或术语，我力所能及地进行了解释，恳请读者批评与指正！在翻译本书同期，我也在翻译《农业内卷化》，但由于多年后有能力再联系时，版权已被独家授权于他处，终究是错过了。但译介格尔茨之论著对于本书的翻译有诸多帮助,附录为本著作的精彩书评,以及本人翻译以上格尔茨和兰星教授作品时的感想,和读者们分享。谨以这个译本献给兰星教授,希望他知道本书在中国出版后会非常高兴。

中国艺术研究院　侯学然
2024 年 9 月

献给泰蕾丝·德·韦特（Thérèse de Vet）

原版致谢

对于撰写自己田野工作经历的人类学家来说，如何承认那些帮助他们进行研究的人所做的贡献，已经变成一个相当棘手的问题。我们是真正的作者，还是仅仅为口述的记录者？我们的解释有什么特殊地位和意义吗？有多少功劳属于我们自己，又有多少功劳属于我们的"报道人"？

对于这些问题，这本书的答案与传统的民族志略有不同，传统的民族志是基于一个孤独研究者的见解。1985年前后，我开始与一位系统生态学家詹姆斯·N.克莱默（James N. Kremer）在巴厘的灌溉系统的系列研究中合作，我不再认为自己是一个孤独的研究者。事实证明，我们的合作是非常有益的，我很快就开始培养与外国的和巴厘的其他研究人员的合作关系。虽然并非所有的研究项目都取得了成功，但随着时间的推移，这些项目产生了各种各样的成果：从博士论文到文章、著作、纪录片、研讨会、课程，以及向政府机构提交的报告。我在附录中列出了其中的一些，一方面是为了表达我对同事的感激之情，另一方面也可以作为读者们的参考。

这本书代表了我对这些团队努力的一些成果的提炼。通常来说，我的角色包括帮助规划和组织这些活动，并以人类学家的身份为我们的工作做出贡献。但这本书的主题之一是"涌现"（emergence）概念的有用性，即部分有时可能比整体更重要。虽然我们的许多研究项目都有直接的、短期的目标，但我们也把它们看作更大的难题的一部分。在我脑海中的某个地方，我与社会科学家们就巴厘的研究进行着长期的对话，我非常钦佩他们的工作：克利福德·格尔茨（Clifford Geertz）、尤尔根·哈贝马斯（Jürgen Habermas）、罗伊·拉帕波特（Roy Rappaport）、V. E. 科恩（V. E. Korn）、让·弗朗索瓦·格尔蒙佩斯（Jean-François Guermonprez），后期有古斯蒂·恩格拉·巴格斯（Gusti Ngurah Bagus）、瓦莱里奥·瓦莱里（Valerio Valeri）、林达尔·罗珀（Lyndal Roper）、詹姆斯·J. 福克斯（James J. Fox）、安·斯托勒（Ann Stoler）、罗伯特·赫夫纳（Robert Hefner）、路易斯·杜蒙（Louis Dumont）、珍妮特·霍斯金斯（Janet Hoskins）、迈克尔·德芙（Michael Dove）、罗伯特·阿克塞尔罗德（Robert Axelrod），还有卡尔·马克思（Karl Marx）。与此同时，我与生态学家詹姆斯·克莱默（James Kremer）、丽莎·柯兰（Lisa Curran）、范达·格哈特（Vanda Gerhart）和西蒙·莱文（Simon Levin）进行了另一种精神上的（有时是真实的）对话。另一场对话始于20世纪90年代的复杂性理论家：约翰·霍兰德（John Holland）、克里斯托弗·兰顿（Christopher Langton）、斯图尔特·考夫曼（Stuart Kauffman）、约翰·米勒（John Miller）、沃尔特·丰塔纳（Walter Fontana）、埃里卡·詹（Erica Jen），以及最近的大卫·克拉考尔（David Krakauer）。

但我想说的重点是关于我与巴厘同事的对话。当然，我们谈论的大部分内容都与具体主题研究的实际任务有关：应该问什么问题、由谁来问等。我们的项目目标经常有相互重叠的地方。例如，乌达亚纳大学（Udayana University）农学院院长尼阿曼·萨塔万（Nyoman Sutawan），以及瓦扬·温迪亚（Wayan Windhia）和尼·卢赫·卡尔蒂尼（Ni Luh Kartini）教授，和我一起对巴厘稻作农业的生态基础有共同的兴趣，包括短期内农业政策的实际影响，以及知识上的困惑。粮食作物保护实验室的古斯蒂·努拉·阿利万（Gusti Ngurah Aryawan）、韦恩·苏默玛（Wayan Sumarma）和尼阿曼·韦迪阿塔（Nyoman Widiarta）与我、克莱默和丽萨·科伦（Lisa Curran）的研究生丹尼尔·莱瑟姆（Daniel Latham）合作，对稻田害虫的种群动态进行了一系列研究。乌伦·达努·巴图尔水神庙（Pura Ulun Danu Batur）的元老——尼阿曼·苏卡迪亚（Nyoman Sukadia）大师对我和几个巴厘学者（巴厘博物馆的普图·布迪亚斯特拉，Putu Budiastra；努拉·奥卡苏帕塔，Ngurah Oka Supartha）询问神庙历史的问题非常感兴趣，于是开始收集和发表自己的研究材料。亚洲开发银行（Asian Development Bank）的比利时灌溉专家伊夫·拜莱肯斯（Yves Bellekens），以项目评估小组组长的身份开展他在巴厘岛的工作。后来，他和瓦赫宁根大学（Wageningen University）前教授卢卡斯·霍斯特（Lucas Horst）对巴厘岛的灌溉工程历史产生了更浓厚的学术兴趣，并与我们取得了联系。

当我说"我们"时，我特别指瓦扬·阿利特·阿尔萨维古纳（"阿利特"，Wayan Alit Arthawiguna）和后来的桑·普图·卡勒·苏拉塔（"卡勒"，Sang Putu Kaler Surata）。阿利特是农业部研究中心在巴厘的高级研究员，卡勒是塔巴南（Tabanan）摩诃萨拉斯瓦蒂（Mahasaraswati）学院的保护生物学家和讲师。我们三人组成了一个核心团队，参与了与本书有关的各方面研究。阿利特和卡勒在密歇根大学和亚利桑那大学时和我共度了一段时光，阿利特的博士论文是关于苏巴克的生态学研究。他研究了从稻田流向海岸带的氮肥，这让我们更关注氮肥对珊瑚礁的影响。这个问题让盖伊·马里恩（Guy Marion）——当时还是斯坦福大学的本科生，和理查德·墨菲（Richard Murphy）——库斯托学会的成员，来到了巴厘与我们进行合作研究。盖伊在克莱默的帮助下从巴厘的珊瑚礁上采集了珊瑚样本，并在斯坦福大学罗伯特·邓巴（Robert Dunbar）的帮助下进行了分析。这些研究和其他相关研究得出的结果使我们认识到，由于不了解实际情况而盲目制订的发展计划已经造成了一些问题，是非常有必要设法消除的。除了公布我们的研究结果，我们还对巴厘的农业推广机构和学生进行数据收集和分析的培训。

大卫·铃木（David Suzuki）为电视连续剧《神圣的平衡》（*The Sacred*

Balance）拍摄了这部分故事。火山学家雅克·杜里埃（Jacques Durieux）也将这部分故事置入了欧洲电视台的安德烈·辛格（André Singer）制作的系列节目中。阿利特联系安排了巴厘岛电视台和报纸媒体，它们偶尔播放有关我们生态工作的电视节目和报道。

我们还与几位考古学家进行了密切合作。约翰·肖恩菲尔德（John Schoenfelder）最初是以研究生的身份加入我们的，后来他在加州大学洛杉矶分校（UCLA）写了一篇关于灌溉在巴厘国家形成中的作用的论文。弗农·斯卡伯勒（Vernon Scarborough）带我来到他位于伯利兹（Belize）的田野调查现场，探索巴厘岛和玛雅的水控制系统之间的相似之处。随后，在巴厘岛考古学家韦恩·阿迪卡（Wayan Ardika）的持续协助下，他和肖恩菲尔德在巴厘岛开展了田野调查。我们还从与简·维斯曼·克里斯蒂（Jan Wisseman Christie）的持续通信中获益匪浅。

其他几位巴厘本地的合作者也在我们的仪式和政治研究中发挥了重要作用，他们不仅提出了新的研究方向，还参与了我们对研究结果的讨论，他们是：沙努尔地区的"塔曼萨里"度假村（Sanur Griya Taman Sari）的西德门地区的高级祭司（Pedanda Gde Sidemen）；凯迪桑（Kedisan）的古斯蒂·古拉·佩纳提（Gusti Ngurah Penatih）先生；塞巴图（Sebatu）的瓦扬·帕格·苏格里瓦（Wayan Pageh Sugriwa）；巴东（Badung）大师和巴图尔（Batur）的能加·特卡（Nengah Teka）大师。

我也非常感谢那些对这份手稿提出批评意见的人，他们是：威廉·达勒姆（William Durham）、泰蕾丝·德·韦特（Thérèse de Vet）、卡罗尔·兰星（Carol Lansing）、约翰·兰辛（John Lansing）、弗农·斯卡伯勒（Vernon Scarborough）、罗伯特·赫夫纳（Robert Hefner）和安·金泽（Ann Kinzig）。最后，我要感谢几家机构对我们研究的支持，首先是我们的主要研究资金来源——美国国家科学基金会（National Science Foundation）和詹姆斯·S.

麦克唐纳基金会（James S. McDonnell Foundation）。联合国粮食及农业组织（United Nations Food and Agriculture Organization）为我们提供了额外的支助。我还要一并感谢罗尼·阿迪卡里亚（Ronny Adhikarya）和世界自然基金会（World Wildlife Fund office）驻巴厘办事处，特别是凯图特·萨贾纳·普特拉（Ketut Sarjana Putra）和蒂莫西·杰塞普（Timothy Jessup）。在2000—2001年撰写这本书期间，行为科学高级研究中心（The Center for Advanced Study in the Behavioral Sciences）为学者们提供了一个学术研究的天堂，还要特别感谢林恩·盖尔（Lynn Gale）帮助我重新思考一些数学问题。我对圣塔菲研究所（Santa Fe Institute）同事们的感激之情，本书的读者将一目了然。在此，我更要感谢艾伦·戈德伯格（Ellen Goldberg）、乔治·古默曼（George Gumerman）、贝·史密斯（Bae Smith）、马库斯·丹尼尔斯（Marcus Daniels）、香农·拉森（Shannon Larsen）和金吉尔·理查森（Ginger Richardson）。最后，我谨向亚利桑那大学的同事们表示感谢，特别是托马斯·帕克（Thomas Park）、詹姆斯·格林伯格（James Greenberg）、塔蒂安娜·卡拉菲特（Tatiana Karafet）、约瑟夫·沃特金斯（Joseph Watkins）、史蒂夫·库恩（Steve Kuhn）、玛丽·斯汀（Mary Stiner）、约翰·奥尔森（John Olsen）、迈克尔·哈默（Michael Hammer）、马克·尼希特（Mark Nichter）和艾伦·雷德（Alan Redd），以及我的研究生助理约翰·墨菲（John Murphy）、凯瑟琳·霍尔森（Katherine Holmsen）和凯·麦克尔文（Kay McElveen），感谢诺玛·梅纳德（Norma Maynard）、凯西·斯奈德（Cathy Snider）、埃伦·斯坦普（Ellen Stamp）、玛丽·斯蒂芬森（Mary Stephenson）、芭芭拉·弗雷戈索（Barbara Fregoso）、卡罗琳·加西亚（Caroline Garcia）和德克·哈里斯（Dirk Harris）为支持"反混沌"所做的努力。

亚利桑那大学提供了一个令人振奋的学术环境，让我可以自由地在巴厘岛进行广泛的田野调查。我非常感谢同事们在我不在时帮我解决问题。我们在印度尼西亚的研究是由印度尼西亚农业部和科学研究所赞助的，还得到了印度尼西亚共和国驻洛杉矶总领事馆的支持与帮助。因此，本研究成果的功劳应该被大家广泛分享，但是，对于可能出现的任何错误，责任都由我个人承担。

史蒂芬·兰星

目 录
CONTENTS

001　第一章　导　言

023　第二章　苏巴克和水神庙的起源

071　第三章　水山合作的兴起

095　第四章　暴君、巫师和民主主义者

133　第五章　理性的符号

171　第六章　最高的神明

209　第七章　实现完美的秩序

237　苏巴克研究的其他出版物

245　索　引

271　附录：书评

第一章

导　言

> 从神话到理性的过渡仍然是一个问题,即使对于那些认识到神话也包含理性的人也是如此。
>
> ——马赛尔·德蒂安(Marcel Detiene),古希腊真理大师

当人类学家试图唤起一个像巴厘那样充满异域风情的非西方社会时,结果可能看起来就像在表演一场木偶舞。习惯上来说,我们从强调不寻常的、奇怪的符号和信仰开始,这些符号和信仰就与我们自己的完全不同了。通过我们自己的语言魔力,把这些符号印在我们学科的观念中,它们就生动起来。这种方法有时是富有成效的:著名的法国戏剧导演安东尼·阿尔拖(Antonin Artaud)写道,他从1937年巴黎世界博览会(Paris World's Fair)上看到巴厘人的表演中获得了很多灵感,他认为没有必要通过进一步的研究使他的第一印象变得复杂化。但如果我们对不那么肤浅的经历感兴趣,还有另一种选择。假设我们以一种戏谑的态度,把问题反过来问,从"神奇的"巴厘人的角度看,西方社会科学会是什么样子?

想象一下在巴厘岛大祭司的住所(Griya)的场景。在一个有围墙的石头庭院里,他坐在那里,全神贯注地抄写从一位同事那儿借来的一份14世纪的手稿,周围是他日常仪式的用具:银碗、银铃、盛满"圣水"的罐子,以及盛满献祭用花瓣的编织篮。为了成为大祭司,他做了多年婆罗门高级祭司的学徒,阅读和讨论古印度教文学和佛教哲学的古代文献。当导师相信学

[1]

生已经准备好了，就会举行一个葬礼。在葬礼上，学生象征性地经历自己的死亡，切断自己与普通人生活的联系，这样他就可以集中精力磨炼自己的心智。但并不是他所有的研究都针对个人启蒙，学徒还要学习如何进行仪式，以造福社会。这些年来，我与这些"二次出生"的祭司有过多次对话，希望能对社会科学家感兴趣的问题有更深入的了解。他们经常要求我回应他们。和他们一样，我在西方社会理论的知识传统中经历了一段漫长的学徒期，探索过他们研究的许多相同主题。过去，这些对话有时会让我感到不安：我应该承认他们的信仰体系只是一种魔法，没有现实基础吗？但随着我对巴厘岛哲学文学知识的了解越来越多，我意识到我的第一印象是肤浅的，于是我开始想办法让我们的对话继续。

魔法的概念对西方科学很重要，西方科学常常认为自己与迷信进行了一场持续了几个世纪的斗争。从这个角度看，魔法是理性思维的对立面。这种对立对社会科学领域尤为重要。在最近的一本书《自我的来源：现代认同的形成》中，哲学家查尔斯·泰勒（Charles Taylor）认为，在西方世界，魔法世界观的丧失是现代自我意识出现的必要前提："魔法背后的世界观的衰落，正好与自由和自我控制意识的兴起相对立。从这种新的自我意识的观点来看，魔法的世界似乎包含着一种束缚，一种不可思议的外在力量在禁锢着自我，甚至是一种自我的陶醉或失落。"[1] 根据泰勒的观点，我们之所以需要一门特定的社会科学，是因为我们认识到人类的思维并不是完全理性的，因为人类的思维受到具体现实和生活于这个世界的约束。社会科学的任务是让我们认识到这些约束，并帮助我们掌握这些制约因素。

---

[1] Charles Taylor, *Sources of The Self: The Making of the Modern Identity*, Cambridge, Mass.: Harvard University Press, 1989, p.192. 基思·托马斯在《宗教与魔法的衰落》一书中也提出了类似的论点。其他历史学家强调了魔法和炼金术在欧洲近代早期与科学的结合方式，例如艾萨克·牛顿对占星术的数学基础具有浓厚兴趣。但是，除了那些挑战早期现代科学和魔法之间区别的历史学家，这种方法只会增加魔术衰落作为科学和现代性兴起的先决条件的重要性。

然而，对于一个受湿婆悉檀多（Saivasiddhanta）和佛教哲学教化的巴厘人来说，这些似乎都很熟悉。这两种哲学传统在巴厘岛已经兴盛了1000多年，它们强调通过意识到在物质世界中具体的事实对心灵施加的限制来解放思想。西方社会科学家与巴厘祭司的观点之间的真正差异并非简单的迷信【3】与科学之对立。相反，它们反映了对社会本质截然不同的看法。社会科学是具有比较性的，它假定世界是人类创造的，社会制度是可以改变和延展的。无论是不同社会之间，还是同一社会在不同历史时期的比较，都显示出不同的社会结果是如何产生的。这一思想最早提出于18世纪的欧洲。例如，"文明"一词源于一个法语词，该词在1819年首次以复数形式用于比较不同的社会。[①] 但对于一位巴厘岛祭司而言，比较社会理论的想法始于一个错误的前提。巴厘婆罗门教的社会观念是建立在种姓观念基础之上的。在种姓制度中，每个人在出生时就继承了自己的种姓地位，种姓之间的差异被视为这个世界的事实，而不是历史。因此，对于一个婆罗门学者来说，社会世界的基本框架是既定的，而比较社会学的概念似乎有点奇怪。

但对话不必就此结束。毕竟，社会科学家最喜欢的比较方法是间接的。巴厘的文学充满了关于不同社会的故事，人们研究这些故事是为了了解社会世界的运作方式。为什么有些王国——或某些个人——繁荣昌盛，而另一些却没有？为什么会出现冲突，是什么使冲突加剧，以及如何成功地解决冲突？答案必然在于人们的行动，而根据巴厘人的观念，这些行动最终由人们的自我意识所驱动。大量的巴厘哲学、文学以及许多严肃的艺术，包括戏剧、绘画和诗歌，探讨了这个世界心智发展和行为之间的关系。因此，在巴厘传统绘画中，眼睛的形状表达了主人在情绪上自我控制的程度。从祭司的

---

① 以前，"文明"是一个法律术语，指的是将刑事诉讼转化为民事案件。参见 Philippe Beneton, *Histoire de mots: Culture et Civilization*, Paris: Presses de la Fondation Nationale des Sciences Politiques, 1975。

角度来看，社会之间的比较就像一部编年史的开始，只是一个舞台的背景。一个人的分析能力——问题的核心——集中在主要人物不断变化的意识水平和与世界的接触方式上。

我所研究的西方社会理论专注于一个不同的故事：现代社会的出现，新的人群的出现。这就是泰勒所讲述的故事，但它与社会科学本身一样古老，并且植根于基督教的世界观。根据这一观点，现代西方是独特的，因为只有在现代世界中，自我的本质才能被自由地发现。前现代社会视社会为宇宙自然秩序的一部分。西方科学的成就在于破除迷信，揭示社会是我们自己创造的，而不是众神创造的。泰勒所称的"内在性"，即现代意义上的自我，作为一个自主的主体和一个历史的存在，是与这种认识紧密相连的。因此，社会科学是自我认识的一种形式，因为人们通过挖掘历史事件来发现现代自我的出现阶段。在黑格尔、马克思和韦伯等欧洲人的传统信仰中，这些阶段与民主社会制度的发展密切相关。黑格尔的观点为19世纪欧洲社会理论奠定了基础，他认为社会制度反映了一个社会的成熟程度和自我意识。由此可见，真正的自我意识只有现代社会的成员才能获得。事实上，这一传统使现代西方社会科学家成为独一无二的特权观察者。

但是，出于类似的原因，一位巴厘的婆罗门祭司也认为自己是一个独一无二的、享有特权的观察者。像社会科学家一样，他主张从对世界的观察中抽象出人性的理论知识。然而，从社会科学家的角度来看，祭司的观点和他自己的并不对等，因为婆罗门的观点包含在他的"前现代"世界观的视野之内。法国人类学家路易斯·杜蒙（Louis Dumont）或许是最完整地阐述了这一观点的人。杜蒙写过一本关于印度种姓制度的著名著作（《等级人》，*Homo Hierarchicus*），还有一本关于现代西方的著作（《平等人》，*Homo Aequalis*）。杜蒙并没有质疑西方先进的历史优势，也没有质疑婆罗门世界观的"前现代"局限性。但他认为，东方值得密切关注，因为种姓制度提供了一个机会,以一种不受现代平等观念影响的纯粹形式,窥见人类社会的普遍方面,即等级制度的原则。按照杜蒙的说法,现代西方仍然存在着等级,但我们很难准确地识别出来,因为我们的意识形态在庆祝其垮台。然而,"种姓制度可以让我们了解自己:……种姓制度教会了我们一项基本的社会原则——等级制度。在我们的现代社会中,我们采纳了与之相反的原则,但它对于理解我们所依附的道德和政治平等主义的本质、限制和条件并不是没有价值的"①。

因此,杜蒙的"等级制度之于东方,犹如平等主义之于西方"是社会赖以组成的基本原则。这个命题再清楚不过了。但这是真的吗?对等级制度的关注,无疑是"二次出生"的巴厘婆罗门祭司人生观的一部分。拜访他并寻求帮助的农民必须用一种叫"高级巴厘语"的语言与他交谈,这种语言中充满了敬语,而祭司要用低级巴厘语的直白词汇来回应他们。通过这种方式,等级制度被构建到日常生活和巴厘语言的结构中。但如果被问到"平等人"的概念对他来说是否陌生,一个祭司可能同样会指出,农民们作为村庄社区的成员,有义务参加社区事务,参加每月一次的集会。在那里,社区事务是通过广泛的讨论和民主投票来决定的。在这些集会中,每一个发言者都必须使用巴厘语中自谦的高级语言,从而确认他的村民同胞的个人尊严和法律上的平等。不使用这一规定的方式则被理解为对社会的不尊重,并会受到正式的制裁。农民也属于专门管理稻田的组织,我们必须使用巴厘语的"苏巴克"一词,因为在英语中没有对应的词。苏巴克是平等主义组织,被授权管理稻田和灌溉系统,村庄的繁荣依赖于这些系统。他们也经常召开会议,遵循同样严格的民主礼仪。在他们之间,村庄和苏巴克会议控制着农民社会、经济和精神生活的大部分方面。因此,一般的巴厘农民无疑比法国人更有直

---

① Louis Dumont, *Homo Hierarchicus* (2nd ed.), Paris: Gallimard, 1979, p.2.

接进行民主集会的经验。巴厘的这些民主制度不是最近才出现的，在已有千年历史的碑文中，就有苏巴克和乡村集会的记载。

异常情况也可能有用。巴厘人长期以来一直对社会科学着迷，他们为我们的教科书提供了一些丰富多彩的脚注。但出于我们刚刚考虑过的原因，事实证明，要让他们在"前现代"的后防线中安全地安插到适当的位置是很困难的。我们对巴厘社会了解得越多，就越会发现巴厘人似乎同时朝两个方向前进，在他们古老的地位仪式上增添新的点缀，同时致力于完善正式的自治制度。我并不是第一个注意到这一矛盾的人类学家。希尔德（Hildred）和克利福德·格尔茨有句名言："在巴厘岛，平等人和等级人被卷入了无休止的战争。"对于标准社会科学模型在巴厘社会的应用，格尔茨和我一样，也持怀疑态度。他写道："让巴厘岛的状态适合这些熟悉的模型中的一个或另一个，或同时适合所有的模型……是极其容易的……然而，如果把它简化为欧洲意识形态辩论中那些乏味的陈词滥调，就等于让它最有趣的部分从人们的视野中消失。无论它能提供给我们多少关于政治本质的智慧，都不可能是【6】大鱼吃小鱼，也不可能让美德的破布掩盖了特权的引擎。"[1]

如果我没有目睹巴厘发生的一系列社会和环境危机，而这些危机的根源恰恰就在这个问题上——那就是专注于现代化的西方社会科学未能充分涵盖巴厘的世界，我可能就没有勇气以这样一种相当夸张的介绍开始。值得记住的是，在学术课堂上作为理论问题出现的现代性等话题，在社会科学家赋予其促进"现代化"使命的地方，如巴厘等地，具有巨大的现实意义。正如约翰·梅纳德·凯恩斯（John Maynard Keynes）在《通用理论》（*General*

---

[1] Clifford Geertz, *Negara: The Theatre State in Nineteenth-Century Bali*, Princeton, N.J.: Princeton University Press, 1980, p.123.

Theory，1935）的结语中所写的那样，当掌权的疯子听到空中的声音时，他们很可能是在听几年前某个三流小作家文人的声音。今天，从学术涂鸦到大型社会工程项目的道路，在发展中国家要短得多，每一个新的五年计划都必须反映关于如何加速现代化的最新理念。

在过去的40年里，巴厘人一直致力于五年计划。这种经历特别是在负责实际执行的公务员中间似乎产生了一种深刻的矛盾心理。一方面，五年计划被认为是一件好事：它们表明，印尼人已经从西方帝国主义者手中夺回了国家治理权力。但与过去殖民时期的公务员相比，五年计划实际上以一种矛盾的方式强化了西方顾问对农村发展相关政策的参与。对这一矛盾的解释是，殖民官员的实际目标有限——例如增加农业生产——他们很快就说服自己，稻田的管理可以安全地交给巴厘农民。相比之下，后殖民五年计划的目标无非是大规模的社会转型，即农村的全面现代化。

随着五年计划的到来，20世纪60年代后期，旨在实现农业管理根本变革的新机构网络开始在巴厘的村庄出现。作为一种爱国主义精神的体现，农民们被敦促听从农业推广服务机构的建议，以展示他们对国家发展的贡献。【7】现代化计划的设计者们预见到，新方法将与原有的地方观念冲突——事实上，他们是有意这样做的。规划者和顾问们更愿意相信，巴厘的农民已经在实践管理灌溉和种植水稻的有效技术。但是，从实际的角度来看，无论这些项目有多成功，都不是为了实现更广泛的现代化目标而设计的。五年计划被认为是民族主义议程的延伸：既然社会和经济变革可以被明智地引导，为什么它会毫无计划可言？

巴厘有着悠久的水稻种植历史，道路、学校和政府机构的基础设施运转良好，是印尼进行实地试验和实施现代化建设的理想之地。现有的水稻增产项目得到扩充，被嵌入一个更大的框架中，该框架旨在加速资本主义的传播和新技术的采用。我从1971年开始观察这些政策的效果，当时我还是一名本科生，在巴厘的一个村庄住了5个月。一些农民已经开始重新考虑现代化建设的有效性了，尽管他们告诉我，他们最初是自愿参加的。几年后我回来的时候，看到农民的反抗越来越强烈，但是现代化的规模也越来越大。虽然新技术往往不适合巴厘的条件，但任何不愿采用新技术的行为，都被视为思想落后甚至缺乏爱国精神的表现。巴厘"传统"的农业管理制度与巴厘宗教有着千丝万缕的联系，这也于事无补。若要种植巴厘本土水稻，而不是推广服务机构所支持的"绿色革命"杂交水稻，则会与前瞻性民族主义和现代化的整个议程背道而驰。

当我试图提醒负责现代化项目的外国顾问，要注意农民在实施这些计划中所遇到的实际问题时，我清楚地看到了双方在这个问题上的观点。直到20世纪70年代中期，由于水稻害虫数量激增和灌溉计划混乱，一些地区的收成下降。一旦农民们认为是安全的，他们就会拆除那些在顾问要求下安装在堰和运输中的昂贵的新灌溉机械。我认为对这些问题的解释是，顾问们根本没有注意到巴厘传统的水管理系统。在殖民时期，学者们已经对这一体系进行了广泛研究，但他们的描述大多发表在晦涩的荷兰学术期刊上，因此很容易被忽视。此外，巴厘传统的水控制和农田管理技术所依据的原则，与规【8】划者所推崇的自上而下的控制结构几乎完全相反。巴厘人自下而上地管理事务，通过嵌入社会的水神庙的层级结构，在制订灌溉计划时相互配合。对于一个受过社会科学训练的策划者来说，水神庙的管理就像一个神秘的前现代时代的遗迹。但是对于生态学家来说，自下而上的控制系统有一些明显的优势。稻田是人工水生生态系统，通过调节水流量，农民可以对田间的许多生态过程进行控制。例如，农民可以通过同步休耕期，在大片连续的稻田中减少水稻病害（啮齿动物、昆虫和疾病）。收获后，农田被水淹没，害虫失去了栖息地，导致数量减少。这种方法依赖于一个运行顺畅、协同合作的水管理系统，具体体现在成比例的分割灌溉中。这样，就可以一眼看出有多少水流入每条沟渠，从而验证这种分配是否符合农民们一致同意的预定时间表。

现代化计划要求用一种叫"罗米恩门"（Romijn gates）的装置来代替这些成比例的分配灌溉设备，这种装置使用齿轮和螺丝来调整插入运河入口的滑动金属门的高度。这种装置的使用让人们无法确定有多少水被分流了：淹没到运河一半深度的水闸，并不会分流一半的水流，因为水流的速度受到闸门本身所造成的阻力的影响。要准确估计罗米恩门所引流量的比例，唯一的方法是使用校准过的仪表并做成表格。尽管他们花费了 5500 万美元，在巴厘灌溉运河上安装了罗米恩门，并重建了一些堤坝和主要运河，但这些水并没有提供给农民。

农民对付罗米恩门的方法很简单，即把它们移走或者把它们从水里抬出来，使之生锈。当顾问们最终意识到这一点时，自然会感到不安。一位高级官员抱怨说："每个人都可以批评和破坏一个项目，但只有少数人能克服这些困难，使项目可行。"① 不过，这类问题并不是意料之外的，而是被视为向现代农业过渡过程中的实际困难。同时，现代化建设仍在继续推进。在一个名为"大规模指导"的项目中，一个农业信贷系统建立了，以促进化学农药和化肥的使用。巴厘的乡村地区建造的几十个仓库，为农民提供种子和农药【9】（打包成"技术包"）。当农民出售他们的收成时，系统会从他们的利润中扣除技术包的费用，从而补偿其成本。

起初，"大规模指导"项目似乎取得了成功。农民们会例行公事地购买技术包和出售作物换取现金，这些收入可以用来购买摩托车等消费品。但事实证明，这个项目隐藏着环境成本。水稻害虫很快对农药产生了抗性，而

---

① Letter to the Vice President (Projects) from Director, IRDD, 2 October 1984, Asian Development Bank. 卢卡斯·霍斯特教授在其书中评论了灌溉工程师犯错的后果。Lucas Horst, *The Dilemma of Water Division: Considerations and Criteria for Irrigation System Design*, Colombo: International Irrigation Management Institute, 1998.

农业服务部门的回应只是开出更多种类的农药处方。几年之内，像褐飞虱（brown leafhopper）这样具有抗药性的害虫摧毁了水稻作物，导致一些地区全部歉收。当技术推广的服务又变成在空中喷洒杀虫剂时，农民们找到了一个更有效的解决办法，他们回到了以前由水神庙组织的区域范围内的协调休耕时期。农药使用量下降了，但与此同时，技术包正引发着另一场重大的环境危机。这些包装袋里的肥料，包括磷酸盐和钾，是巴厘岛火山土壤中天然丰富的矿物质。岛上的季风雨会使土壤中的营养流失，而灌溉渠会不断地将它们输送到稻田。其结果成就了一种非常有效的水培施肥系统。过去，这种施肥系统使农民能够在几个世纪里在同一块土地上种植作物，而不损害土地。但是这个自然的施肥系统被技术包的设计者们忽视了。几年前，我和同事开始测量施肥前后稻田和灌溉渠的营养浓度。我们发现大部分多余的肥料从稻田里流出，又流回河里。当河流入海时，它们含有非常高的氮和磷，污染了海岸带。许多位于河口附近的珊瑚礁，因被过量的氮引发的藻类扩繁而死亡或濒临死亡。

　　总而言之，罗米恩门和技术包等现代化计划的累积影响，已对稻田的生态以及巴厘人传统上用来管理稻田的社会制度造成毁灭性的打击。然而，这些"环境"和社会问题仍未被规划者视为需重视的问题。"大规模指导"项目只关于农业，目的是促进农村的现代化，因此，诸如农用化学品对环境的影响等问题被视为次要，而传统管理制度的崩溃对于现代化的目标来说实际上可能还被视为一件好事。规划者们给自己设定的任务是：把现代化计划嫁接到内陆地区正在发展的任何事物上。若该岛（指巴厘岛，译者注）拥有不同的资源，油棕种植园或铜矿可以实现同样的目标。简单地说，如果技术包导致了珊瑚礁的破坏，那就是进步的代价。经济学家凯恩斯似乎是对的："经济学家和政治哲学家的思想，无论何时正确，何时错误，都比人们通常理解的更为强大。事实上，这个世界几乎不受其他因素的支配。"

在过去的几十年里，我与许多规划者和顾问就他们在巴厘开展的项目进行了多次对话。只要有机会，我就邀请他们去参观水神庙，和农民直接交谈。但这从未像我希望的那样奏效：顾问们通常很乐意进行这些旅行，但他们必须安排好行程，以免与规划的实际工作发生冲突，这些工作总是发生在酒店和政府办公室。渐渐地，我明白了，顾问们认为自己的工作是激励公务员。农民的想法以及巴厘案例的所有特点，基本上都不在这项工作考虑的范围内。当我把这些顾问送回酒店时，我脑海中经常浮现出这样的画面：一群专家正积极地对一位病人进行误治。我想知道，为什么顾问们认为细节不重要？

回想起来，答案似乎显而易见，也令人十分尴尬。从传统的西方社会科学的角度来看，像巴厘这样的传统社会是如何组织的，细节其实并不重要。从马克思到涂尔干、韦伯、帕森斯等伟大的社会理论家都一致认为，传统社会是一个简单的世界，由血缘关系维系。当代欧洲社会理论家尤尔根·哈贝马斯（Jürgen Habermas）也阐述了这一观点。在他的主要著作《交往行为理论》中，哈贝马斯解释说，在传统社会中，"亲属关系系统形成了一种类似整体性的制度"[①]。哈贝马斯认为，社会理论家的中心问题是理解这个简单世界转变的模式。传统社会只是现代性开始出现的基础，而完全现代的社会则是不断变化的剧场。因此，在巴厘这样的地方，注重实践的社会科学家的任务是与变革的推动者——现代化的公务员一起工作的。

这一观点也创造了社会科学的学术分工，为人类学家保留了对传统社会的研究。正因为这种分工，我们人类学家才应该安静地把时间花在乡村里，与农民谈论诸如魔法和亲属关系之类的话题，而其他社会科学家则忙于帮助公务员创造未来。正如人类学家马歇尔·萨林斯（Marshall Sahlins）几年前

[①] Jürgen Habermas, *The Theory of Communicative Action*, Vol.2, translated by Thomas McCarthy, Boston: Beacon Press, 1981, p.157.

观察到的，如果人类学从未发现任何可能使这一观点复杂化的东西，那将是相当可悲的："一百年的思考和田野调查，所有那些精神和身体上的不适，在很大程度上都是徒劳的——经历一个巨大的迂回进入未知的人类腹地，只是把我们带回到起点。"[1] 正如读者所了解的那样，我在这里的意图是使这一图景复杂化。我请求读者包容我在这本书的开头用了这么多不得体的言辞来传达其更广泛的信息。我的理由是，如果不这样做，它很可能成为顾问们实地考察的书面旅行，而这只是另一种人类学的娱乐形式。

这本书以我的一位同事提出的一个问题开始。1992年，我在圣塔菲研究所（Santa Fe Institute）做了一次演讲，这是一个当时新近成立的研究中心，专门研究"复杂系统"。我的演讲集中在一个模拟模型上，这个模型是我和同事詹姆斯·克莱默（作者亲切地称他吉姆，译者注）为了研究水神庙的生态作用而创建的。我需要先解释一下这个模型是如何建立的。如果读者能容忍我的话，很快就会明白其中的关联。

克莱默是一位海洋科学家、系统生态学家，也是一个冲浪爱好者。有一天，在加利福尼亚的海滩上，我给他讲了水神庙的故事以及我如何努力说服顾问们，让他们相信水神庙在水稻梯田的生态中扮演着重要的角色。我问吉姆，一个模拟模型，比如他用来研究海岸生态学的模型，是否有助于澄清这个问题。说服他来巴厘看一看并不难。吉姆很快就看出，单建一座水神庙的模型用处不大。水神庙的关键在于它们之间的相互作用。巴厘岛是一个陡峭的火山岛，河流和小溪又短又湍急。灌溉系统以很短的间隔从火山的高处开始，一个接一个地向海岸延伸。每个苏巴克获得的水量取决于上游邻居的用

---

[1] Marshall Sahlins, *Culture and Practical Reason*, Chicago: University of Chicago Press, 1976, p.2.

水量，而不是降雨量。水神庙为农民提供了一个制订灌溉计划的场所，以避免在灌溉稻田时出现短缺。如果害虫是一个问题，农民们可以使收获和灌溉同步，这样害虫就没有东西可吃了。因此，每一个苏巴克对水的处理决定，都不可避免地影响着它的邻居，也改变着水的供应和潜在的虫害水平。

吉姆建议我们建立一个模型来记录整个流域的所有过程。最近，我花了一年中的大部分时间来研究一个苏巴克，一想到要试图同时模拟近200个苏巴克，我就变得雄心勃勃。但正如吉姆所指出的，问题不在于水能否控制害虫，而在于流域内的所有寺庙是否能在水资源共享和害虫防治之间取得最佳平衡。

我们开始绘制位于巴厘岛中部的乌斯河（Ouse）和佩塔努河（Petanu）之间的所有172个苏巴克的位置图。我们绘制了河流和灌溉系统的地图，并收集了有关降雨量、河流流量、灌溉计划、水稻和蔬菜等作物对水的吸收以及水稻主要害虫种群动态的数据。根据这些数据，吉姆构建了一个模拟模型（图1-1）。每年年初，在人工模拟的苏巴克模型中输入未来12个月的作物种植计划，从而定义它们的灌溉需求。然后，基于历史降雨量数据，我们模拟了降雨、河流流量、作物生长和害虫危害。该模型跟踪收获的产量数据，并显示哪里发生缺水或虫害。这个模型还可以模拟降雨模式的差异或不同种类作物的生长——包括巴厘的本土水稻和绿色革命规划者推广的新水稻。我们通过模拟两个种植季节的条件对模型进行了测试，并将其预测值与大约一半的苏巴克收获产量的真实数据进行比较。这个模型的表现好得令人惊喜，准确地预测了苏巴克之间产量的大部分变化。一旦我们知道模型的预测是有意义的，我们就用它来比较不同的水资源管理方案。在绿色革命的背景下，每一个苏巴克都试图尽可能多地种植水稻，却忽略了水神庙。这会导致大量农作物因害虫暴发和水资源短缺而损失，与现实世界中的情况非常相似。相比之下，水神庙方案通过最大限度地减少病虫害和水资源短缺来获得

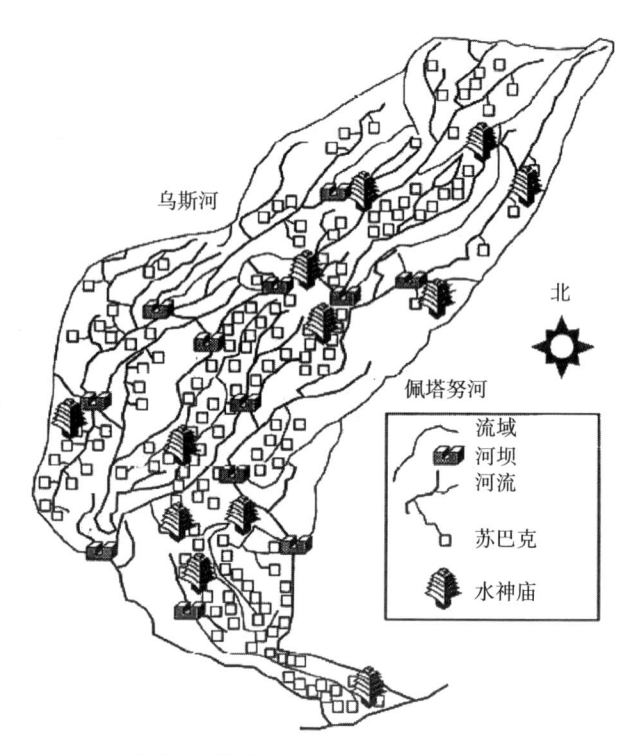

图1-1 原始的巴厘模型
这张地图显示了位于巴厘中部的乌斯河和佩塔努河流域的集水盆地、灌溉系统和172个苏巴克的大致位置。地图不是按比例绘制的

最佳收成。

回到圣塔菲研究所，我以一种得意的口吻总结了这个故事：负责评估巴厘灌溉发展项目的亚洲开发银行（Asian Development Bank）的顾问们写了一份新的报告，承认我们的结论。人们将不再反对水神庙的管理。当我结束演讲时，一位名叫沃尔特·丰塔纳（Walter Fontana）的研究人员问了我一个问题，正是这个问题促使我写了这本书："水神庙的网络能够自我组织吗？"起初我不明白他是什么意思。沃尔特解释说，如果他理解正确的话，克莱默和我已经在我们的模型中编入了水神庙系统，并展示了它的功能。这

并不奇怪。毕竟，农民们已经花了几个世纪来试验他们的灌溉系统，并找到了合适的协调规模。但是他们找到了什么样的解决方案呢？是否需要一个伟大的设计师，或偶尔地修补完善才能组成整个流域的系统？或者当一个接一个的苏巴克出现并接入灌溉系统时，水神庙网络会自发地出现吗？水神庙网络作为一个问题解决者，我们能够接受它做得有多好？由于寺庙网络与自然物理水文的相互作用，我们是否应该预期在任何特定时间都会有2%、10%或30%的苏巴克处于缺水状态？如果河流的物理布局不同，会有影响吗？或者寺庙的位置不同呢？

只有当我们能够回答沃尔特的第一个大问题："水神庙的网络能够自我组织吗？"我们才能找到答案。换句话说，如果我们让模型中的苏巴克了解一点他们的世界，并自发做出协作的决定，会出现类似水神庙网络的东西吗？事实证明，这个想法在我们的计算机模型中相对容易实现。我们创造了能想到的最简单的规则，允许苏巴克从经验中学习。在一年的种植和收获结束时，每个人工模拟的苏巴克将其总收成与4个最近的邻居进行比较。如果其中的任何一个做得更好，则大家模仿其行为。否则，不做任何更改。在每个苏巴克做出决定后，模拟下一年，比较下一轮的收成。当我们第一次使用这种简单的学习算法运行程序时，我们就预料到会出现混乱。随着当地条件的变化，苏巴克可能会不断地来回反复先去模仿一个邻居，然后再模仿另一个邻居。就这样，不到10年，这些苏巴克就把自己组织成了一个与现实世界极为相似的协作网络。[①]

这一发现引发了一个新的问题：水神庙网络是一个解决方案，还是一个寻找解决方案的工具？换句话说，苏巴克是解决了一个问题，还是把自己塑造成了问题解决者？在某些方面，这些网络看起来像是一个问题解决者。例

---

① 在随后的实验中，我们发现改变环境条件（如改变降雨模式）会导致网络结构略有不同。但只要水稻在我们的人工模拟的稻田里生长，适应性网络就会出现。

【15】如，一旦我们在模拟中改变环境条件——通过减少降雨量——网络就会通过调整苏巴克之间的同步种植模式来适应。为了让这个系统在现实世界中工作，苏巴克需要能够快速地改变它们与邻居合作的规模。当我们思考这个问题并对这个模型进行实验的时候，丰塔纳和圣塔菲研究所的其他研究人员提出了关于网络本质的更基本的问题，这些问题后来被证明确实相关。工程师们创建的网络（如汽车或飞机的电路系统）与进化的网络（如免疫系统）之间有一个有趣的区别。飞机的控制系统旨在通过解决许多具体问题来保持飞行。每种型号的飞机都有自己的电路系统，适用波音727机型上的控制网络无法操控空客飞机，在空中改变控制网络是不明智的。免疫系统是不同的，不仅因为它们由自然选择产生，而且由于它们必须能够应对范围更广的问题。它们不能专门对付单一类型的病毒。相反，它们必须有能力适应所有可能的入侵者。因此，自然选择的重点不是优化一个解决方案，而是改进系统的特性，使之能够学习和适应。如果真正的水神庙网络不是由一位伟大的设计师创造的，而是像我们在电脑中所模拟的那样，在反复试验和修正错误的过程中形成，那么它们可能更像是免疫系统，而不是飞机的电路。一个自我组织的水神庙网络需要应付许多波动的环境变量。因此，能够作为网络中高效的节点或组成部分发挥作用的水神庙将会收到回报。

类似于免疫系统这样的自我组织网络还有更深的含义。水神庙位于灌溉系统的主要组成部分或附近，大多数时候它们都空着。因此，我们可以把它们想象成一幅流域水文学的地图：湖泊、河流、大坝、运河和块状梯田。当农民决定自己在地图上的位置并施加控制时，该地图就获得了功能。改变同步灌溉规模的能力是水神庙网络管理生态的能力所在。凭借这种能力，水神庙网络成为灵活的问题解决者。

不管在现实世界中是不是这样运作，这都是一个有趣的想法。在模型世界中，或者像他们在圣塔菲研究所所说的，在电脑模拟中，水神庙网络的功能是基于它们的动态行为能力。通过将自己重新配置为不同的模式，反应越快，管理生态方面就做得越好。① 这是一个内在动态的社会制度的模型。水神庙网络在总体（流域）范围内解决问题的能力可能来自在各地方范围内做出的决定。水神庙网络的成功将取决于它们从当地环境中收集和响应信息的能力。但最关键的是，这将取决于合作。农民必须愿意与不同规模的群体合作，分享他们最宝贵的资源——水。但如果他们能够维持这种合作，模拟结果显示，可能会发生一些相当神奇的事情。如果当地的每一个农民群体都以共同的利益为出发点，因地制宜，那么所有的农民群体都会从中受益，整个流域的解决方案就会出现。在模拟中，苏巴克首先要与它们最近的邻居进行实验性合作。小块合作随之出现和发展，不断调整他们的边界和灌溉时间表，直到整个流域连接起来。这个系统自下而上发展，并迅速适应，直到出现整体上最优的行为模式。这些网络一旦建立起来，年复一年，就能应对当地环境条件的变化。

　　网络在模型世界中出现的绝对必然性，自然让我们对现实世界产生了好奇。我们设想了一个巴厘的历史场景，它可能始于一些小型灌溉系统的出现。随着灌溉的扩大，这些小型系统将与邻居接触并开始相互作用。根据不断变化的条件，改变水控制规模的能力将是成功的关键。如果水神庙开始像网络中的节点一样运作起来，那么就可能出现一种高效、适应性强的控制系统，而不需要进行集中规划。现实世界肯定比我们的计算机模拟要混乱得多，但这个场景给了我们一个起点。

---

① 举例说明可能有助于澄清这一点。想象一下，一个由一百多个苏巴克组成的流域拼图，每个颜色代表一年的种植计划：黄色可能意味着"在2月15日的那周种植一个特定的水稻品种，而在7月20日的那周种植一个不同的水稻品种"。河流上下游的苏巴克选择这个计划，而其他苏巴克则采用不同的计划，用不同的颜色来代表。结果，对于整个流域来说，是色彩的拼凑。可能会出现各种各样的不同大小和不同颜色的色块，但这些大多会导致大面积的水资源短缺和虫害暴发。几乎很难有某个模型能让整个流域的农民真正享受丰收。而且，随着环境条件的变化或新灌溉系统的出现，每年修补程序的最优解决方案的规模和拼图颜色都会有所不同。

圣塔菲研究所的讲座结束大约一年后，在国家科学基金会的支持下，克莱默和我回到巴厘，重新审视水神庙网络。那时，在巴厘农业部研究中心，水神庙的功能作用问题已变得相当重要。我们开始与他们的研究人员合作。一个问题很快就引出另一个问题，不久之后，就有其他学科的同事加入我们，包括从考古学到计算机科学等其他学科。这本书描述了我们提出的问题和找到的答案。

我们的第一个问题是：自我组织的水神庙网络的概念模型是否与巴厘灌溉发展的实际历史有任何相似之处。过去，历史学家和人类学家对巴厘灌溉系统的管理存在着数十年的争议。他们完全被苏巴克控制着，因此权力是分散的，或者是王公贵族（rajahs）实施了某种形式的集中控制？这样一个直截了当的问题可以争论这么长时间，这一事实表明，两个选项都不完全正确，我们的模型提出了第三个选项。但是这个模型基于当代的数据。它是否能够解释过去，将取决于几个历史问题的答案。例如，巴厘何时开始灌溉；古代王国是如何组织的；苏巴克和水神庙是什么时候出现的，它们的权力范围是什么？

我们从两个方面来探讨这些问题。首先，我们重新评估了关于水控制考古学的知识，不仅在巴厘，还有邻近的农业王国。其次，我们在一个古老的水神庙和灌溉系统的遗址进行了自己的考古研究。第二章描述了我们的研究结果，并对苏巴克和水神庙的起源进行了历史解释。争论的焦点围绕着巴厘的治水历史与邻近的爪哇岛的平行发展，并逐点进行比较。我试着让不是考古学家的读者们也对这个比较感兴趣，尽管尽了最大的努力，但我还是容易在细节中迷失方向。那些对水神庙及其历史起源不是特别感兴趣的读者可能更喜欢阅读本章末尾的总结,并继续阅读第三章。

在第三章,我们回到了水神庙网络的生态效应问题,以及农民之间合作的基础。克莱默设计了172个位于乌斯河和佩塔努河流域的苏巴克模型,旨在全面记录寺庙网络的影响。显然,下一步是要验证,模型的预测是否能在水稻梯田的实际管理中得到证实。我们决定研究14个苏巴克,它们构成了一个巨大的水神庙集合。马塞提·帕莫斯·阿普寺(Masceti Pamos Apuh),它与我们的考古发掘地点位于同一区域。通过在显微镜下观察一个由苏巴克【18】和水神庙组成的网络,我们希望发现这些网络是否真的能解决问题。本章借鉴了系统生态学和博弈论中的一些思想,但是这些思想的讨论是在假定不具备这些领域的先验知识的情况下进行的。

第四章继续分析马塞提·帕莫斯·阿普的14个苏巴克,重点从生态学视角转移到苏巴克的治理上。我们追求卡尔·马克思的基本问题:谁受益?人类的等级制度真的会在苏巴克会议上消失吗?还是只是伪装一下?这些自治机构如何应对冲突和失败?

第五章继续分析苏巴克的平等人,但我们从巴厘人的角度来看这个问题。苏巴克将大量的时间和资源投入水神庙的宗教活动中。我们如何理解这些宗教活动——对水神庙的崇拜——与苏巴克及庙宇网络的功能角色之间的关系。本章我们继续试图理解这些仪式和信仰的深层含义,特别是那些与苏巴克的民主有关的仪式和信仰。

第六章重点介绍巴厘最高的水神庙,它坐落在中心火山的边缘,俯瞰着火山口湖。这座寺庙有能力改变苏巴克的决定,它由祭司统治,祭司比普通的水神庙神职人员拥有更大的精神权威。这座寺庙的存在似乎与水神庙网络作为分散的自治机构的观念相矛盾。田野调查旨在解决这个难题。这一结果不仅有助于阐明这座水神庙的作用,而且有助于阐明水神庙祭祀仪式的深层含义。

第七章总结了我们从这一系列调查中学到的知识,并对其含义进行了一些思考。为了给读者指明方向，我将在这里为其中的一些结论做点铺垫。在农业的绿色革命干扰了水稻梯田的生态管理之前，巴厘水神庙的作用几乎无人注意。但即使在它们的功能作用显现之后，从西方社会科学的视野来看，水神庙的存在也很难被理解。水神庙网络依赖于农民之间前所未有的合作水平；他们在整个流域的尺度上积极管理水稻梯田的生态，并且似乎是以动态网络的形式组织起来的。而且，他们身上发生的很多事情都属于西方的"宗教"甚至"魔法"范畴。但从巴厘农民的角度来看，这些"神奇"的想法和【19】做法为治理苏巴克、稻田和他们自己的内心世界提供了不可或缺的工具。水神庙仪式借鉴了印度教和佛教的思想传统，为健全的自治制度创造了先决条件。这些思想与水神庙网络的管理能力的结合，为社区提供了强大的工具，将想象中的秩序强加给世界。然而，农民们意识到这些工具的存在和失败的可能性。自我控制和相互依赖被认为是治理社会和自然世界的先决条件。这些巴厘人关于自我的观念，与西方社会对自主主体出现的歌颂形成了鲜明的对比。（法兰克福学派的学者们或许最有力地表达了一种更阴暗的观点，他们将单一主体的胜利与极权理性的兴起联系在一起。这两个主体出现的故事，在我们看来相去甚远，但在客观的经济条件和个人的主观意识之间却有着相似的联系。）我认为，水神庙的世界可以传授不同的经验。

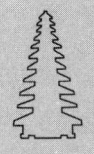

第二章

苏巴克和水神庙的起源

第二章 苏巴克和水神庙的起源

在我之前写的一本关于巴厘水神庙的书中,莱奥·瓦莱里(Valerio Valeri)为其写的后记中评论道,巴厘的王公贵胄们明显脱离了灌溉水稻梯田的生产系统。为什么国王们不把这些重要的资源据为己有?瓦莱里指出:"这个谜团之所以存在,是因为我们不了解一种政治意识形态,这种意识形态阻碍了国王权力的无限扩张,尤其是在其存在的基本依据方面。"

这个问题在巴厘王权和社会的文献中反复出现。1932年,伟大的荷兰民族志学者科恩(V. E. Korn)将"整个王国缺乏一个强有力的政府"形容为巴厘王国的"重大失败"。最近,格尔茨在尼加拉(Negara)研究中提出了一个解决方案:19世纪的巴厘剧场国家。广义而言,格尔茨的回答是,巴厘国王是古代神权崇拜的囚徒,根据这种崇拜,统治者的权威来自他对神灵的认同。这种崇拜要求君王令人信服地展示他的超自然能力,正如格尔茨所说,"如果一个国家是通过缔造一个国王而缔造起来的,那么,一个国王就是通过缔造一个神灵而缔造起来的"[1]。因此,奢侈的仪式成为"衡量国王的神性和王国的幸福"的标准。根据格尔茨的说法,巴厘国王名义上拥有他们王国的一切,但实际上,他们对农业经济的兴趣很大程度上局限于可以从中提取的财富和人力,以推动"剧场国家"的仪式。由于到了19世纪,这座岛屿已有6位宇宙君王(Universal Monarchs),他们之间不可避免地展开

---

[1] Clifford Geertz, *Negara: The Theatre State in Nineteenth-Century Bali*, Princeton, N.J.: Princeton University Press, 1980, p.124.

【21】了一场竞争，以展示其最令人信服的一面："君王都是无与伦比的，但有些人比其他人更无可比拟，这是他们的宗教信仰起了作用。"这种王权的割裂进一步削弱了国家对乡村的控制，尤其是因为每个小王国本身都被划分成由当地贵族控制的较小的领地。格尔茨关于"剧场国家"的论点很大程度上因脱离其物质基础受到了很多批评［坦比亚（S. J. Tambiah）称其为一种"特别不相关的"情况］，但是还没有提出令人信服的替代解释。[①] 荷兰历史学家舒尔特·诺德霍尔特（Schulte Nordholt）说："支撑剧场国家的'权力'仍然是个谜；它从何而来，如何组织起来，由谁控制？"[②]

当我在1995年着手研究巴厘农民之间的冲突与合作模式时，我并不打算讨论这个问题。我的兴趣不在于外来的皇室[③]崇拜，而在于农业村庄之间的合作，而前殖民时代的"剧场国家"的问题似乎与水稻梯田相去甚远。然而，令人惊讶的是，王权的问题并没有消失。相反，它带着最轻薄的伪装重新出现在水神庙和水稻种植的村庄。事实证明，对王权的崇拜之所以至关重要，正是因为它没有包罗万象。相反，相当多的神庙被村民们拆除、搬走和占用了。例如，巴厘的国王通过一种叫神圣王权的仪式阿比塞卡·拉图（abiseka ratu）来献祭，这是基于古梵文文献进行的。[④] 但是，巴厘最重要的水神庙的两位大祭司，他们都是平民出身，也要接受这种最高的仪式。这两

[①] 正如坦比亚所观察到的，"格尔茨的注释对传统的马克思主义和新马克思主义范式提出了一个可怕的挑战。格尔茨提出，在巴厘（至少在东南亚的其他地方），人们无法从当地的农民、农业部门产生或衍生出统治模式、统治者仪式行为的符号学，或他们对地位和展示的热情"。Stanley J. Tambiah, "A Reformulation of Geertz's Conception of the Theatre State," in Stanley J. Tambiah, *Culture and Social Action: An Anthropological Perspective*, Cambridge, Mass.: Harvard University Press, 1985, pp.252-286.

[②] Henk Schulte Nordholt, *The Spell of Power: A History of Balinese Politics, 1650–1940*, Leiden: KITLV Press, 1996, p.7.

[③] 本书关于皇室、王室，皇权、王权，皇帝、国王等称呼的用法遵从原著表达。——编者注

[④] 关于20世纪巴厘宫廷中神圣王权的仪式阿比塞卡·拉图仪式的描述，参见 J. L. Swellengrebel, *Een Vorstenwijding op Bali*, Leiden: Mededeelingen van het Rijksmuseum voor Taal-, Land- en Volkenkunde, 1947。

种仪式的细节——巴厘君主和水神庙祭司的献祭——与梵文原著（sanskritic originals）有所不同，但这两种仪式的目的确实是"塑造一个国王"。这只是一个例子。在村庄寺庙里，甚至是乡村建筑和农舍里，举行的仪式都有大量借鉴王权崇拜的内容。

这样看来，巴厘王权的现实并不完全符合梵文的理想化（sanskritic ideal），甚至也不符合格尔茨的"剧场国家"模式。1989年，法国人类学家让-弗朗索瓦·格尔蒙普雷兹（Jean-François Guermonprez）指出，对"神圣王权"的狂热崇拜，即"剧场国家"模式的核心，在巴厘可能从未存在过。[1] 为了弄清巴厘农民和国王之间的关系，20世纪90年代，我开始与几位考古学家合作：约翰·肖恩菲尔德（John Schoenfelder），他是加州大学洛杉矶分校的博士生，此前曾研究过夏威夷的史前寺庙；古代玛雅人的治水专家弗农·斯卡伯勒（Vernon Scarborough），和对早期王国感兴趣的巴厘考古学家韦恩·阿迪卡（Wayan Ardika）。我们的计划是进行所谓的"民族—考古"研究，即对现存的社会机构，如寺庙和村庄，进行人类学研究，同时对同一主题进行考古调查。我们选择的地点是塞巴图（Sebatu），这个村庄位于人们认为第一个巴厘王国出现的地区，大约在公元1000年的末期。从考古学的角度来看，塞巴图看起来充满希望：阿迪卡重新翻译了一些国王写给这个地区村庄的皇家铭文，这些铭文提供了许多有关仍然存在的制度和实践的详细信息，如灌溉系统、土地所有制（使用权）和寺庙。从比较的角度重新审视这一证据，并尽可能地进行一些调查和发掘，我们希望能找到一种方法，更牢固地将"剧场国家"锚定在物质世界。

我们首先重新研究了该地区形成农业王国的比较性证据。在5世纪到10世纪，印度尼西亚群岛和东南亚大陆上出现了几十个小王国。有些以贸

---

[1] J.-F. Guermonprez, "Dual Sovereignty in Nineteenth-Century Bali", *History and Anthropology*, Vol.4, 1989, pp.189-207.

易为中心，像现代的新加坡，而另一些则在内陆河流附近，可以种植水稻。这些小王国大多只存活了很短的一段时间，留下了很少的痕迹，往往只有一些零碎的铭文。少数繁荣的农业王国位于极适合种植水稻的地区。水稻在种植周期开始时需要充足的水来灌溉梯田。这一要求在该区域的大部分地区很容易得到满足。但水稻也喜欢富含矿物质养分的火山土壤，在生长周期结束的干燥期成熟。在印尼的大岛中，爪哇岛和巴厘岛具有种植水稻的最佳条件。

总结历史证据，赫尔曼·库尔克（Hermann Kulke）认为，成功的农业王国经历了与灌溉控制变化相关的三个连续阶段。① 根据库尔克的说法，第一阶段始于村民为自己使用而建立的小型灌溉系统。这些制度受到地方领土长官的征税或其他形式的控制。区域王国从酋长之间的竞争中产生，失败者被重新任命为附属国首领。库尔克支持奥利弗·沃尔特斯（Oliver Wolters）的观点，即印度教和佛教的皇室崇拜在赋予国王独特地位方面发挥了至关重要的作用，否则国王将与其他地区的酋长无异。凭借他们仪式上的主权，国王们可以将"地方政治体系的集合转变成一个支离破碎的国家"。王权的出现标志着第二阶段的开始，一个新宗教功能阶层的出现。随后，寺庙和宗教基础在农村激增。

在千禧年即将结束的时候，帝国的第三阶段扩张开始于那些能够供养最多农村人口的地区。帝国时期的特点是奴隶劳动越来越重要。奴隶使富有的统治者能够建造宏伟的皇家首都。受印度神圣王权崇拜的影响，这些地点无一例外包括代表宇宙之山的皇家庙宇。在东南亚王权的早期研究中，考古学

---

① Hermann Kulke, "The Early and the Imperial Kingdom in Southeast Asian History", in David G. Marr and A. C. Milner, eds., *Southeast Asia in the 9th to 14th Centuries*, Canberra: Research School of Pacific Studies, Australian National University, 1986. 参见同卷内 Michael Vickery 的 "Early State Formation in Cambodia"。

家罗伯特·海因‑格尔德恩（Robert Heine-Geldern）对这一象征意义做出了解释："根据婆罗门和佛教的思想，宇宙以须弥山（Mount Meru）为中心，因此，较小的宇宙，帝国，必然会在其首都的中心有一座须弥山，即使不是这个国家的地理中心，至少也是它的神圣中心。"[①] 例如，11世纪高棉国王乌达亚迪亚跋摩二世（Udayadityavarman II）统治时期的一条法令解释说，"由于国王意识到宇宙的中心以须弥山为特征，他认为在自己首都的中心应该有一座须弥山"[②]。

因此，根据库尔克的观点，东南亚的农业王国是由两股主要力量形成的：一是基于灌溉水稻种植的生产模式的扩张，二是统治者需要根据皇室崇拜的戒律使他们的权威合法化。想象一下在空中俯瞰这些王国，你会发现广阔的【24】绿色平原上点缀着无数的小村庄，它们聚集在河流、池塘和灌溉渠周围。寺庙和贵族的住宅位于重要的水资源附近。吴哥窟这样的皇家首都就像是"在平原羊皮纸上描绘的神奇图表"，它们的中心是巨大的寺庙和山脉。[③]

但是，如果把我们的空中旅行转向巴厘，就会出现一个完全不同的画面，上面提到的大部分特征都没有了。岛上的气候适宜种植水稻，火山岩土壤富含矿物质养分。但是，这里没有广阔的平原和大河，也没有宏伟的首都和代表宇宙山的纪念碑。取而代之的是几座巨大的活火山，陡峭的山坡几乎延伸到大海。根据巴厘岛的传说，这些对称的山峰是印度教诸神带到岛上的宇宙山的碎片。村庄和相对朴素的国王和贵族的宫殿坐落在山坡上。这里没

---

① Robert Heine-Geldern, "Conceptions of State and Kingship in Southeast Asia", *Far Eastern Quarterly*, Vol.2, 1942, pp.15-30.

② 引自保罗·卫德里（Paul Wheatley）在《四方之极》（*The Pivot of The Four Quarters*）一书中保罗·莫斯（Paul Mus）的翻译（Paul Wheatley, *The Pivot of the Four Quarters*, Edinburgh: Edinburgh University Press, 1971, p.465.）。迈克尔·维克里（Michael Vickery）同样观察到，"在吴哥窟的金字塔顶上，神圣的天神（Devaraja）和'微妙的内心'（suksmantaratman）相遇并融合在神圣的林迦（lingam）中，它的名字结合了神和王"。

③ Bernard-Philippe Groslier, *Angkor, Hommes et Pierres*, Paris: Arthand, 1956, p.11.

有灌溉池,但是火山顶端的火山口湖形成了天然水库。火山的侧面被包含小河流和小溪的峡谷深深切割。仔细观察这些沟壑,你可以看到小型的水坝或堰。这里从在水稻生长的最高海拔附近开始,每隔几公里沿着每条河建一座大坝,直到抵达海岸。每座水坝都将一小段河流的水引到一条小灌溉隧道中,隧洞还比不上一个人高,宽约1米。这些灌溉渠侧向倾斜,向下延伸一公里或以上,涌入一块或多块山两侧的水稻梯田。其中一个小型灌溉系统来自塞巴图村一座水神庙包围的泉水,这座水神庙位于中央火山的山坡上。

我们选择塞巴图这一地点是为了跟进阿迪卡提出的一个想法,他已经开始调查巴厘农业的起源。农业始于巴厘的南岛人(Austronesians),他们在3000年到4500年前在印度尼西亚群岛殖民。南岛人是农民和渔民,他们的

【25】 农业构成元素包括养殖猪、狗和鸡,种植根和根茎类作物,如椰子、香蕉、芋头和竹子,还有一种工具技术,包括石制工具。阿迪卡和另一位考古学家彼得·贝尔伍德(Peter Bellwood)估计,南岛农业社区在2600±100年前就已经存在于巴厘。他们认为,早期南岛殖民者在巴厘最理想的地点应该是沿海湿地,在那里可以种植芋头、香蕉等农作物,或许还可以在沼泽地种植水稻,以补充无法从海洋中获取的食物。不久之后,冒险进入内陆的开拓者们可以在天然泉水形成的湿地种植同样的作物。

塞巴图水神庙位于巴图尔山中央火山高地的一个很深的天然洼地里。它包含两股天然泉水,现在被一座水神庙隔开。如果阿迪卡是对的,那么这个小山谷就是南岛所喜爱的农作物的理想种植地,它应该是最早被占领的内陆地区之一。后来,随着水稻的出现,这里成为岛上最理想的小聚居地之一。丰富的泉水可以很容易地由一条地表水渠引到第一个山谷下面的另一个小洼

地。修建这样一条运河比在火山岩上凿出灌溉渠要容易得多，所以当农民们开始试验灌溉时，这个地方很可能是最先被开发的地方之一。但是，这两股泉水蕴含的水量要远远多于灌溉这两个小山谷所需的水量。过量的水流由脆弱的隧道、运河和引水渠系统输送，这些系统向下延伸4公里。这可能代表了一个技术阶段更先进的工程。因此，这一遗址有可能让我们追溯农业的整个历史，从第一批殖民者的到来，直到他们开发长达1公里的灌溉渠。

我们选择塞巴图还有另外一个原因。阿迪卡绘制了几百个"波利尼西亚式"石棺的地理位置图，这些石棺在公元1000年，即第一个巴厘王国形成之前的时期用作酋长们的墓室。一些石棺包括婴儿墓葬以及各种类型的青铜首饰。[1]虽然在岛上的许多地方都发现了石棺，但是在塞巴图附近石棺数量较大。【26】也有与早期王国相关的其他文物，如铜版铭文、宗教雕塑和建筑。因此，我们的小山谷很可能在公元1000年的某个时候出现在一个巴厘王国所在的地区。

从酋长统治时代开始，最令人印象深刻的实物文物是石阶庙宇。这些建筑与太平洋上的南岛航海家建造的庙宇极为相似，塔希提语和夏威夷语中的神圣场所"马拉埃"（marae）就是这类庙宇的通称。"马拉埃"是一个由长方形围墙围起来的庭院，最里面的庭院里有一排直立的石头和祭坛，作为来访神灵的临时座位。巴厘岛和爪哇岛的类似马拉埃的神庙并没有被考古学家确定年代，但它们与波利尼西亚马拉埃的神庙在外形上的相似性表明其有共同的起源，这一推论得到了历史语言学分析的支持。[2]巴厘的酋长和波利尼西亚的酋长之间的相似程度是很重要的，因为在波利尼西亚的酋邦中，酋长的权

---

[1] 在塞鲁克、布桑比乌和安比尔萨（Celuk, Busungbiu, and Ambiarsari）发现的埋葬在石棺里的婴儿表明，身份是与生俱来的。另外，还发现了一种不同的陶罐葬和无棺葬，为社会分层的存在提供了额外的支持。R. P. Soejono, "The Significance of the Excavations at Gilimanuk (Bali)", in R. B. Smith and W. Watson, eds., *Early Southest Asia: Essays in Archaeology, History and Historical Geography*, New York: Oxford University Press, 1979, pp.185-198.

[2] 参见John Miksic, "Terraced Temple Sites", in Gunawan Tjahjono ed., *Architecture*, Singapore: Indonesian Heritage Series, Editions Didier-Millet and Archipelago Press, 1998, pp.74-76。

力与他们在每年举行的仪式中扮演的角色有关,在某种程度上类似于巴厘国王的仪式角色。波利尼西亚酋长的宗教侧重于仪式,在仪式中,来自农业和渔业的初熟果实由酋长奉献给神和祖先。① 在夏威夷,作为被研究得最彻底的波利尼西亚社会,寺庙的等级制度(从小型的地方神殿到最大的马拉埃神殿)定义了首领的等级制度,最高级的首领在最壮观的马拉埃集会地执行祭祀的功能。

然而,夏威夷复杂酋邦的出现纯粹是一个内生过程,是在没有与其他社会接触的情况下发生的。相比之下,早期的巴厘王国深受来自印度统治思想【27】的影响。从风格上讲,从后来的酋长国时代开始的南岛,或"波利尼西亚风格"史前古器物,与早期巴厘王国相关的印度古器物之间存在着突兀的不连续性。后者包括印度教和佛教神灵的石雕,以及用印度文字,或全部或部分用梵文写的铭文。但这种明显的突然变化可能会产生误导。虽然已知的最早的巴厘王国可以追溯到9世纪,但我们发现了大量的物证,证明巴厘和印度之间的直接接触至少在1000年前就开始了。② 可以追溯到酋长时代的青铜制品,包括在东南亚发现的最大的铜鼓,为长途贸易提供了间接证据,因为锡和铜(制造青铜的原材料)都是在巴厘发现的,尽管它们存在于群岛的别处。在巴厘的史前遗址附近也发现了用于铸造青铜的碎石。总之,很明显,早在第一个王国出现之前,巴厘人就与印度王国接触,他们生活在一个等级森严的农业社会中,拥有庙宇、冶金技术和长途贸易。但是,他们是什么时

---

① 尼古拉斯·托马斯(Nicholas Thomas)总结了波利尼西亚社会中首领和庙宇之间的关系:"依赖性的产生是因为等级制度与粮食生产(农业和渔业)的图像联系在一起,这样的活动不是简单地发生,而是取决于与特定祖先之神相关的特定类型的仪式工作。"因此,祖先之神是自然界中植物和其他元素生命的根源,当然也包括依赖这些植物、鱼等的人类……对于任何特定的对象,例如一块土地,都有两种权利的组合:一种是主要的抽象的或有名无实的所有权,另一种是使用者的暂时的但拥有直接所有权。Nicholas Thomas, *Marquesan Societies Inequality and Political Transformation in Eastern Polynesia*, Oxford: Clarendon, 1990, pp.28-33.

② J. S. Lansing, T. M. Karafet, M. H. Hammer, A. J. Redd, I. W. Ardika, S.P.K. Surata, J. S. Schoenfelder, and A. M. Merriwether, "An Indian Trader in Ancient Bali?" *Antiquity*, Vol.78, No.300, June 2004, pp.287-293.

候开始试验控制水和种植水稻的？灌溉的发展是向王权过渡的催化剂吗？巴厘王国是什么时候开始偏离其他东南亚国家的发展轨迹的？

这些问题引起了我们对塞巴图这一地点的兴趣。但在开始我们的发掘故事之前，有必要总结一下关于过渡时期和第一个巴厘王国的已知情况。根据库尔克的观点，关键问题涉及国王与灌溉发展的关系以及他们对印度教和佛教崇拜的支持。幸运的是，由于早期巴厘国王所采用的不同寻常的税收制度，我们在这些问题上有相当多的证据。令人惊讶的是，古代的王国并没有一个皇家国库或一个集中收税的系统。相反，正如考古学家简·维斯曼·克里斯蒂（Jan Wisseman Christie）所解释的那样，"国王们给了每个人补偿，从最高行政长官到他们的理发师和马夫——给予他们直接从村庄获得收入的权利"。这种"税收耕种"的制度导致了具体税收的激增，具体税收可能因地区甚至村庄的不同而有所不同。例如，表演艺术家被授权"无论何时表演，都可以从村庄收取特定的费用"，具体数额取决于表演者所在剧团的法【28】律地位。为了使这一制度发挥作用，村民需要了解他们的义务。为此，国王向他们管辖的村庄颁发了详细的书面特许状。最古老的一本书写于882年，作者是最早的巴厘岛国王之一。它们由几种方言（梵语、古巴厘语和古爪哇语）组成，形成一个印度语脚本。① 不同国王发布的铭文往往有重叠的时期，

---

① 在882—914年，人们发现了7块铭文（记载），它们是用古老的巴厘语写的，含有大量的梵语词汇。其中有一处题词是布兰孔柱（Blanjongpillar）（914），是双语的，其中一个碑文是用古巴厘语写的，使用的是古爪哇（Kawi）文，它的内容是用那加里（Nagari）文字写的，梵文复制的。卡斯帕里斯（Casparis）认为，用于这一铭文的那加里文字几乎与"库提拉"（kutila）类型的当代印度铭文完全相同，比如950年拉什特拉库塔（Rasrakuta）王朝国王因陀罗贾亚（Indrajaya）三世的巴拉拉铜版（Bagumra）铭文，并暗示了印度对巴厘岛的直接影响。J. G. de Casparis, *Indonesian Paleography*, Leiden: Brill, 1975, p.37. 一般来说，大多数巴厘的记载（除了最近出版的那些）可能在卡斯帕里斯或下列来源之一中找到：Roelof Goris, Inscripties voor Anak Wungçu, Prasasti Bali I‑II, Bandung: C. V. Masa Baru, 1954. 韦恩·阿迪卡的印尼文译本，其中包括一些殖民地碑文学家不知道的最新碑文，这是巴厘岛古代农业系统研究中不易获得但必不可少的：
（转下页）

表明有几个小国共存的状态。

这些铭文是针对村庄中特定的个人和群体的，因此有可能重建第一个王国出现时村庄社会组织的大致轮廓。早期的巴厘国王把他们王国中的村庄当作准自治共和国。村庄是用南岛语词（wanua）来表示的，村民被称为"瓦努阿人"（Anak Wanua）。管理这些社区的委员会由被称为拉马（rama）的男性长者组成。① 村长的头衔和称呼在今天许多山上的村庄仍然存在。税收是以货币单位（标准价值的金币和银币）以及劳动力和食品等的供应来计算的。从碑文中可以明显看出，古代巴厘国王并没有宣称对其王国农业土地的所有权。这些土地也可以由农民个人以及村庄和宗教团体所有。例如，布瓦汉（Bwahan）B铭文（1025）指出，布瓦汉（村）被允许在巴图尔山火山口湖畔购买属于国王的狩猎地，因为该村没有足够的土地来放牛和收集柴火。国王把他们想要的土地卖给了他们。② 许多最早的铭文都暗示着灌溉水

（接上页）P. V. van Stein Callenfels, *Epigraffca Balica*, *The Hague: Verhandelingen van het Bataviaansch Genootschap*, No. 56, 1926, pp.iii-70. J.L.A. Brandes, "De Koper Platen van Sembiran (Boeleleng, Bali), Oorkonden in het Oud-Javaansch en het Oud-Balische.", Bandung: *Tijdschrift voor Indische Taal-, Land-en Volkenkunde*, Vol. 33, 1889, pp.16-56.

I Wayan Ardika, *Pertanian pada masa Bali Kuno: Suata Kajian Epigrafi. Laporan Penelitian*, Denpasar: Universitas Udayana, 1994. I Wayan Ardika and Ni Luh Sutjiati Beratha, *Perajin pada masa Bali Kuno Abad IX-XI*, Denpasar: Fakultas Sastra, Universitas Udayana, 1998.

① 拉马似乎起源于原始南岛语族的"奥马"（ama），"父亲"。（Peter Bellwood, James J. Fox, and Darrell Tryon, eds., *The Austronesians: Historical and Comparative Perspectives*, Canberra: Research School of Pacific and Asian Studies, Australian National University, 1995, p.11.）简·维斯曼·克里斯蒂还指出，"在巴厘岛文本中，rggep或已婚居民是村庄的决策者。这种区别仍然存在于巴厘岛的原住民村阿加（Aga）村"。（Jan Wisseman Christie, "Raja and Rama: The Classical State in Early Java", in Loraine Gesick ed., *Centers, Symbols and Hierarchies: Essays on the Classical States of Southeast Asia*, New Haven, Conn.: Yale University Monograph Series No. 26, 1983, p.37.）

② 韦恩·阿迪卡认为："在巴厘早期的国家时期，村落作为一个独立的实体存在于公元1025年的布瓦汉的铭文中。这个铭文提到，布瓦汉的村长遇到了统治者（Cri Dharmawangsa Wardhana Marakata Pangkajassanottunggadewa）。他们想跟统治者买一块皇家狩猎场，靠近他们的村庄。因为这个村庄缺乏足够的土地来放牧和收集柴火，最终国王把他们想要的土地卖给了他们。"参见 Wayan Ardika, "Bronze Artifacts and the Rise of Complex Society in Bali", master's thesis, Dept. of Anthropology, Australian National University, Canberra ACT, March 1987, p.66。

稻技术和小型村庄灌溉系统的存在。例如，与现代词汇相同的表示农业活动的词汇——犁地和移植，就出现在最古老的碑文中（968）。① 很明显，早期国王鼓励建造庙宇和灌溉系统。这两项工程经常相互关联，例如在腾库拉克（Tengkulak）A 铭文（1023），那些有责任支持皇家寺庙的村庄被允许从其他村庄取水来灌溉他们自己的水稻梯田。②

有趣的是，早期的巴厘国王显然觉得，没有必要在他们的王国里存在的各种印度教和佛教教派之间进行选择。相反，他们都支持。国王们还继承了古老的南岛宗教传统，在他们的庙宇里举行一年一度的仪式，目的是促进王国的繁荣昌盛。③ 国王用来支持寺庙、修道院和祭司的最重要的工具【30】是一种法律手段，叫"西马授予"（sima grant）。这笔赠款免除了村庄的其他税收负担，以换取对皇家寺庙或其他宗教机构的支持，比如为旅行中的僧侣提供避难所。正如简·维斯曼·克里斯蒂所指出的，一个镌刻的铜铭文证明了"西马授予"的存在，免除一大群寻求从农民那里获得收入的皇室小仆人的权力。"西马授予"使国王能够建造和维持与皇家宗教有关的寺庙和寺院，将支持这些机构的责任交给乡村长老理事会。④ 关于皇室对灌溉的参与，许多铭文提到了每年对灌溉用水征收的一小笔税，要付给指定的官员。标准的税是 1 马币，一种 2.4 克的金币，价值大约是一头水牛的十五

---

① 普拉萨斯蒂·布多鲁于 968 年用古巴厘语记载。参见 Wayan Ardika, *Hak Raja atas Tanah pada masa Bali Kuno*, Denpasar: Fakultas Sastra, Universitas Udayana, 1986, pp.20–21。
② 这在后来的阿纳克·文古时代更为频繁地被提及，在许多碑文中有过记录，包括大宛、潘达克·班东、克隆孔和迦兰·登迦。
③ 详细分析波利尼西亚酋长的宗教和世俗角色之间的关系，参见 H.J.M. Claessen, "Ideology, Leadership and Fertility: Evaluating a Model of Polynesian Chiefship", *Bijdragen tot de Taal-, Land- en Volkenkunde*, Vol.156, No. 4, 2000, pp.707–735。
④ 例如，一段写于 911 年的铭文指示巴图尔湖畔特伦延（Trunyan）村的村民每年 8 月都要为巴都拉达通塔（Bhatara Da Tonta）神举行仪式。Trunjan B I, No. 004 in Goris 1954, pp.125–126. 今天，这些仪式仍然按计划进行。

分之一。①11世纪的农民想要建造灌溉运河，需要皇家的许可。后来的铭文表明，王室对灌溉的最小细节有着相当惊人的兴趣。有几个例子可以说明这一点：在一篇写于1027年的碑文中，有三个人把宫廷官员拥有的一片森林变成了梯田，另外三个村民把另一片森林变成了梯田。碑文还提到了村民们修建大坝的事。②43年后，另一块碑上的铭文指出，农民在大坝周围植树："为了保护大坝，允许在大坝周围种植椰子树、槟榔果、棕榈树、竹子和各种各样的长寿树，包括些没用的树。"三年内，为种植水稻而开垦土地的农民的税收减少了三分之二。③1181年的一篇铭文写道，村民"被允许修建更多的灌溉水渠，开垦更多的土地，并开凿小运河来建造稻田"④。另一篇铭文是关于对在水稻梯田上劳作的村民征收罚款，因为这些梯田是用来支撑一座皇家寺庙的："如果（灌溉）这些梯田的水停了一晚，就不会有罚款，但如果梯田干了两晚，或者大坝损坏了，人们必须向（祭司）普图·阿巴卡（Mpu Sthapaka）或彻苏（Caksu）报告。如果不报告此类事件，卢顿根（Lutungan）的村民将被处以3个萨加（saga）的罚款。"⑤其他铭文记录了村委会的任务是在无子女夫妇去世后，将他们的土地重新分配给这些寺庙。

总之，这些王室铭文提供了关于古代巴厘王国的丰富详细的原始信息来源。与被库尔克称为"帝国"的东南亚最大王国的国王不同，巴厘国王并不

---

① 原文"马"的字面意思是豆子；德·卡斯帕里斯（J. G. de Casparis）认为，一枚马（萨）金币可能和一颗豆子一样重。
② 公元1027年，巴图安铭文（Prasasti Batuan）记载，"大将军（Senapati Kuturan，人称普图普图，Putuputu）领主拥有的森林，由苏卡特（sukat）大小的森林组成，位于巴图兰（一个现在叫巴图安的村庄）的领地内，被三个有名字的人建成了梯田。在特帕桑（Tepasan）又有三个人把森林变成了梯田"。这是我根据原始古爪哇语文本的印尼语译文翻译成的英文。（参见Ardika and Beratha 1998, pp.73-74。）
③ Prasasti Klungkung A (A.D. 1072), No. 439 in Goris 1954.
④ Bwhan D (A.D. 1181), No. 623 in Goris 1954.
⑤ I Wayan Ardika, *Pertanian pada masa Bali Kuno: Suata Kajian Epigrafi. Laporan Penelitian*, Denpasar: Universitas Udayana, 1994.

自称是神。他们也没有建立城市中心或大型宫殿形状的"寺庙山"。村庄被视为半自治的共和国,由已婚男子组成的委员会管理,灌溉系统的扩张由他们负责。国王拥有森林土地的所有权,这些土地可以由村民购买,因为国王鼓励把森林变成稻田。农业用地可以作为公共财产归村庄所有,可以归农民个人所有,也可以归寺庙、朝廷官员或国王所有。① 奴隶制虽然存在,但奴隶并不是农业劳动力的主要来源。虽然国王鼓励建造皇家寺庙和修道院,这些项目实际上是由农村社区在西马授予制度下作为一种征税形式进行的。在邻近的爪哇岛,我们可以看到,在村民和王室之间形成了一个行政层级,但这并没有发生在巴厘。相反,法院直接与特定村庄进行互动,并关注农民活动的细枝末节,这些细节与皇家寺庙的供应补给和农业税的缴纳有关。

火山梯田

正如我们所看到的,在东亚的其他地方,王权的发展与皇室在灌溉系统【32】发展中的作用越来越大有关。但巴厘陡峭、险峻的地势不可能建造蓄水池或通航运河,也不存在建造蓄水坝的技术。因此,在巴厘,灌溉和皇家寺庙的扩建仍然掌握在村民手中,国王只是鼓励当地人的积极性。导致邻国集权的力量在巴厘并没有得到发展,但巴厘王权依然存在,灌溉面积扩大,寺庙激增。为了理解这一明显的悖论,我与弗农·斯卡伯勒进行了合作。弗农·斯卡伯勒是一位考古学家,以研究中美洲古代玛雅王国的治水文明而闻名。我

---

① 安托妮特·M. 巴雷特·琼斯(Antoinette M. Barrett Jones)描述了 10 世纪爪哇王国的类似情况:"我们可以从有关土地出售的铭文中的数据中得出一些一般性结论。首先,我们注意到,在一些情况下,提及土地的卖家,他们是一个村庄的拉玛,在其他一些情况下,他们是村民(Anak Wanua)。另一方面,土地的买家似乎总是高官……"在林塔坎(Lintakan)铭文中,拉玛土地的买主是国王本人。Dordrecrt-Holland, "Early Tenth-Century Java from the Inscriptions", *Dordrecht-Holland: Verhandelingen van het Koninklijk Instituut voor Taal-, Land-en Volkenkunde*, No. 107, 1984, pp.146–147.

们的合作一开始进展缓慢，因为将巴厘地貌与玛雅地貌相比较，一开始似乎毫无希望。水文学家已经绘制了162条巴厘的小河和小溪的地图，其中大约一半在雨季过后干涸。南部大的水稻种植区是一系列由火山喷发形成的土壤，火山喷发使巴厘南部的大部分地区沉积了一层富含矿物质的熔结凝灰岩层。在巴图尔山南部斜坡上的酋长领地和早期王国繁盛的地区，地形尤其崎岖。相比之下，玛雅王国是在一个平坦的森林覆盖的石灰岩半岛上发展起来的。从地质学的角度来看，很难找到一个比巴厘火山崎岖的坡地更不一样的热带环境。这两个社会发展的技术也非常不同：巴厘人利用河流和小溪的水流建造运河灌溉系统，而玛雅人建造水库来储存雨水，使用倾斜的梯田和战略布局的蓄水池。但是，尽管有这些对比，斯卡伯勒仍认为，从生态学的角度来看，这两个系统有重要的相似之处。二者的问题都是如何获取少量分散的水资源——玛雅低地的降雨和巴厘的小急流。玛雅和巴厘都缺少大河。但是，如果能创造出合适的工程技术来收集，并将水输送到位置良好的梯田，则可以获得集约化农业需要的所有水资源。

　　斯卡伯勒的玛雅国家增长模型描述了一个水管理系统从被动到主动的渐进发展过程。早期的玛雅农业社区位于海岸，在那里，他们也可以利用海洋资源。后来，一些小的先驱性定居点沿着河流发展至内陆。起初，这些定居【33】群体固定在河流附近，因为在漫长的夏季和旱季人们需要水。但最终，小社区找到了一种方法，在自然洼地附近定居，在内陆度过旱季。斯卡伯勒把这些天然洼地描述为"凹形微型分水岭"。它们被证明是玛雅作物的理想之地，经过几个世纪的时间，玛雅人的定居点散布在尤卡坦半岛的天然洼地周围，斯卡伯勒将这一过程称为"积累性生长"。在这一阶段的逐步扩张之后，伴随着王权的出现，突然出现了一种新的治水方法。新的定居点是在水山（water mountains）周围建造的，水山是用石头建造的高耸的仪式中心，通常包括金字塔和平坦的庭院，建在石灰岩山脊上。斯卡伯勒的调查显示，这些遗迹是经过战略规划的，目的是将降雨引入蓄水池和农田。从工程学的角度来看，玛雅水山是"凸形的微流域"。以上结合了仪式中心和蓄水池对水的掌握，使玛雅人在尤卡坦半岛内部形成了非常高的人口密度。斯卡伯勒认为，玛雅建筑工地的首要任务是挖掘一个储罐系统。例如，伟大的雅典卫城和提卡尔金字塔，除了降雨，远离任何自然水源。一座石灰岩山脊成为雅典卫城的基础，方圆数英里（1英里约为1.6公里，译者注）都能看到它。其中，6个铺砌好的集水区每年可以收集大约90万立方米的水。玛雅景观最终变成了无数凸形的微流域，每一个都被设计成用来收集、引导和储存落在石头卫城上的雨水。从工程的角度来看，扩张意味着集约化：更大和更精心雕刻的水山，成为相对独立自主的生产中心。斯卡伯勒认为，玛雅建筑师设计这些结构是为了使祭司和国王控制水的象征意义变得戏剧化。在主要的经典遗址，"水库就坐落在最宏伟的寺庙和宫殿脚下……薄薄的水面反射界定了此界与彼界之间的张力，而镜像般重复的仪式行为则强化了（祭司与国王）与水的关联及对水的控制"[1]。

斯卡伯勒的蓄积模型聚焦于古玛雅人设计水控制系统时所处的广阔的生态环境，而不是工程细节，从而为重新考虑巴厘水控制系统的主要转变提供了一个框架。阿迪卡提出的巴厘农耕史类似于斯卡伯勒对玛雅人扩张的描述：最初的遗址是沿海地区的定居点，然后是更高海拔、泉水灌溉的湿地区域的先民定居点。后来，随着灌溉水稻技术的出现，如果把泉水引入简单的灌溉渠道，同样的地点将变得更加有优势。巴厘最早的王室铭文之一（962）的内容是要求村民们在巴厘最大的天然泉水——坦帕克西林（Tampaksiring）

---

[1] Vernon L. Scarborough, "Water Management in the Southern Maya Lowlands: An Accretive Model for the Engineered Landscape", in Vernon L. Scarborough and B. Isaac, eds., *Economic Aspects of Water Management in the Prehistoric New World*, Research in Economic Anthropology, supplement 7, Greenwich, Conn.: JAI Press, 1993, pp.17-69.

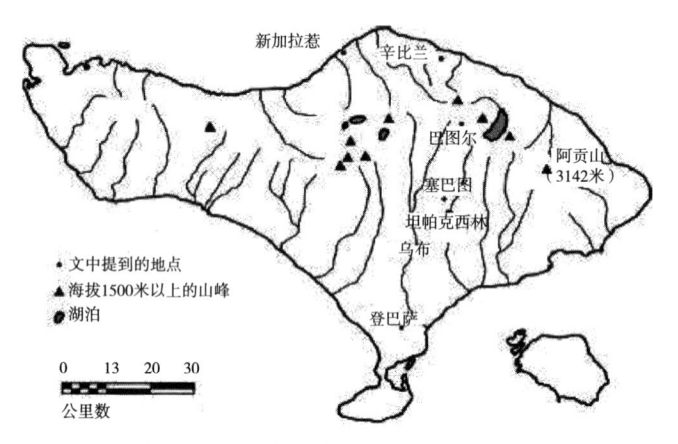

图2-1 巴厘地图，显示文中提到的地点

村附近的蒂尔莎·恩普尔（Tirtha Empul）修复堤坝（图2-1）。从这个泉眼流出的水现在进入一条大运河，这条运河将水输送到位于下游山谷的三百公顷稻田。在这些梯田中，人们发现了巴厘有史以来最大的皇家陵墓和修道院，它们是在12世纪建成的。考古学家约翰·肖恩菲尔德从位于运河附近和泉水下游约2公里处的梯田底部发现的有机物质中，获得了7世纪的碳同位素数据。由此看来，蒂尔莎·恩普尔似乎是巴厘国王最古老和最成功的水利工程之一。山谷形成了一个凹形的小流域分水岭，利用了天然泉水和非常简单的技术：10世纪碑文中描述的石堰和一条短运河。

但是早期的巴厘国王很快就发现了一个问题。巴厘山谷上方只有几处大型天然泉眼；蒂尔莎·恩普尔几乎是独一无二的。大多数河流和泉眼都位于峡谷深处，需要隧道和沟渠将水流输送到下游的农田，那里可以种植庄稼。然而，一旦如此，整个山坡就可能被通过运河从上游的堤坝来的洪水淹没。尽管蒂尔莎·恩普尔泉水可以很容易地灌溉下游山谷的单侧（用斯卡伯勒的话来说，就是一个凹面的小流域），但隧道和沟渠的使用可能会淹没整个山丘——成为一个"凸面"的透镜状小流域。起初，这些地方都是孤立的生产中心，农田的大小取决于可用水量和下游小丘的大小，这些小丘可以被建设成梯田。但是，如果供水超过了第一个可用的小丘所需要的水量，就可以建造更多的运河和隧道，把多余的水从第一个梯田输送到下游更远的山顶。用这种方法，一个单一的灌溉系统就可以支撑起一系列连串的梯田小丘，就像葡萄藤上的果子一样。因此，就像玛雅人一样，工程的第一阶段是使用简单【36】的运河将水引入洼地或山谷，随后可能会有一项更为精细的技术，让农民们一个接一个地灌溉山丘——这些可以说是巴厘版的玛雅人的"水山"。就和玛雅人的情况一样，这些都是小型但经过精心设计的生产中心。

  1995年夏天，我们开始通过研究塞巴图南部小山谷的泉水来验证这些【37】想法（图2-2）。这个调查地点有望反映出从最早的种植到创建凹和凸系统的整个发展序列。它位于蒂尔莎·恩普尔以西几公里处，在第一个大的泉水

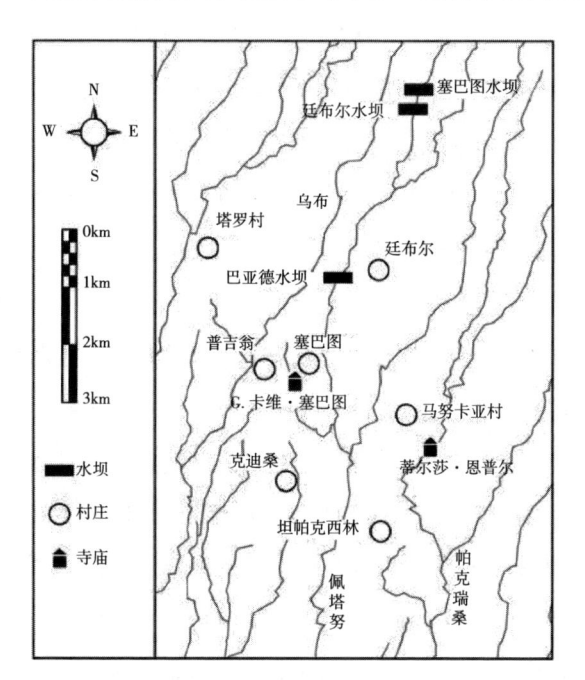

图2-2 吉安雅县坦帕克西林-塞巴图（Tampaksiring ring-Sebatu）地区，显示了文中提到的地点，绘制者：约翰·肖恩菲尔德

灌溉的山谷被充分开发之后，它将成为一个有吸引力的灌溉开发地点。

【38】巴厘的"水山"

水神庙旧圣泉寺位于塞巴图村南面的一个很深的天然洼地中。这座寺庙【39】围绕着两条天然泉水而建，周围环绕着一系列迷人的瀑布和喷泉。离泉水最近的是喷泉，在那里可以收集水进行仪式净化。在它们下游，水被引到水池里用来洗澡，然后进入一个鱼池。然后，泉水进入一条短隧道，在下游几百【40】米处涌出，灌溉了0.89公顷的水稻梯田。从那里开始，未使用的水流入一条运河，径流4公里，然后在一个梯田的山丘上用来灌溉31公顷的稻田。肖恩菲尔德的测量表明，这一灌溉渠道系统包括五个隧道，其中最长的有1.5公里。我们推测，最早农民被吸引到这个地方，种植南岛人喜欢的作物，包括椰子、芋头、香蕉，可能还有稻米。所以，这里可能是第一个被占领的内陆地区。后来，随着水稻的出现，它成为岛上最理想的小聚居点之一。丰富的泉水很容易直接被引到下游的洼地。开凿第一条短运河要比在火山岩上开凿灌溉渠容易得多，所以这里很可能是希望种植水稻的农民最先开发的地方之一。

我们在地图上标出了寺庙，从寺庙中流出的灌溉渠，以及依赖于这些水流的田地。我们还在5米深的地方提取了18处土壤样本，并对样品进行了沉积学、花粉和植物岩分析。我们发现，在灌溉水稻的种植出现之前，谷底是一片以棕榈树和香蕉种植为主的沼泽森林。沉积学研究表明，灌溉系统出现后，沉积物迅速堆积。例如，来自16号岩心的放射性碳数据，取自寺庙北部一个目前未被利用的台地表面，显示在过去的500年里，这个地方沉积了近3米的土层。根据斯卡伯勒的累积模型，这一观察结果特别有趣。当地农民向我们展示了如何管理可预测的沉积物堆积，从而在运河流入水稻梯田的地方拓宽并平整梯田的景观。经过几十年的时间，沉积物的定向流动塑造出景观的轮廓和地形，扩大了适合梯田的面积，河床的抬升促使小运河水流淙淙（图 2-3）。

对沉积物样本的分析也证实了我们对该遗址历史的推测。泉水周围原来

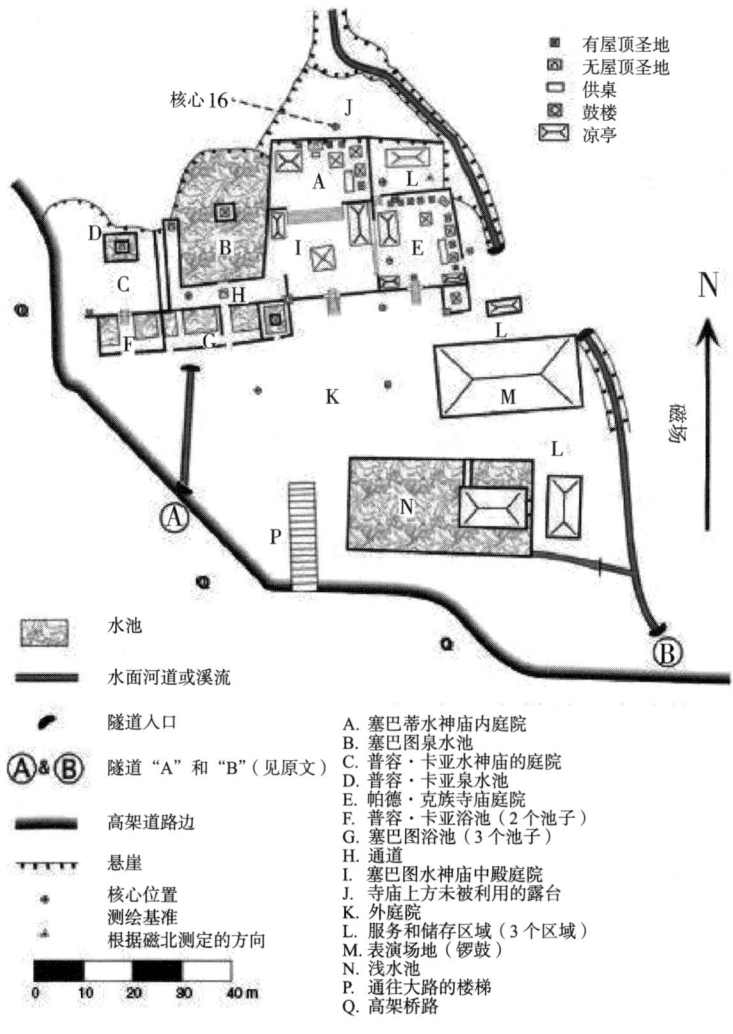

图 2-3 旧圣泉寺水神庙和邻近田地的地图，显示土壤核心样本的位置，绘制：约翰·肖恩菲尔德

是一片沼泽。后来，这里变成了一个有果树的、被管理的森林，可能也种植芋头，但由于未产生花粉，这无法直接被证实。再后来，灌溉水稻种植在紧邻水神庙下游的小凹洼地里。由于泥沙堆积，这个小盆地变宽了，但即使在今天，洼地也太小了，只能使用从泉水流出的一小部分水。因此，在某一时【41】刻，农民们开始建造一系列的小隧道、引水渠和运河，现在这些渠道将大部分的水流输送到下游4公里处的德洛德·布伦邦（Delod Blungbang）梯田水山的顶部。我们的16号岩心中有3个指向废弃的灌溉隧道，这证明了景观变化的频率，包括泥沙沉积物的积累，迫使农民修改他们的灌溉系统。我们采访了一些年纪较大的农民，他们回忆起大约40年前参与过一座堤坝的拆除，以及从最顶端的田地中引出的新隧道和运河的建设。总之，这些结果表明，小规模的农民团队一直在从事精心设计的微型工程，以保持对水流和泥沙的控制。①

玛雅水山是由石头建造的高台仪式中心，周围环绕有蓄水池、池塘和农田。从工程的角度来看，它们与巴厘农民建造的梯田小丘完全不同，因此用同一个术语来称呼这些结构似乎有些奇怪。从三个方面来说，这一术语适于描述巴厘小流域。首先，巴厘梯田的物理结构是特别不寻常的：它们不仅包括河流冲积平原或山谷，还包括被水冲刷山顶的山丘或山脊。当然，这种规模的描述是不正确的：它们不是山，只是丘陵和山脊。但这引出了第二点：这些透镜状的梯田装饰着水神庙和"圣地"，在这些神庙中进行的农业仪式将每一个山丘确定为中央火山的微型复制品，而中央火山又被视为宇宙山的象征。巴厘的水神庙崇拜通过强调火山环形湖作为水的象征来源的作用，以其赋予生命和净化的力量来美化这个宇宙山的象征意义。"圣山"意象是水

---

① Vernon L. Scarborough, John W. Schoenfelder, and J. Stephen Lansing, "Ancient Water Management and Landscape Transformation at Sebatu, Bali", *Bulletin of the Indo-Pacific Prehistory Association*, Vol.20, pp.79-92.

神庙崇拜的核心元素，神殿中供奉的至高无上的神灵是生活在火山口湖中的"使江河流淌"的女神。最后，水山隐喻表明这些系统是类似自治的生产中心，又不同于灌溉的山谷或平原。

然而，玛雅和巴厘的水山之间也有一个重要的区别。每座玛雅的水山都是自给自足的，而且随着人口的增长，通过增加更多的梯田和蓄水池，水山的面积也会增加。但在巴厘，水山的扩张受到水的可及性和下游山丘和山脊地形的限制，使环境差异产生了社会影响。巴厘水山的形成没有为大规模的劳动力投入提供空间。相反，正如我们通过观察几条新灌溉渠的建设所了解【42】到的那样，这样的工程需要小型、高技能的团队，最多由十几个人组成，他们能够将水准确地穿过数公里的火山岩，输送到遥远的山顶。同样，大部分的小山丘可以在几年之内被一个村庄的人力开垦和梯田化。一旦隧道和梯田开始运作，快速的泥沙输送就需要几乎持续不断的工程，以维护和重建水坝、堤坝、运河和隧道。随着下游新山丘的增加，这些水控制系统变得更加复杂。虽然一座水山通常由一个或两个村庄的农民管理，但几座水山往往与一个或多个灌溉系统相连，这就需要规模更大的水管理。

因此，考古证据表明，巴厘灌溉发展的第一阶段是基于简单的"凹面的"灌溉系统的扩张，利用一些天然泉水。这种扩张发生在公元1000年的早期，并与第一个王国的形成有关。但是可以利用这项技术开发的区域非常有限，下一阶段的扩展是建立在水山的基础上。熟练的工程师可以在"圣山"的侧翼挖隧道，让繁荣的水稻种植村庄在附属定居点（daughter settlements）萌芽。巴厘的灌溉系统从"凹"向"凸"的转变，可能加强了村庄社区相对于王室的自治，从而需要在共享共同灌溉系统的村庄之间进行有效合作。这些发展可以通过比较王权、村庄和寺庙在巴厘的后期演变，与巴厘西部大邻居爪哇岛的类似事件来进行关注。两岛的王权几乎同时出现，早期王国的行政结构几乎相同。但与巴厘不同的是，爪哇有广阔的平原和适合灌溉水稻的大河。因为爪哇国王发布的铜版铭文和巴厘国王发布的相似，所以或许可以对这些王国的发展轨迹进行详细比较。正如我们将看到的，爪哇王国通过削弱村庄的法律权力和侵占其资源而变得更加强大，而在巴厘，这一过程最终被逆转。

与爪哇的比较

最早的爪哇皇家铭文是用梵文写的，出现在 8 世纪早期，比最古老的巴厘铭文早了将近一个世纪。相比之下，最早的巴厘王室法令是用古老的巴厘语写成的。但在不到一百年的时间里，巴厘语被爪哇皇家铭文的语言所取代，现在被称为"古爪哇语"。早期巴厘和爪哇王国之间的相似之处远远超出了王室法令的语言范围：从 9 世纪初到 10 世纪末，它们的行政结构几乎相同。爪哇人的第一个王国出现在爪哇中部，那里是一片丘陵地带，有许多小溪和河流，在王权开始之前，那里就有小规模的灌溉系统。[①] 和古巴厘一样，古爪哇国王通过税收耕作制度来支持他们的管理，并利用西马授予来鼓励寺庙和寺院的建设。最初，这两个政体只有一个主要的结构差异：在巴厘，统治者直接与村委会互动，而在爪哇岛则有一个中级行政级别，即瓦泰克（watek）。瓦泰克的首领被称为"拉卡拉扬"（rakarayan），这个词最初是指酋长，但后来又指法院官员。简·维斯曼·克里斯蒂将瓦泰克的起源追溯到国家出现之前的酋长国：

---

① 爪哇高地地区的人口增长总体上是平缓的。Jan Wisseman Christie, "Water from the Ancestors: Irrigation in Early Java and Bali", in Jonathan Rigg, ed., *The Gift of Water: Water Management, Cosmology and the State in Early Southeast Asia*, London: School of Oriental and African Studies, 1992, p.12.

最初的主要瓦泰克似乎是从古老独立酋长国和小国家演变而来，第一个主要的爪哇国家显然是在8世纪初从这些地方建立起来的……一旦一个小政体被吸收，尽管它可能在一段时间内维持了某种程度的行政完整，一个不可逆转的吸收吞并和领土侵蚀进程似乎已经开始……到9世纪中叶，属于瓦泰克的一个定居点与同一瓦泰克的任何其他定居点相邻都是不寻常的。

……瓦泰克财产的日益分散，至少在一定程度上，似乎是爪哇历代统治者深思熟虑的政策。①

到10世纪中叶，巴厘和爪哇王国的发展道路开始出现分歧。公元928—929年，靠近早期爪哇王国中心的默拉皮（Merapi）火山猛烈爆发，促使统治者迁往东爪哇。在那里，布兰塔斯（Brantas）河和梭罗（Solo）河的肥沃平原为扩大水稻种植提供了诱人的机会。② 在这里，爪哇国王能够巩固他们的权力，以至于"他们不再那么不愿意把更多的权力集中在地方首领手中"③。到了11世纪，这些王国进入了帝国时期。

最近，在被认为是满者伯夷帝国（Majapahit empire）首都的特罗乌兰东部地区进行的考古调查发现了大量的废墟，这些分布在至少100平方公里范围内的大量遗迹，至今仍未被完整地绘制出来。库尔克评论说，铭文"毫

---

① Jan Wisseman Christie, "Negara, Mandala, and Despotic State: Images of Early Java", in David G. Marr and A. C. Milner, eds., *Southeast Asia in the 9th to 14th Centuries*, Canberra: Research School of Pacific Studies, Australian National University, 1986, pp.70-71.
② Jan Wisseman Christie, "Wanua, thani, paraduwan: The 'Disintegrating' Village in early Java?" Bern: *Ethnologica Bernensia*, Vol.4, 1994, pp.36-37.
③ Jan Wisseman Christie, "Wanua, thani, paraduwan: The 'Disintegrating' Village in early Java?" Bern: *Ethnologica Bernensia*, Vol.4, 1994, pp.36-37.

无疑问，这些寺庙与帝国统一扩大核心区域的政策直接相关"①。特罗乌兰遗址包括一个运河网格②和许多大型的羌迪（chandi，宇宙山形状的寺庙）。东爪哇国因文学作品和王室法令而闻名。那个时代文学的一个重要主题是国王对宗教体系的支持，而宗教与对王权的狂热崇拜有着直接的联系。例如，一段描述女王在神庙为其举行葬礼的文章中就有这样的评论："它被塑造成一个著名的法（dharma）的原因是：为了使爪哇大地再次成为一个整体，它可能有一个国王（拉贾），作为一个国家，它将在未来的世界闻名，不会偏离。它（神庙）将成为杰出的君主征服地球上所有国家的象征，一个影响宇宙的转轮圣王（cakrawartti prabhu）。"③

在爪哇和巴厘，早期的皇家法令都提到了南岛语"瓦努阿"指代村庄。起初，巴厘和爪哇国王都把这些村庄当作半自治共和国对待，把他们的铭文交给已婚村民组织的委员会，该委员会是一个决策机构。但在爪哇，村庄与法院的关系很快就开始改变。到 9 世纪末，一些碑文，特别是东爪哇的碑文中增加了"村庄的和偕团结"（sapasuk wanua）一词。简·维斯曼·克里斯蒂将这一变化解释为，反映了税务机构希望将村庄区分为自然场地和社交场所的愿望，从而冲淡了村庄作为类似共和政体的地位。随着东爪哇农村人口在 10 世纪和 11 世纪的增长，瓦努阿在法律上的分裂仍在继续。公元 992 年左右，用于描述纳税社区的术语从瓦努阿改为塔尼（thani），这是一个表示村庄实际地理位置的术语，在 11 世纪出现了另一个表示为塔尼的二级单位

---

① Hermann Kulke, "The Early and the Imperial Kingdom in Southeast Asian History", in David G. Marr and A. C. Milner, eds., *Southeast Asia in the 9th to 14th Centuries*, Canberra: Research School of Pacific Studies, Australian National University, 1986, p.16.
② Soejatmi Satari, "Some Data on a Former City of Majapahit", in John N. Miksic, ed., *The Legacy of Majapahit*, Singapore: National Heritage Board, 1995, pp.36-37.
③ 引用自 Hermann Kulke, "The Early and the Imperial Kingdom in Southeast Asian History", in David G. Marr and A. C. Milner, eds., *Southeast Asia in the 9th to 14th Centuries*, Caberra: Research School of Pacific Studies, Australian National University, 1986, pp.16-17。

的术语。其次，社区被称为这些单位的集合。到 12 世纪初，卡拉曼，或瓦努阿村议会，从铭文中消失了。至此，"社区已成为其组成部分的总和"①。农村权力的丧失也从税收制度的变化中得到了明显体现。起初，对整个村庄的大片土地征收集体税。但随着村议会的重要性下降，尽管农村人口的规模在增长，但土地所有权却分散了，可征税的土地单位减少了。到了 14 世纪，爪哇不再铸造之前村庄用来在公共土地上纳税的大面额金币和银币，而应纳税土地的计量则用较小的单位重新计算。与此同时，王室行政机构的发展导致了税收人员的不断增加，因此"随着人口的增长，他们通过一个加长的中间环节，被分成更小的接触单位"②。

在爪哇，从"由已婚村民组成的委员会管理的瓦努阿"到"仅仅是小村庄的集合"，这一转变是一个渐进的过程，并在 12 世纪时明显完成，但它影响到了铭文中记录的所有村庄。相比之下，许多巴厘村落至今仍保留着古老的瓦努阿结构。事实上，在 700 年到 1100 年前，许多现存的铭文作为珍贵的传家宝被保存在它们最初所在的村庄里。这些村庄在当地被称为"老巴厘人"或"原始巴厘人"（巴厘·阿加/穆拉，Bali Aga/Mula），大多位于海拔较高的高地，可以种植水稻，这可能使它们对税收人员的吸引力降低。他们仍然由已婚村民组成的委员会管理，法律权威和宗教权威都属于最年长的已婚夫妇。这些村庄的建筑也很明显地保留了古老的南岛民族的风格，它们与在群岛其他地方发现的常见南岛民族的长屋（longhouse）模式非常相似，【46】长屋由一个屋顶下的一长排隔间组成，每个隔间里住着一对夫妇和他们的孩

---

① 她利用碑文中的数据计算出，"9 世纪时，一个瓦努阿拥有的稻田土地的数量，似乎在……范围内，最高可达 120 至 180 公顷"。（Jan Wisseman Christie, "Wanua, thani, paraduwan: The 'Disintegrating' Village in early Java?" *Ethnologica Bernensia 4*, Bern: The University of Berne Institute of Ethnology, 1994, p.38.）

② Jan Wisseman Christie, "Wanua, thani, paraduwan: The 'Disintegrating' Village in early Java?" *Ethnologica Bernensia 4*, Bern: The University of Berne Institute of Ethnology, 1994, p.39.

子。① 最年长的夫妇应该住在距离每一排长屋的祖先神殿最近的屋子里。这些村庄还保留着一种古老类型的寺庙——贝尔·兰塘,它仍然是已婚村民每月聚会的场所。贝尔·兰塘由一个长而高的木制基座的平台组成,有屋顶但没有墙壁,朝向是与长屋相同的上坡方向。在这里,已婚男子按年龄资历排序,面对着一排类似南岛神石的神殿,供奉着被神化的村庄创始人和当地重要人物的神灵。② 这些村庄小心翼翼地维护着自己的独立性,已婚村民委员会往往享有处理耕种公共土地的权利。这些数量可观的"乡村共和国"的存在表明,巴厘国王未能同爪哇第一个大王国一样实现瓦努阿自治的瓦解。③

水的重要性

在巴厘陡峭、龟裂的地貌中,水稻种植的扩张意味着水山的增殖扩散,与当地地形相适应,并合理利用了上游的水源。修建和维护许多小隧道和运河,以及执行合理的灌溉循环规定,需要两个层面的合作:一是在每座水山【47】上的农民之间,二是在共享相同水源的社区之间。11世纪的巴厘铭文中就出现了专门用于解决这一问题的机构。这个机构,称为苏巴克,和瓦努阿并

---

① 关于巴厘阿迦村的建筑,参见 Thomas Reuter, "Houses and Compounds in the Mountains of Bali," in Gunawan Tjahjono, ed., *Indonesian Heritage: Architecture*, Singapore: Archipelago Press and Editions Didier Millet, 1998, pp.38–40. 典型巴厘房屋的建筑结构在罗比苏拉托的一篇文章中有描述。有关南岛长屋建筑的比较描述,参见 James J. Fox, ed., *In side Austronesian Houses: Perspectives on Domestic Designs for Living*, Canberra: Comparaive Austronesia Project, Research School of Pacific Studies, Australian National University, 1993.
② 这些村庄不再称自己为瓦努阿,保留这个术语是为了表示支持单一起源寺庙的村庄集合。瓦努阿村通常把自己看作从原来的母村(也就是原来的瓦努阿)衍生出来的附属定居点。
③ 我的观点不是说这些村庄逃脱了皇室的控制或影响,而是他们设法保留了自己的由已婚长老委员会统治的准自治村庄共和国的地位,这是公元922年以前的爪哇村庄和皇室铭文持续发布下的巴厘村庄的模式。

不相同。取而代之的是，它的成员包括所有拥有共同水源灌溉土地的农民，例如泉水或三级运河（tertiary canal）。[1]爪哇从来没有开发过苏巴克，那里的灌溉系统建在平缓的坡地上，由瓦努阿管理，瓦努阿似乎控制了足够多的领土，囊括了他们大部分的水源。早在公元前 1000 年晚期，爪哇人就有超过 80% 的定居点位于至少一条河的 500 米范围内，海拔在 100—400 米。[2]尽管皇家法令偶尔提到一些与水有关的官员，但爪哇国王并没有在灌溉系统的创建中发挥积极作用。相反，就像在巴厘一样，统治者通过对移民开垦土地或建立灌溉系统提供税收激励，鼓励水稻生产的推广。

后来，只有少数爪哇皇室命令提到了灌溉大坝：东爪哇（公元 804 年、921 年和 927 年）的《哈林金铭文》，以及爪哇最著名的统治者之一埃兰加（Airlangga）（公元 1021 年和 1037 年）时代的两处铭文。1037 年的铭文是最详细的，比较来看，也是最有趣的。布兰塔斯河似乎冲垮了瓦林根·萨帕塔（Waringin Sapta）村附近的河岸，淹没了当地的许多社区，毁坏了他们的稻田。当地人民多次尝试自己解决问题（没有提到任何宗教或国家官员的【48】

---

[1] 参见 The Baturan inscription, A.D. 1022, No. 352 in Goris 1954, also in M. M. Soekarto K. Atmodjo, "Some Short Notes on Agricultural Data from Ancient Balinese Inscriptions", in Sartono Kartodirdjo, ed., *Papers of the Fourth Indonesian-Dutch History Conference, Yogyakarta 24–29 July 1983*, Vol. 1: *Agrarian History*, Yogyakarta: Gadjah Mada University Press, 1986, p.60; Udayapatya A.D. 1181, Soekarto 1986: 41–42; Er Rara, A.D. 1072, Soekarto 1986, pp.34–35。以及一个可能追溯到 11 世纪末或 12 世纪初的不完整铭文，收藏在泗水的姆普·坦图拉尔（Mpu Tantular）博物馆。Machi Suhadi and K. Richadiana, *Laporan Penelitian Epigrafi di Wilayah Provinsi Jawa Timur*（Berita Penelitian Arkeologi No. 47）, Jakarta: Departemen Pendidikan dan Kebudayaan, 1996, pp.12–23。厄·拉拉（Er Rara）碑文提到，至少有 27 个被命名的村庄，属于 18 个不同的社区，与拉瓦斯（Rawas）的卡苏瓦坎（kasuwakan）有关。同样，乌达雅帕蒂亚（Udayapatya）指 19 个卡苏瓦坎（kasuwakan）。苏卡托（Soekarto）确定这些卡苏瓦坎位于一个从巴图尔湖向南延伸到吉安雅的地区。简·维斯曼·克里斯蒂（Jan Wisseman Christie）评论说，"卡苏瓦坎的数量表明当地的灌溉网络相当复杂，而且不止一个水源，被一个社区所使用"。参见 Wisseman Christie, "Irrigation in Java and Bali before 1500," unpublished ms.

[2] Mundardjito, "Pertimbangan Ekologi dalam Penempatan Situs Masa Hindu-Buda di Daerah Yogyakarta: Kajian Arkeologi-ruang Skala Makro", doctoral dissertation, Universitas Indonesia, 1993, p.14.

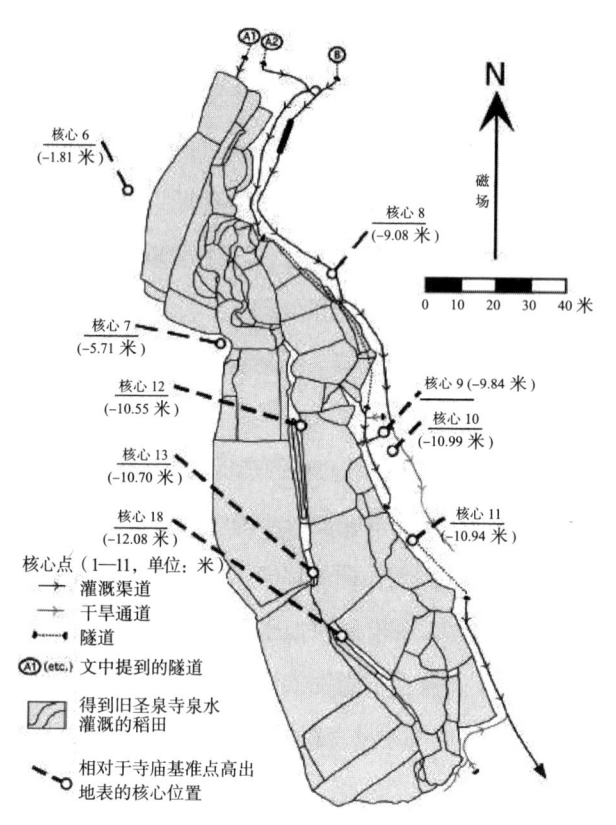

图 2-4　Pura Gunung Kawi（塞巴图 Sebatu）旧圣泉寺水神庙下的稻田地图，显示了核心样本的位置。绘制者：约翰·肖恩菲尔德

参与）。当努力失败后，他们向国王埃兰加请愿，要求他行使指挥护卫队劳工进行一项大型土木工程。国王这样做了，缺口被大坝堵住了，使河水流向了北方。但现在国王面临的问题是确保大坝的持续维护，因为显然没有过这样的管理制度。埃兰加通过给卡马拉干亚（Kamalagyan）社区颁发"西马授予"解决了这个问题。瓦林根·萨帕塔村属于卡马拉干亚社区，"激励奖金"被交给社区附属的宗教基金会。正如简·维斯曼·克里斯蒂评论的那样，很有趣的是，国王显然认为这种情况很不寻常，需要在宪章中进一步解

释："宪章的内容表明，即使是主要的水利工程，统治者的参与也不是主动的。事实上，没有记载提到皇家参与过建造最初的大坝。"① 她的结论是，爪哇农民从不需要建立专门机构来协调社区间的灌溉系统。

然而，在巴厘，随着火山斜坡上的隧道和运河的扩张，苏巴克之间的水共享问题变得非常严重。可以想象，这完全可以作为一个纯粹的实际问题来处理。取而代之的是，农民们设计的解决方案是建立一类新的寺庙，由苏巴克管理，专门供奉包括稻米女神（Rice Goddess）、山神和火山口湖神等在内的著名神明。苏巴克神庙为合作管理灌溉提供了一个制度框架，这是通过将国王所提倡的印度宗教的各个方面与村庄中现有的宗教习俗和信仰结合起来而实现的。这些庙宇的出现引发了深刻的变化，不仅在于村庄之间的关系，而且在于村庄的内部组织和它们与皇家宫廷之间的关系。

在试图调和古南岛人的信仰与印度宗教的漫长历史中，巴厘岛的苏巴克神庙是一个相对较晚的发展。这段历史可以追溯到爪哇国王在爪哇中部的火山上建造的最古老的寺庙。从外形上看，这些纪念碑若是在印度并不显得格格不入，但在书面章程中，它们并没有被描述为印度神或菩萨崇拜的场所。相反，根据更古老的南岛传统，它们被描述为祖先寺庙——爪哇国王的安葬【49】之地，他们的灵魂被召唤，连同居住在火山上的神的灵魂，来保护皇宫，并在必要时对诅咒采取行动。② 在许多山庙与泉水的联系中，融合也很明显。【51】从 9 世纪开始，大多数寺庙都坐落在天然泉水旁边，以创造神圣的浴池——蒂

---

① Jan Wisseman Christie, "Irrigation in Java and Bali before 1500", unpublished ms.
② 个人交流，简·维斯曼·克里斯蒂。

尔莎，tirtha；帕蒂坦，patirthan。① 后来，爪哇寺庙结合了象征意义，将山间寺庙的圣泉（帕蒂坦）与阿弥利陀（amrta，不死甘露）联系起来，与印度神话中描述的不朽之水以及生育女神联系起来。后来，当国王们开始在东爪哇的平原和山谷里修建寺庙时，只要有可能，寺庙里就会有神圣的泉水和浴池。

在巴厘，"蒂尔莎"这个词不是指泉水本身，而是指从泉水中流出的圣水。在寺庙里进行的一种仪式可以把普通的水变成蒂尔莎，充满了庙神的精髓。最终，巴厘宗教的主要圣礼变成了一种交换仪式，在这种交换中，崇拜者把他们的劳动果实献给寺庙的神，以换取对蒂尔莎的祝福，蒂尔莎洒在他们的身上，也洒在他们的祭品、孩子、房子、田地、工具和牲畜上。通过从几座寺庙获得蒂尔莎，人们可以将几位神的祝福结合在一起，特定的寺庙与特定的功能或目的相联系，也与支持它们的人类集会相联系。来自这些寺庙的蒂尔莎不仅可以用来表达神的功能性祝福，还可以表达组成每个寺庙仪式中的人类群体之间的关系。例如，自古以来，巴厘的家庭就有供奉祖先的神殿。通过在神殿上放一碗水并祈祷，家庭成员可以向他们的直系祖先请求蒂尔莎。但如果要向更遥远的祖先致意，需要更多一点的仪式。与其他南【52】岛社会一样，巴厘人的家庭可以通过与他们最早的祖先建立关系来获得地

---

① 在梵语中，"蒂尔莎"（tirtha）是"一条通道、一条马路、一条道路、一条浅滩、一条楼梯"，用来上岸或下河，洗澡的地方，在神圣溪流岸边的朝圣之地。还有"由商羯罗（Samkaracarya）创立的十戒律之一"，在更一般的意义上，是一位神圣的导师或古鲁。（Monier Monier-Williams, *A Sanskrit-English Dictionary*, Delhi: Motilal Banarsidass Publishers, 1993 [1899]: 449.）在古代爪哇语中，这些主要的意义被保留了下来，但是在它们之外又增加了一个次要的意义：圣水。（P. J. Zoetmulder, *Old Javanese-English Dictionary, Part II*, 's-Gravenhage: Martinus Nijhoff, 1982, p. 2019.）在现代巴厘语中，只有蒂尔莎作为圣水的意义被保留。（*Kamus Bali-Indonesia*, Dinas Pendidikan Dasar Propopinsi DATI I Bali, 1990, p.732.）范德图（Van der Tuuk）的《卡维－巴厘－荷兰语词典》提供了一些来自蒂尔莎的复合词的初步翻译，包括圣河，可能还有朝圣，以及一个宗教净化的表演，包括沐浴一个月零七天，但没有明确区分古爪哇语和现代巴厘语的含义。有点神秘的是，他建议帕蒂森（patirthan）为"洗涤水"的概念（Batavia: Landsdrukkerij, 1899, Vol. 3, p.599）。

位。① 在印度尼西亚和太平洋的其他地方，人们经常通过起源神话来表达这一观点，根据其出现的顺序来证明后裔群体的等级次序。蒂尔莎给了巴厘人一种更具体的表达方式。祖先群体的起源是在起源神庙里纪念的，在那里，创始祖先把蒂尔莎赐给他的后代。一小瓶蒂尔莎可以被带回家，用来举行隆重庄严的仪式，比如出生或婚礼。起源神庙成为景观的一个永久组成部分；拜访一个人并请求赐予蒂尔莎，就是要表达自己对始祖后裔群体成员身份的诉求。

以类似的方式，水从神圣的源头流出的比喻被用来定义苏巴克之间的关系。苏巴克神庙是为了纪念水的发源地而建造的，如泉水、湖泊和灌溉系统开端的堤坝。所有从特定的水流中受益的农民都有义务提供祭品，以回报他们的水是来自寺庙的蒂尔莎。如果六个苏巴克从一座指定的堤坝获得水，所有六个苏巴克惠众就都属于与那座堤坝有关的水神庙。因此，水源越大，水神庙的惠众就越多。

最终，巴厘岛的宗教被称为蒂尔莎宗教。水从一个神圣的源头流出的比喻与古老的南岛人神圣起源概念相联系。当这个象征被应用到巴厘的自然景观中时，火山的顶端变得加倍神圣。这里既有印度教的神，也有神化的国王祖先和世系创始人，山顶和火山口湖泊成为蒂尔莎的本源。这样，这个岛屿本身就变成了一个来自印度和南岛的神圣概念的转喻。完成这一合并，使人们最终能够在火山的侧面为苏巴克和血缘群体建造庙宇的逻辑原理，使起源的概念相对化。从下往上看灌溉系统（图 2-5），进入农民田地的水有一个

---

① 正如詹姆斯·福克斯（James Fox）对南岛文化的总体观察，"祖先观念总是很重要，但祖先本身不怎么构成定义起源的充分且唯一的标准"。在确定个人和群体，从而追溯起源时，求助于"地方"的概念也很重要。参见 James J. Fox, "Introduction", in James J. Fox and Clifford Sather, eds., *Origins, Ancestry and Alliance: Explorations in Austronesian Ethnography*, Canberra: Research School of Pacific Studies, 1996, p.5. 参见 Peter Bellwood, "Hierarchy, Founder Ideology and Austronesian Expansion", in the same volume, pp.18–40。

起点。在更高的地方，苏巴克的水有另一个源头，整个灌溉系统（可能包括几个苏巴克）也有另一个源头，最后，火山口湖是最终源头。同样，可以为单个家庭、相关家庭的集合和整个世系群体建造起源神殿。每个神庙都是一个分支网络的节点，它的等级取决于相对于起点最高点的位置。来自更接近最终起源的寺庙的蒂尔莎可以被用于为较低等级的寺庙中进行"下游"（downstream）的仪式进行圣化。

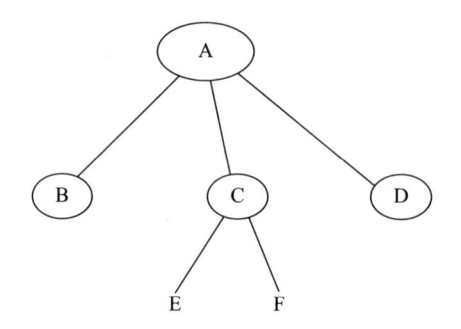

图2-5 神圣起源的概念是构建等级网络的基础。这里，E和F从属于C，C隶属于A。应用于水神庙，A可能是火山口湖，B—D是山体斜坡上的泉水或堤坝……是当地水下灌溉用水的来源（E，F）。类似地，如果A是一个世系群体的起源寺庙（kawitan），B—D是位于不同地区的分支寺庙，E和F是这个群体的村庄起源寺庙。

为了评估这些发展的历史意义，继续比较巴厘和爪哇王国是很有启发性的。从11世纪开始，巴厘王国和东爪哇王国的历史紧密交织在一起。这两个岛屿上的皇家王朝交替地互相攻击和通婚。① 与此同时，在爪哇王国，由于建造印度教寺庙而扩大的皇家权力达到了顶峰。但在巴厘，这一切即将结束。在早期，巴厘的国王和爪哇的国王一样热衷于建造庙宇。巴厘岛的第一批王室法令主要是详细列出村民们为王室寺庙提供支持的捐款清单。早期巴

---

① 文献资料称，解决了布兰塔斯河大坝问题的国王埃兰加出生于巴厘，娶了一位爪哇公主，并于1037年成为爪哇国王。根据这个传统，埃兰加的王朝统治着巴厘；他的孙子是阿纳克·文古（Anak Wungcu）——从38个巴厘文碑文中得知，他是圣泉庙流域皇家陵墓的建造者。

厘王国的考古遗迹包括印度教和佛教万神殿的雕塑，以及为关爱他们的专业祭司阶层而建的岩凿的圣所。和爪哇一样，这些神的形象忠实于印度式的肖像。但后来，巴厘的皇家法令显示了角色的逆转，村民成为皇家官员的金主。根据税收分成制度，村民们被告知，他们应该支付给那些受到皇家资助，但也有义务在乡村寺庙仪式上表演以养活自己的艺术家和表演者多少钱。乡村寺庙包括一个村庄起源寺庙（pura puseh），在那里，农民可以绕过皇家寺庙，直接接触所有的神。① 到了 14 世纪，巴厘的修道院已经被废弃，艺术家们已经停止创作印度教诸神的雕塑，巨大的皇家陵墓和寺庙的建造也走到了尽头。

封建主义、等级制度（卡斯特）和后来的王国

皇家庙宇逐渐被村民控制的分支网络取代，这可能反映了国王权力的削弱。但这并没有导致相应的村庄权力的增加。正如我们所见，在古老的巴厘村落中，已婚公民委员会控制着农业用地的使用权。这一制度非常适合以轮耕为基础的生产方式，因为委员会可以定期重新分配土地，以保持其肥力并有效利用现有劳动力。但在巴厘，无论灌溉系统建在哪里，水稻梯田都成了私有财产。因此，灌溉的普及降低了委员会的重要性，使委员会失去了对生产用地的控制（尽管他们保留了对房屋和寺庙下面土地的控制）。灌溉的管理转移到苏巴克神庙，超越了个别村庄的边界。

村委会的权力因世系宗庙的扩张而进一步削弱。像苏巴神庙一样，这些网络将社会联系延伸到各个村庄的边界之外。更重要的是，在某些时候，世【55】

---

① 科恩写道："乡村寺庙从祭祀'村神''已归神位的祖先'的场所变为祭祀'印度教最高之神'降临之地，在特殊场合，村神可以侍奉这些印度教大神。"V. E. Korn, *Het Adatrecht van Bali* (2nd ed.), The Hague: Naeff, 1932, pp.229-230 (first edition 1924).

系群体开始把他们的起源寺庙与印度教的种姓观念联系起来。起初，种姓只限于王室成员。在他们的皇家法令中，国王们把自己描绘成属于皇家刹帝利（Satriya）种姓，而印度教祭司则被描绘成婆罗门（Brahmins）。为世系群体建造的永久性起源寺庙，为种姓意识形态扩展到社会的其他部分提供了一种途径。没有证据表明这一观念受到国王们的鼓励，但由于贵族阶层与种姓等级的威望，这可能是不可避免的。一旦创始祖先的"种姓"被确定，它就会自动地附属于任何被允许在其起源神庙请求蒂尔莎的人。通过这种方式，印度教种姓观念的一个方面——社会等级是在出生时就被继承的原则——就与古代的南岛等级世系相结合。种姓的不同意味着社会等级的不同，这可以在成人仪式中公开表现出来，最终通过尊称和语言记录来表达。印度教关于轮回的思想也与现存的祖先崇拜传统相吻合。如果仪式进行得当，祖先们就有机会重生，进入自己的血缘群体。因此，葬礼仪式将对祖先的崇敬和对种姓地位的竞争性展示结合起来。当17世纪的欧洲人开始访问巴厘时，他们注意到贵族的葬礼仪式可以持续数月，并消耗大量财富。

最终，由于失去了对农业用地的控制，大多数巴厘村委会成为纯粹的礼仪机构，或完全消失。在村委会得以存续的地方，通常，仪式上禁止种姓，也许是因为它与公民平等原则相冲突。但种姓观念在乡村社会历史上传播的证据大多是间接的。14世纪，巴厘帝国历史证据的最好来源——皇家法令——结束了。从那时起，爪哇人的资料就提到了满者伯夷帝国对巴厘的重新征服，并在成为巴厘首府的格格尔（Gelgel）建立爪哇政府。①《巴厘宫廷编年史》被认为是在他们所描述的事件发生几个世纪后写成的，它还指出，满者伯夷帝国于14世纪中叶在巴厘建立了一个皇家王朝（royal

---

① Thoedore G. Pigeaud, *Java in the Fourteenth Century: A Study in Cultural History*, 5 Vols., The Hague: Martinus Nijhoff, 1960.

dynasty)。① 同样的文献描述了1520年帝国灭亡后，满者伯夷帝国的朝臣大【56】批迁往巴厘。但这些文本的准确性是有问题的，满者伯夷帝国皇帝倾向于奢侈的要求。如果爪哇皇帝试图重组巴厘的土地所有制和税收制度，使之与爪哇人的管理方式一致，那么他们的努力没有留下任何历史痕迹。不管巴厘的统治者是谁，他们都停止了向村庄发放"西马授予"和法令。我们可以推断，这些文件的消失标志着该岛治理的重大变化。皇室铭文是皇帝、法院和职业神职人员阶层的税收制度的法律基础。当皇帝停止发布和修订这些文件时，以税收农业为基础的古代中央集权统治制度不可能长久地存在下去。

在接下来的一个世纪里，随着欧洲观察家的到来，令人印象更深刻的关于巴厘帝国的证据出现了。17世纪，几个欧洲人写下了他们拜访巴厘宫廷的记述。其中包括荷兰东印度公司（Dutch East India Company）的首席商人扬·奥斯特威克（Jan Oosterwijck），他于1633年被派往巴厘试图说服国王加入荷兰人对爪哇马塔兰王国（Javanese kingdom of Mataram）的进攻。到达北海岸后，他奉命航行到首都吉尔吉尔，并在护送下前往宫殿。奥斯特威克等了好几个星期，但一直没有见到国王。国王传话说，他正忙于他母亲和两个儿子的葬礼，只想与马塔兰和平相处。在等待见国王的过程中，奥斯特威克目睹了王室祭祀中的一个新的组成部分：活人献祭。在国王母亲的火葬仪式上，22名女奴隶被刺死并被火葬。荷兰访客被告知，"在位国王死后，有120名、130名到140名女性投身火海。在这之前，她们都没有被刺死。不管级别如何，她们都是自愿跳进火里的"②。

---

① Helen Creese, "Balinese Babad as Historical Sources: A Reinterpretation of the Fall of Gelgel", *BKI* Vol.147, 1991, pp.236–260.
② Alfons van der Kraan, "Human Sacrifice in Bali: Sources, Notes and Commentary", *Indonesia*, 1985, pp.91–95.

总共有 5 个关于皇室葬礼上的活人献祭的扩展记述，这些葬礼都是有欧洲观察员参加的：奥斯特威克（1633）、杜布瓦（1829）、佐林格（1846）、赫尔姆斯（1847）和弗里德里希（1847）。从描述中可以明显看出，这些活动十分壮观，岛上相当一部分人应邀参加了这些活动；赫尔姆斯估计，1846 年有"不少于"4 万至 5 万名观众。较小的献祭也发生在小皇子的死亡仪式上。尽管与波利尼西亚人社会中的活人献祭没有直接的历史联系，但在皇家祭礼仪式中增加活人献祭表明了与古代南岛人模式的相似之处。而精心设计的葬礼仪式在南岛文化中很常见，目的是将死者变成神化的祖先。在隆重的国家葬礼上进行的活人献祭可能有助于戏剧化地将一个活着的人类皇帝转变成一个祖先神，可以为整个王国以及他的个人后裔寻求祖先神的代祷。这种联系是明确的，确定了皇家的祖先寺庙与山神的寺庙，从而为皇室的权力崇拜增加了南岛的一面。

　　继格尔茨之后，人们还可以将这些仪式解读为由实权正在衰退的统治者组织的盛大场面。奥斯特威克访问后不久，1650 年，吉尔吉尔王朝灭亡。1651 年，一份给位于巴达维亚（Batavia）的荷兰东印度公司的报告指出，"到处都在反抗，人人都在谋求统治，都想成为帝王"①。1687 年，一位巴厘国王致信荷兰人，宣布他已击败敌人，并在邻近的克隆孔（Klungkung）重建吉尔吉尔王朝，成为巴厘国王。②尽管如此，1693 年和 1695 年，他再次写信给巴达维亚，索要武器和援助，迫使他的臣民屈服。③此后，荷兰和巴厘的资料都表明，克隆孔国王从未

---

① J. K. J. de Jonge and M. L. van Deventer, eds., *De opkomst van het Nederlandsch gezag in Oost-Indie*, 15 vols.,'s-Gravengahe: Nijhoff; Amsterdam: Muller, 1862—1909, Vol. 4, p.24.

② Leiden, KITLV, Coll. De Graaf: 8a. 分析参见 Helen Creese, "Balinese Babad as Historical Sources: A Reinterpretation of the Fall of Gelgel", *Bijdragen tot de Taal-, Land-en Volkenkunde*, 1991, pp.236-260。

③ Leiden, KITLV, Coll. De Graaf: 8a.

对整个岛屿实施过行政控制。这一时期最有用的巴厘的资料来源是书面条约，有些条约可以追溯到18世纪初。很明显，从那时起，巴厘被分裂成几个敌对的王国，边界不断变化。虽然每个小王国都有一个名义上的国王，但它们之间的条约和联盟需要许多小王公以及执政的国王的签字。[1]

王公诸侯势力崛起，他们竞相争霸。冲突的主要场所位于巴厘南部的水稻种植区，在那里，到18世纪，小王国们以几十年的时间尺度出现和消失。东爪哇的部分地区和龙目岛的大部分地区被巴厘的王公贵族（rajahs）征服并重新占领。征服战争可以扩大王国的税收基础，也为占领贸易港口和奴隶提供了机会。但根据荷兰的报告，大多数战争并不血腥。伴随着一排"尖叫者"（screamers）来吓唬敌人，这些攻击者通常全力以赴地从邻国的边境抓人，这些人可能被卖给欧洲列强当奴隶。[2] 17世纪的巴达维亚记录显示，平均每月有20名至100名奴隶是从巴厘进口的。[3] 范·德克雷恩令人信服地认为，奴隶成为巴厘国王的重要收入来源。但他指出，巴厘的奴隶种植园吸收奴隶的能力并不强，大多数农田仍掌握在村民手中。巴厘法典为战争俘虏之外的新奴隶提供了几种来源：奴隶制度变成了对罪犯和无力偿还债务的人的惩罚。一份报告称，被判死刑的罪犯可以通过在敌方领土上物色人选而重新获得自由。[4]

1811年，斯坦福·莱佛士（Stamford Raffles）爵士访问了巴厘，惊讶地发现巴厘的王公贵族仅仅是众多土地所有者中的一个群体："在这里，君

---

[1] R. van Eck, "Schetsen van het eiland Bali", *Tijdschrift voor Nederlandsch Indie* 7（1878—1880）. E. Utrecht: Sedjarah Hukum Internasional di Bali dan Lombok; Bandung: Sumur Bandung, 1962.

[2] V. E. Korn, *Het Adatrecht van Bali*（2nd ed.）, The Hague: Naeff, 1932, pp.441, 656（first edition 1924）.

[3] Alfons van der Kraan, "Bali: Slavery and Slave Trade", in Anthony Reid, ed., *Slavery, Bondage and Dependency in Southeast Asia*, New York: St. Martin's Press, 1983, pp.315–340.

[4] 参见 V. E. Korn, *Het Adatrecht van Bali* (2nd ed.), The Hague: Naeff, 1932, pp.441, 656（first edition 1924）.

主——布莱伦（Buleleng）的王公——并不是万能的地主；相反，土地几乎总是被视为个人的私有财产，无论以何种方式耕种或分割。"① 这种印象在几十年后得到了证实——当时荷兰殖民部队征服了巴厘的布莱伦王国。② 国王投降后，荷兰军队指挥官，范斯维坦（van Swietan）上校考虑殖民政府是否应该直接统治被征服的王国。关键问题是，通过"征服权"来分配被打败的国王的土地和其他收入来源，是否会有足够的资金来支付殖民政府的费用。上校的结论是，情况并非如此，因为"我们所能获得的关于王公贵族的收入的最准确的信息是每年最多5万荷兰盾"，这远远低于所需的数额。此外，

【59】"政府收入大幅增加的可能性很小。巴厘的土地归耕种者所有，而不是像群岛其他地方那样，属于君主所有"③。几十年后，荷兰的一位高级行政长官F. A. 利弗林克（F. A. Liefrinck）对王国的土地所有制进行了详细调查，确认大部分农业用地归农民所有，由苏巴克管理，王室的干预极少。他写道："对巴厘水稻种植水平高得惊人的解释，可以从孟德斯鸠的结论中找到，即'土壤的产量与其说取决于其丰富程度，不如说是取决于耕种它的人所享有的自由程度'。"④

1855年，荷兰人在巴厘北部站稳了脚跟，与巴厘王国的联系日益紧密。

---

① S. Raffles, *The History of Java*, Vol. 2, London: Black, Parbury and Allen, 1817, p.234.
② 有关这场战争的历史记载参见 Alfons van der Kraan, *Bali at War: A History of the Dutch-Balinese Conflict*, Victoria, Australia: Monash paper No. 34, Centre for Southeast Asian Studies, Monash University, 1995; Ida Anak Agung Gde Agung, *Bali pada Abad XIX*, Jogyakarta: Gajah Mada University Press, 1989, pp.499–655; 以及 P. J. Worsley, *Babad Buleleng: A Balinese Dynastic Geneaology*, The Hague: Martinus Nijhoff, 1972。
③ Nota Politieke Toestand Van Swieten, Juni 24, 1849, Algemeene Rijksarchief Kol. 1966, The Hague. Quoted and translated in Van der Kraan 1995, p.166.
④ F. A. Liefrinck, "Rice Cultivation in Northern Bali", in J. Swellengrebel, ed., *Bali: Further Studies in Life, Thought, and Ritual*, The Hague: W. van Hoeve 1969, p.3.

1908年，通过签订条约和军事远征，荷兰人控制了整个巴厘岛。[1] 在被征服的巴厘王国里，基于对战败国王的权力和侵占的特权，殖民统治是合法的，援引巴厘人的话就是"战争正义"[2]。这要求殖民地行政当局对土地所有权进行调查，并分析每个小王国的村民对其领主的法律义务。另外，还就巴厘法律问题进行了调查，包括内部的婆罗门法庭和国际条约，以及村庄的"习惯法"。这些任务都如实地执行了，但结果令人困惑。在土地所有制、法律和农民的习惯义务方面存在着巨大的差异。[3] 正如 F. A. 利弗林克所观察到的，大量的农业用地被农民作为不动产持有。但公共土地所有权在巴厘阿加（旧巴厘人）村落中很普遍，另外两种土地所有制模式也存在。第一种是国王、贵族或首领（punggawa）对分散的土地的直接所有权，这些土地通常由奴隶耕作。例如，在我们发掘的水神庙以南的凯迪桑（Kedisan）村，当地的一位酋长在被荷兰人征服时就拥有十几个奴隶。这些奴隶在他的土地上劳作，居住在村庄的领地上，但不被允许成为村庄或苏巴克的成员。他们不参加乡村寺庙的仪式，也不作为村庄劳动力或税收来源。他们的生计是由酋长提供的，酋长还负责履行他们的宗教仪式。但在巴厘的任何地方，奴隶种植【60】园都没有成为农业生产的主导体系。

第二种形式的土地所有制被称为培卡图（pecatu），这个词由"供应"（catu）一词衍生而来，并带有词缀 pe-，意思是人，因此培卡图是"供给者"。在战争中被征服的农田通常称为培卡图，由胜利者送给他们的卓越追随者。虽然农民因此失去了对土地的自由保有权，但他们保留了从土壤中生

---

[1] 参见 Ida Anak Agung Gde Agung, *Bali pada Abad XIX*, Jogyakarta: Gajah Mada University Press, 1989, pp.499–655; Clifford Geertz, *Negara: The Theatre State in Nineteenth-Century Bali*, Princeton, N.J.: Princeton University Press, 1980; Henk Schulte Nordholt, *The Spell of Power: A History of Balinese Politics, 1650–1940*, Leiden: KITLV Press, 1996。

[2] V. E. Korn, *Het Adatrecht van Bali (2nd ed.)*, The Hague: Naeff, 1932, p.442（first edition 1924）.

[3] 概述参见 V. E. Korn, *Het Adatrecht van Bali (2nd ed.)*, The Hague: Naeff, 1932（first edition 1924）。

长任何东西的权利。作为回报，他们承担了两种义务：部分收获工作，以及履行明确规定的义务，如服兵役，或者是运送香料、建筑材料，或者是为皇宫里的重大节日运送斗鸡。这些义务的性质和作为培卡图的农业土地的范围因村庄而异。例如，在吉安雅（Gianyar）王国，培卡图的掌管群体有着非常特殊的职责：一些是皇家加麦兰（一组印尼的民族管弦乐器）的演奏者，另一些是木工、仆人以及战斗中携带长矛、枪支或弹药的人。① 培卡图持有者经常对培卡图拥有者和国王负有各种责任。培卡图持有者通常可以把这些土地作为遗产传给他们的儿子，但在大多数情况下不能出售或典当。在巴厘被征服后，荷兰公务员观察到，村民们尽最大努力"尽可能不让国王干预培卡图土地"，如有必要，就把一个懒惰的农民抓在手里，把他的土地重新分配给另一个农民，由他来履行所有必要的职责。培卡图土地最集中的地方是南部的水稻种植区，那里的王公之间的竞争最为激烈，土地权利经常通过"征服权"重新分配，"培卡图持有者的职责并没有被荷兰废除，相反，在1908年开始的一系列法规中，殖民地政府将其正规化并予以挪用"。这些规定的内容因国而异，就像作为培卡图的土地比例一样也不尽相同。例如，前克隆孔王国的培卡图持有者有机会通过向荷兰政府支付三分之一的土地价值来买断他们的封建义务。但在邻国吉安雅，荷兰人更愿意保留征召培卡图农民提供劳务的权利。因此，在1935年"总督阁下"访问该地区时，培卡图土地的农民被召集起来守护荷兰游行队伍行进的道

【61】路，"为了这个目的，每个人都必须带上自己付了钱的小旗"。两年后，总督第二次访问期间，荷兰人又做了进一步修饰：这一次，800名培卡图持有者被叫来，穿着正式的礼服守护道路，他们的服装费用已经由另一些培

---

① W. F. van der Kaaden, *Nota van Toelichtingen Betreffende het in te Stellen Zelfbesturende Landschap Gianyar/Badoeng/Klungkung*（Notes concerning the self-government to be instituted in Gianyar/Badoeng/Klungkung）, The Hague: Rijksarchief, 1938.

卡图持有者支付。因此,殖民地的荷兰人与后来的巴厘国王达成了几乎相同的协议,允许村民保留他们的农场,前提是他们可以被视为忠诚的封建臣民。① 巴厘土地持有模式的多样性令人困惑,导致殖民地公务员就皇室在灌溉方面的角色问题展开辩论,动机是需要确定哪些收入可以被视为殖民地税收人员的公平竞争目标。这场辩论被巴厘殖民政府的高级官员 V. E. 科恩(V. E. Korn)总结出来,他在 1932 年出版了一本 732 页的简明巴厘岛民族志。② 在"灌溉会社"的主题下,科恩考虑了历史证据,从 19 世纪 80 年代访问巴厘的 J. 雅各布斯(J. Jacobs)博士的著作开始:"即使像朱利叶斯·雅各布斯博士这样对巴厘几乎没有什么褒奖的作家,也不得不对岛上的灌溉功能表示钦佩。他写道:'灌溉工程非常出色,在稻田的不同所有者之间分享水的方式堪称典范;这些工程的每一个分区都在苏巴克头目(klijan soebak)的直接监督下,苏巴克头目负责定期分享水,而收税人(sedahans)负责征收水税。'"科恩继续说道:"维护这些优秀的灌溉工程,以及使在整个稻田种植地区的受用者分享这些工程并定期分享到水资源的工作几乎完全掌握在灌溉会社的手中。"③ 后来科恩说,"除国王建造的那些以外,所有的水利工程都属于灌溉会社"④,而且"毫无疑问,湖里的水是属于神的,灌溉渠的水是人们的"⑤。但是国王的角色是什么呢?科恩研究了殖民地的工程师哈佩(P. L. E. Happé)和利弗林克(F. L. Liefrinck)的观点。哈佩认为灌溉是由国王通过他们的收税人来控制的,利弗林克认为国王通过调解敌对村庄的争端来逐渐增加他们在灌溉方面的作用。⑥ 科恩驳斥哈佩的论文【62】

---

① 世界银行的巴厘旅游发展总体规划中就有这样一个版本。
② V. E. Korn, *Het Adatrecht van Bali (2nd ed.)*, The Hague: Naeff, 1932, p.307(first edition 1924).
③ V. E. Korn, *Het Adatrecht van Bali (2nd ed.)*, The Hague: Naeff, 1932, p.251(first edition 1924).
④ V. E. Korn, *Het Adatrecht van Bali (2nd ed.)*, The Hague: Naeff, 1932, p.612(first edition 1924).
⑤ V. E. Korn, *Het Adatrecht van Bali (2nd ed.)*, The Hague: Naeff, 1932, p.604(first edition 1924).
⑥ V. E. Korn, *Het Adatrecht van Bali (2nd ed.)*, The Hague: Naeff, 1932, p.252(first edition 1924).

是"历史幻想"①。他认为利弗林克的想法更有价值，但他说："很明显，我们在处理一个假设……在这一点上，我们似乎不可能指出这一发展是如何发生的。"②

结论：分裂与再融合

科恩强调了巴厘法律制度的变化范围，这个术语涵盖了从王国的组织和土地所有权制度到统治的种姓、亲属关系、宗教、经济和法律的规则等所有方面。他并没有试图解释巴厘法律制度缺乏统一性的原因，只是指出，整个王国缺乏一个强大的中央集权是巴厘王国的"重大失败"③。其他荷兰学者—管理者则没有这么沉默，他们调整殖民政策，以符合一种历史叙述：描绘19世纪的巴厘王国正化为一种腐朽的封建制度。从这个角度看，荷兰的征服可以被视为一个强大的中央集权政府的恢复，就像一位荷兰高级官员1929年在巴厘所写的那样：在岛上盖上了一个"保护性的屋顶"④。但是科恩是一个很好的学者，他不能接受用这些推测⑤来解释他的观察结果，他更愿意不差分毫地呈现出来。

我在这里给出的解释始于遥远的过去，在古代的巴厘，印度教和佛教之于皇室崇拜的符号恰好与自然景观相匹配，这是一个惊人的巧合。当农民们开始在真正的巴厘火山上建造灌溉系统时，位于世界中心的一座宇宙山的神秘意象，以及具有孕育生命力量的水，就变成了经验主义的现实。在爪哇

---

① V. E. Korn, *Het Adatrecht van Bali (2nd ed.)*, The Hague: Naeff, 1932, pp.272–273（first edition 1924）.
   同样见 V. E. Korn, *Het Adatrecht van Bali (2nd ed.)*, The Hague: Naeff, 1932, p.111（first edition 1924）。
② V. E. Korn, *Het Adatrecht van Bali (2nd ed.)*, The Hague: Naeff, 1932, pp.604–605（first edition 1924）.
③ V. E. Korn, *Het Adatrecht van Bali (2nd ed.)*, The Hague: Naeff, 1932, p.307（first edition 1924）.
④ ARA MvO Resident L. J. J. Caron 1929.
⑤ V. E. Korn, *Het Adatrecht van Bali (2nd ed.)*, The Hague: Naeff, 1932, p.273（first edition 1924）.

岛，国家权力的中心被东方的大河和广阔平原吸引，而巴厘崎岖的地形阻碍了像爪哇岛和东南亚其他大型水稻王国那样的大规模灌溉系统的建设。相反，巴厘人完善了一种新型的密集型微工程。巴厘最早的灌溉系统可能是简单的运河——将水从天然泉眼引到邻近的山谷。但是，正如我们在古圣泉的【63】考古调查所显示的那样，农民们很快开始通过修建隧道、运河和渠道将多余的水输送到遥远的地方。他们的技术能够以惊人的精度将少量的水输送到距水源几公里的梯田。随着一队队技术娴熟的工人把圣山上细长如丝、纵横交错的水引出，水稻种植得到推广，在村庄之间建立起新的重要联系。

  稻田是人工水滩，作物在生长期间必须保持水的浸泡，然后晾干以备收割。这对灌溉用水的管理提出了严格的要求，并将下游社区置于能够控制水流的上游邻居的支配之下。然而，大多数巴厘的水稻种植社区都位于其他社区的下游——往往与水源相距很远——因此，必须快点找到解决这个问题的可行方案。可以想象，解决方案可能由法院官员控制。但是相反，农民们自发建立自治团体，创建了一种新型的寺庙网络来协调灌溉。这些小型灌溉系统的数量之多，以及对持续、集中管理的需要，使国家工作人员难以控制它们。相反，统治者明智地选择让农民掌握控制权，同时对他们的劳动成果征税。到了12世纪，当邻近的爪哇王国进入帝国阶段时，巴厘国王的权力开始衰退。在爪哇，通过剥夺地方长官的收税，以及增加皇室对效忠国王的新兴的神职人员的资助，促进了权力的集中。农村人口的增长和灌溉水稻生产的扩大产生了收入，这些收入被用于支持王室的企业，包括道路、运河、寺庙和修道院的建设。12世纪，爪哇收税员不再需要与瓦努阿（古代村庄）的委员会斗争，这些委员会已不复存在。在他们死后，后来的爪哇国王作为印度教和佛教神灵的化身而不朽于模仿宇宙山形状的石庙。①

【64】　而在巴厘，情况则有所不同。没有证据表明，早期的巴厘岛国王认为有必要削弱瓦努阿或当地酋长。相反，国王直接与瓦努阿的村委员会打交道，后者将税收分配给皇家成员。后来，苏巴克制度的成功扩大了税收基础，但削弱了村委会，因为农业用地私有化，所以管理也脱离了村委会的掌控。瓦努阿村委会由于种姓意识形态的传播而受到进一步的打击，这种意识形态与共和政体背道而驰。苏巴克和种姓思想的传播都涉及雄心勃勃的寺庙建设计划，但这些计划是由村民而不是国王实施的，与早期宏伟的石碑几乎没有相似之处。

然而，巴厘皇家庙宇时代的终结，仅仅是巴厘皇权衰落的一个标志。其直接原因是，一个新的封建贵族阶级的出现，他们利用瓦努阿的衰落在农村建立了自己的支持基础。我认为，这种发展的萌芽可以追溯到古代的税收耕作制度，这些制度赋予了地方官员直接向村庄收税的权力。当瓦努阿村委会失去对生产性土地的控制时，国王就不能再追究他们的责任了。旧的中央集权制的分崩离析为地方官员直接向农民个人收税创造了机会。随着准封建关系培卡图制度的发展，士绅阶层获得了对小块土地的永久权利。从那以后，国王们不再声称他们有权从瓦努阿获得税收。相反，他们将培卡图的权利授予了他们的追随者。由于脱离了中央税收系统的控制，国王们自己也成为贵族士绅阶层的一员，由培卡图土地和他们直接拥有的小庄园供养。但是，由于这些种植园从未有过大发展，看起来大规模地用奴隶代替农民是行不通的。

最终，培卡图系统使巴厘的土地和劳动权利复杂化。征服或成功的叛乱

---

① 到了14世纪，爪哇国王在附近的一座叫佩南贡山（Penanggunang）的山坡上盖上了80多座神圣的纪念碑，这座山的圆锥形类似于须弥山。Nigel Bullough, *Historic East Java: Remains in Stone*, Singapore: East Java Tourism Promotion Foundation, 1995, p.99.

使一个胜利的君主可以给他的追随者重新分配培卡图的权利，也产生了可以作为奴隶出售的战俘。从17世纪晚期开始，巴厘的统治者连年征战，不是彼此交战，就是在自己的地盘上与造反的酋长交战。培卡图系统可以将战利品分成小块，分发出去奖励给追随者联盟。这就产生了一大堆对土地和农民劳动的要求。在写关于19世纪巴厘王国的文章时，克利福德·格尔茨注意到"这样做的一个更奇特的结果是，一个人有可能成为一个君主的卡乌拉，成为第二个君主的土地佃户，向第三个君主纳税……整个国家根本就没有一个统一的政府，不管它是软弱的还是强大的"[1]。最有价值的培卡图土地是那【65】些在南方靠近较大的宫殿的水稻种植区，那里的竞争最激烈。位于高地、可以种植水稻的山村却常常被忽视。

贵族士绅之间的竞争是由培卡图土地的生产力推动的，培卡图土地是该群岛最丰产的地方。随着士绅阶层命运的起起落落、财富的增加和减少，对农民剩余收成和劳动力的要求可能会重新分配和制定。但是农民和苏巴克仍然控制着农田和灌溉系统。在苏巴克的平等主义精神和种姓制度的等级理想之间，这些村庄成了一个不同类型竞争的舞台。种姓制度渗透到村庄中，得到了士绅们的进一步推动，他们选择特定的世系群体，为动员培卡图持有者履行义务提供代理人。这些代理人被授予头衔和特权，表明他们地位的提高，且为世袭。这样，村子里一些世袭的成员获得了较低的士绅地位。这种争位刺激的后果可以从激增的等级差异明显的成人礼以及巴厘语域的核心词汇中看出来。这不是创造了一种在法庭上使用的独特的方言（例如在日语中）。而是说，若要讲一般的巴厘语，就必须不断表明与发言人、听众及所说的人之间的地位差异。

世袭等级或种姓的差异，是基于成员在其世系（起源）的寺庙网络中的

---

[1] Clifford Geertz, *Negara: The Theatre State in Nineteenth-Century Bali*, Princeton, N.J.: Princeton University Press, 1980, p.68.

排名。这些种姓或世系寺庙类似于苏巴克的水神庙，因为两者的组织原则是相同的：来自神圣的起源。这两种分支寺庙网络的相似之处甚至延伸到其仪式的细节，因为农业祭祀仪式是基于一个比喻——将水稻的生长等同于人的生长。这两种类型的寺庙非常相似，以至于巴厘岛的一个农民在拜访邻村时可能很难区分水神庙和祖庙。如出一辙却又背道而驰，讽刺的是，这两个寺庙网络包含了相反的社会秩序原则：水神庙中的社会平等和分担责任，以及种姓寺庙中的等级制度。①当我们回忆起水神庙、种姓寺庙和乡村寺庙都是古代王室祭祀的产物时，讽刺意味就更深了，因为正是这些制度在逐渐边缘化王权的同时实现了王权的大部分目标。由于这些以村庄为基础的寺庙网络的发展，眼下，灌溉系统遍布，实现了非常高水平的功能整合，可能超过了古代爪哇或柬埔寨。同样，与印度种姓制度相关的信仰和习俗，连同一整套丰富的婆罗门仪式在乡村扎根。古代王权崇拜的所有核心表达都成功了——除了王权本身。

---

① 正如格尔茨（1980）所言，这一对比是一个主要主题，卡罗·沃伦（Carol Warren）在《惯例和服务》（*Adat and Dinas*）中进一步研究了这个对比，参见《印度尼西亚的巴厘社区》，牛津大学出版社1993年版。最近，阿莱特·奥蒂诺（Arlette Ottino）强调平民亲属之间的竞争，将象征性和物质性的资源转化为一种地位，这种地位由庙宇、仪式、头衔以及其他尊称来体现："高级平民群体的平等主义话语与他们自己的婚姻习俗相矛盾，而这些习俗让人想起了士绅们的婚姻习俗。"Ottino, "Revisiting Kinship in Bali: Core-lines and the Emergence of Elites in Commoner Groups", *Asia Pacific Journal of Anthropology*, Vol.4, No.1-2, 2003, pp.25-53.

第三章

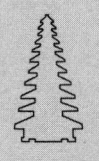

水山合作的兴起

为塞巴图水山提供大量水的灌溉系统始于上游数公里位于佩塔努河冲刷【67】的山谷深处的一座水坝。大坝使三分之一的河流顺流而下，在那里它被其他苏巴克截获，并将其余的水分流到隧道中。这条隧道与河流平行，但上升了一点高度，因此当它在下游几公里处出现时，就位于塞巴图水山的山顶。从隧道流出的水流立即被一分为二：一条运河灌溉了塞巴图的水稻梯田；另一条运河开始了一段迂回的旅程，有时在森林密布的峡谷中穿行，有时在松软的火山岩中"挖掘"长达半公里的隧道。一部分水流不时地被转移到下游的苏巴克，像藤上的瓜一样沿着灌溉线路串起来。运河和木制的分流器在物理上是脆弱的。仅仅是将一块看似无害的石头或一根圆木扔进隔栏上方的水中，一个不善良的农民就可以通过阻止水流进入邻居的田地来偷水。然而，遥远的下游山区的农民显然可以依靠稳定的灌溉用水，他们的祖辈也可以。在干旱的一年里，苏巴克的农民们承认，他们经常想多取水。但这种欺骗很少见，而且通常只发生在小块农田里。因此，农民和苏巴克之间强大的社会纽带必须弥补运河、隧道、沟渠和分隔物的脆弱性。可以说，下游水山的存在本身就体现了他们上游邻居的慷慨。

这些农民可能拥有额外的利他主义思想吗？如果是这样的话，它的影响在苏巴克会议上表现得最为明显。所有在水山上拥有稻田的人都必须属于当【68】地的苏巴克，该小组负责维护当地灌溉工程和选择灌溉计划，决定是以协商一致的方式做出的，任何人不参加苏巴克会议或接受工作分配都将受到集体罚款和处罚。最严厉的制裁是切断某人的供水或将违法者驱逐出苏巴克。苏巴克还选举了一位领导人，他每月参加14个苏巴克领导人的会议，这些人共同组成了一个地区水神庙的集会。这个水神庙叫作帕拉·马塞提·帕莫斯·阿普寺（Pura Masceti Pamos Apuh），我将其称为帕莫斯（Pamos）水神庙。这个小组也以协商一致的方式做出决定；它有权征收罚款，如果它的成员没有尽到自己的责任，它可以切断成员所在整个苏巴克的供水。该系统运行良好，足以使生活在14座水山上的数千人依靠它谋生。

但是，如果一个为世界银行这样的发展组织工作的工程师提议建立一个基于这种设计的灌溉系统，这个项目肯定会被社会科学家否决，谁可能会建议工程师去阅读加里特·哈丁（Garret Hardin）关于"公地悲剧"的经典论文呢？正如读者可能记得的，在哈丁对这个问题的最初表述中，中世纪英国的一些村庄拥有一个共享的牧场，或"公地"。因为公地属于每个人，任何人都可以带动物去那里吃草。如果一个农民多养一只羊，好处就全在他这边，因为过度放牧的坏处是由整个社区共同承担的。其他农民弥补损失的唯一办法是增加自己的动物。但随后，由于过度放牧，公地将消失。在巴厘版本的困境中，共同的资源是灌溉用水。如果多用水，几乎每个人都可以种更多的水稻，但是如果他们屈服于这种诱惑，那么由此产生的混乱将扰乱所有人的供水，除了那些稻田离大运河最近的农民。在"绿色革命"期间，许多村庄都发生了这种情况。同样的动态也明显地体现在我们实验室的公共咖啡壶的命运变化中：从一个学期到下一个学期，是否有可靠的咖啡供应，取决于群体中利他主义者和搭便车者的相对比例。

"公地悲剧"被社会科学家广泛研究，且对公共政策产生了巨大影响。经济学家们抓住它作为私有化的论据：他们说，公地的问题恰恰在于它是共有的，所以解决的办法是把它分成个人拥有的土地。如果这是不可行的，还有两种可能的解决方案：要么由一个外部强制机构来执行管理共享的规则，要么有一个基于互惠的系统（我今天加满咖啡壶，明天轮到你了）。但是直【69】接的互惠对苏巴克不起作用，因为下游的苏巴克永远不能互惠。由于似乎没有外来的强制权力来保护下游苏巴克的水权，他们的存在本身就令人感到相当困惑；灌溉用水是一种极有价值的商品，而且往往供应不足，所以就更是如此。

本章描述了我们对下游苏巴克存在的解释（也就是说，对使水山起作用的合作模式的解释）。如果外部权威和互惠都不能提供解决方案，那什么可以呢？

相依共存

一个有用的起点是罗伯特·阿克塞尔罗德（Robert Axelrod）对第一次世界大战中在西线战壕对峙的前线士兵之间出现合作的著名分析。阿克塞尔罗德想知道，在一群无法交谈、实际上试图互相残杀的人之间，是如何发展出合作关系的。他的方法是试图确定每个团体在面对无人地带的对手时所面临的战略选择。因此，在意料之外的时候发动猛烈的进攻，可能制胜，许多敌人会因此丧命。但敌人也有同样的选择。或者，如果每个团体只是假装攻击，并使其炮火完全可预测，对手就将有时间采取掩护。如果双方都采取这一战略，就都不会伤亡。就可选条件而言，虽然成功的攻击可能是最好的结果，但成为这种攻击的受害者显然是最糟糕的，而"相依共存"介于两者之间。为了实现相依共存的战略，双方必须相互信任。这种非正式的休战在战壕中反复发生，成为双方最高指挥部的一大难题。

阿克塞尔罗德认为，相依共存系统的潜在动力可以表现为一个游戏。这种形式化的好处是，可以将第一次世界大战的情况与其他不太可能自发合作的情况进行比较，看看是否涉及类似的进程。事实证明，如果一个人用这种方式来描述问题，那么它在逻辑上就等同于"公地悲剧"，这个游戏被称为囚徒困境。故事是这样的，两名犯人都被给予了一个选择：提供不利于对方的证据，从而减轻自己的刑期。之所以会出现这样的困境，是因为如果他们互相合作，警方只能以较轻的罪名将他们定罪。但如果其中一个叛变（向警方提供证据），他将获得自由，而另一个将入狱。如果两者都叛变，两者所受到的惩罚都将略低于最高处罚。这些选择及其各自的回报如表3-1所示。在这里，奖励从0（最差的情况是最高刑罚）到5（最好的情况是自由）。数学家卡尔·西格蒙德（Karl Sigmund）表示，如果我们把这些回报视为金条，而不是"微不足道的数字"，游戏就会变得更有趣。在表3-1中，成对的数字表示结果：第一个数字表示玩家1的结果，第二个数字表示玩家2的结果。如果玩家1和玩家2合作，每个人的收益是3（左上角）。但如果玩家1合作，玩家2叛变（右上角），玩家1将得到0作为"受骗的回报"，而肆无忌惮的玩家2将得到最大的回报：5块金条（或在原来的故事中是一张出狱的门票）。

表 3-1　囚徒困境

	玩家 2：合作	玩家 2：叛变
玩家 1：合作	3, 3	0, 5
玩家 1：叛变	5, 0	1, 1

问题是，每个参与者的最优策略都会产生最坏的连带结果。因此，如果其他玩家叛变，你最好也背叛（你得到1分而不是什么都没有）。如果另一个玩家合作，你最好还是背叛（你得到5分，他1分也得不到）。因此，冷逻辑表明，最好的策略总是背叛。但因为同样的逻辑对另一个玩家适用，可能的结果是相互背叛，所有人都输了。用这种方式描述问题（作为一个简单的游戏）的主要优势是，它能揭示问题的本质。事实上，人们可以看到，

"公地悲剧"是另一个具有相同本质的游戏。如果所有的渔民都自愿克制，不要太多鱼，他们的生活会更好。但在这种情况下，如果一个肆无忌惮的渔民决定捕更多的鱼，他将比那些只捕一份鱼的"傻瓜"获得更大的回报。

博弈论专家认为，只有当玩家明白继续合作能够带来回报时，才能避免相互背叛的悲剧，因为游戏的情境会重现。换句话说，如果我们能互相回报，合作就是值得的。阿克塞尔罗德讲述了一件逸事，在第一次世界大战的战壕中，德国方面的炮兵在一个意外的时间开火，杀死了一些英国士兵，从而违反了默契。一些德国人打着休战的旗号出来道歉，并承诺这种"错误"不会再发生。后来的研究强调了囚徒困境的广泛适用性。例如，社会学家比较了大城市和小城镇及乡村的司机的行为。在大城市的交通中，对其他司机挥拳相向、按喇叭以及其他粗鲁行为更为常见，也许是因为城市里的司机会认为他们是无名的。①

但在巴厘的水山上，农民团体之间的合作并不是一个囚徒困境，原因有以下几个。首先，下游的农民永远无法得到回报。其次，回报是不同的。在阿克塞尔罗德的例子中，合作的回报就是合作本身：正如士兵之间的休战"协定"。但在巴厘人的例子中，回报来自大自然，以更好的收成形式出现。合作只是实现这一目标的一种手段。最后，合作不仅发生在一个苏巴克的农民之间，也发生在苏巴克集群的农民之间，否则，下游的水山就不可能存在。也就是说，合作群体存在着一种层次结构：农民与农民合作，苏巴克与苏巴克合作。如果农民们表现得像囚徒一样进退两难，上游的农民就会拿走他们想要的所有水源，而下游的邻居就只能将就着用剩下的水。但在现实中，下游的农民显然可以指望获得公平的份额。是什么制度使他们免为公地悲剧的牺牲品？

---

① Karl Sigmund, *Games of Life*: *Explorations in Ecology, Evolution and Behavior*, New York and London: Penguin Books, 1993, chap. 8.

一场与自然的游戏

在过去，大多数人类学家倾向于对博弈论中的形式模型敬而远之。这种模式代表了一种极端的还原论，与我们所偏爱的文化解释的分析方法背道而驰。由于我的许多读者可能会赞同这一观点，我提出一些理由，说明为什么博弈论的论点可能值得他们注意。首先，在概念层面上，考虑巴厘农民之间的合作不同于囚徒困境的方式是有帮助的。从这个意义上说，这个模型仅仅是一个启发性的工具，一种从环境和历史背景中将合作的社会层面分离出来的方法。其次，随着讨论的深入，将变得越来越清楚的是，在这个抽象层次上分析合作的问题，可以为从小规模的地方互动中出现的高级社会机构提供一个可能的解释。先对形式主义有耐心，回报可能是对文化发展更丰富的理解。

我们需要一个简单的模型来预测农民之间的合作将在什么情况下得到回报，什么时候会失败。圣塔菲研究所的一位同事，经济学家约翰·米勒（John Miller）建议，最简单的案例涉及双方参与者：一方是凭借其地理位置控制着水流的上游农民；另一方是需要这些水的下游村民。为了简化问题，我们假设这些参与者可以采用两种可能的种植模式之一，A 和 B（A 可能意味着在 1 月和 5 月播种，而 B 意味着在 2 月和 6 月播种）。进一步假设，只有当他们错开种植模式时，才有足够的水供双方使用。如果两种作物同时种植，下游的农民就会缺水，收成就会有所减少。到目前为止，这种模式似乎让上游的农民能够控制这场游戏。但如前所述，巴厘农民也利用对水的控制来减少水稻害虫的数量，如昆虫和老鼠的数量。当农民可以大面积同时收获时，害虫就失去了它们的栖息地，数量也会减少。为了在模型中捕捉到这种影响，假设如果错开种植，害虫的危害会更大（因为害虫可以从一片田地迁移到另一片田地）；如果同步种植，害虫的危害会更低（更多的害虫会挨饿）。设 p（$0<p<1$）为虫害造成的损失，w（$0<w<1$）为缺水造成的损失。考虑到这些假设，结果如表3-2所示。

表3-2 稻农之间的合作游戏

	下游A	下游B
上游A	1, 1-w	1-p, 1-p
上游B	1-p, 1-p	1, 1-w

这里，每个象限的第一个数字是上游农民的收益（收获），第二个数字是下游农民的收获。因此，如果两个农民按照相同的时间表（A或B）种植，上游农民的收获是1，而下游农民的收获是 $1-w$，因为灌溉用水不足。如果两个农民选择不同的时间表（上游选择A，下游选择B，反之亦然），那么每个农民都将获得 $1-p$ 的收成。交错的时间表将消除灌溉水不足的困扰，但允许害虫通过在上游和下游田地之间迁移而生存。

我们可以立即得出关于替代策略的收益的几个结论。上游的农民从未受到水资源紧张的影响，但他们的下游邻居可能受到影响。（这被规划者称为"尾随者"的问题：灌溉系统末端的农民受上游邻居的支配，后者控制灌溉流量。）然而，上游的农民确实关心虫害，因为虫害不同于水，可以向上游移动。因此，采用同步种植模式控制害虫的策略，总能为上游苏巴克带来更高的产量。当 $p>w$ 时，下游农民也会同步获得较高的产量。注意，如果他们这样做，总收成会更高（即两个农民的总收成都会上升）。如果 $p<w$，上游农户通过交错种植可以做得更好，这消除了他们的缺水问题。有趣的是，当 $w>p>w/2$ 时，在田间增加更多的害虫，直到 $p>w$ 实际上增加了苏巴克的总收成，因为它鼓励上游农民以同步的时间表进行种植合作（即使他必须放弃一些水）。但是，如果上游农民不担心虫害，就没有动力放弃一些水。

基于这种逻辑，可以预测符合模型的行为。一般来说，下游灌溉者更愿意在灌溉计划中获得更大的补偿，并愿意接受虫害造成的损失，直到虫害比水的威胁更严重（$p>w$）。在这一点上，上游应该愿意放弃一些水，以使下游同步他们的灌溉计划。两者都受益于一个协调的休耕期，从而减少害虫。换句话说，生态系统中害虫的存在给了下游的农民一个讨价还价的筹码，说服上游的邻居给他们所需的水，以避免下游的缺水。[1] 这个简单的模型在多大程度上能为农民的决策提供实际依据？1998 年夏天，我们对帕莫斯水神庙集群的 10 个苏巴克的农民进行了调查。在这 10 个团体中，我们随机抽取了 15 个农民。在这 15 人中，有 5 人的田地位于苏巴克的上游，另外 5 人的田地在苏巴克的中部，最后 5 人的田地位于下游。为了验证之前的假设，我们简单地问："哪个问题更糟，虫害造成的损害还是灌溉水短缺？"结果如

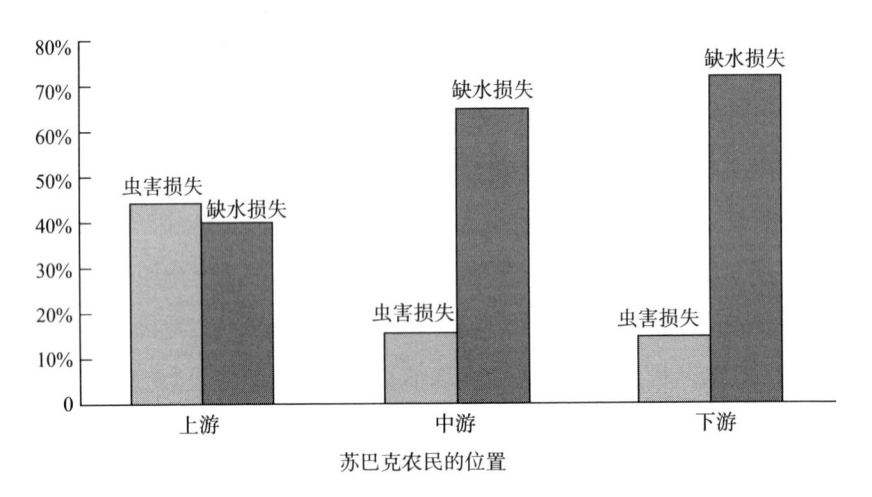

图 3-1　虫害和缺水，哪个更糟？（单位为个体）对塞巴图地区 10 个苏巴克的 150 名农民的抽样调查显示，农民的田地位置与他对虫害或缺水损失的相对重要性的看法之间的关系

---

[1] 要更全面地分析这些动态，请参见 J. Stephen Lansing and John H. Miller, "Cooperation Games and Ecological Feedback: Some Insights from Bali", *Current Anthropology*, Vol.46, No.2, 2005, pp.328-334。

图 3-1 所示，上游农民更担心虫害，而下游农民更担心缺水。

同样的动力也可能发生在下一个更高层次的组织中。不仅是农民个人，而且整个苏巴克都必须决定是否合作。在我们的样本中，10 个苏巴克有 6 个成对位于上游/下游，其中下游苏巴克从其上游邻居获得大部分水。因此，也可以将每个下游苏巴克的所有农民的总体反应与上游邻居的反应进行比较。图 3-2 显示了这个结果。

在这方面，上游农民更关心的是害虫的潜在危害，而不是水资源的短缺，因此有理由与下游邻居合作。通过调整自己的灌溉流量，帮助他们的下游邻居实现 $w<p$，上游苏巴克有能力推动实行一个对所有人都有利的解决方案。在现实世界中，经过几个季节的种植计划不同步之后，虫害暴发造成的损失可能很快接近 100%。相比之下，减少 5% 或 10% 的灌溉流量（或使用劳动力减少灌溉系统中的渗漏损失，从而提高其效率）使农民的成本较低，除非水确实非常稀缺。这些结果也得到了我们每月会议录像记录的支持，在

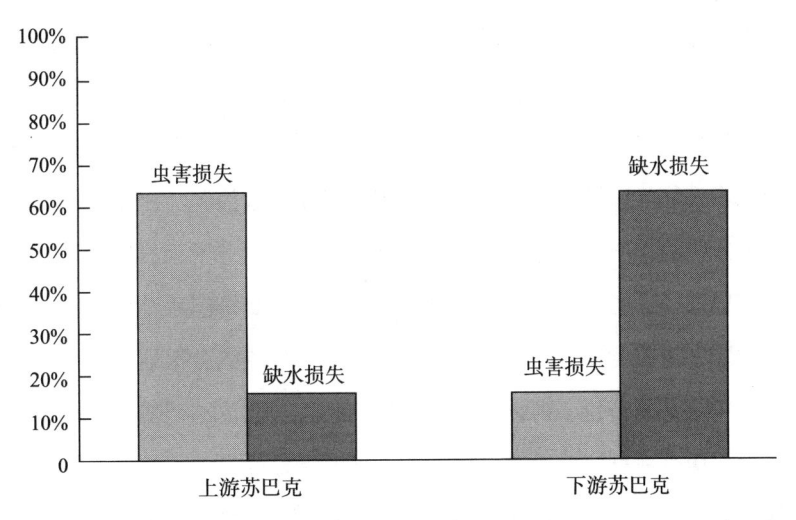

图 3-2 虫害和缺水，哪个更糟？（整个苏巴克）收集了3个上游苏巴克和3个下游苏巴克的90名农民的反馈

【75】这些会议上，10个苏巴克负责人（加上调查中未包括的其他4个苏巴克）讨论苏巴克内部事务。上游苏巴克同步种植的意愿显然与害虫入侵的威胁有
【76】关。需要注意的是，哪些苏巴克与相邻的苏巴克同步种植计划每年都不同。虫害威胁的增加，例如在最近的几轮虫害中（褐叶蝉、水稻东格鲁病毒）迅速导致更大规模的苏巴克同步种植，而一段时间的小雨则促进更多的碎片化种植。

我们从这项研究中得出了两个结论。首先，一个非常简单的模型似乎捕捉到了农民之间合作决策所涉及的权衡的本质。因此，该模型为长期合作模式提供了生态基础。其次，在群体层次上重现相同的动态，为农民聚集成苏巴克和苏巴克聚集成众多苏巴克团体提供了一种可能的解释。在具有多个玩家和现实生态的电脑模拟游戏中，这种情况确实发生了。苏巴克群体首先与一两个邻居进行实验性的合作，这有助于控制害虫和稳定灌溉流量。在几年内，一群苏巴克集群形成了，并与其他苏巴克相互作用。很快，整个流域的虫害暴发和水资源短缺都被控制在最低限度。换句话说，通过迭代该模型，我们可以观察苏巴克集群的形成。随着这些集群的出现和边界的调整，平均收成稳步提高。在观察这一过程中，我们注意到另一个现象，这可能影响到真正的农民之间合作的持续性。仿真模型显示，随着合作的展开，整个流域的水稻平均收成增加，从而使害虫和水得到有效控制。但这样的进程可能会埋下冲突的种子。合作面临的威胁之一是嫉妒，源于利益的不平等。如果我相信你所得到的好处会比我多很多，那么你和我都能从合作中获益也许就并不重要了。因此，有必要问，既然收成的变化可能会在那些不那么幸运的人中产生嫉妒的情绪，那么，合作的出现是否与收成的明显变化有关。

在仿真模型中，答案是明确的。随着合作的扩大，收成之间的差异逐渐缩小。很快，每个人都获得了几乎相同的收益，平均收益率几乎是合作前的两倍（图3-3）。至于现实世界，在同一项调查中，我们要求农民们将自己

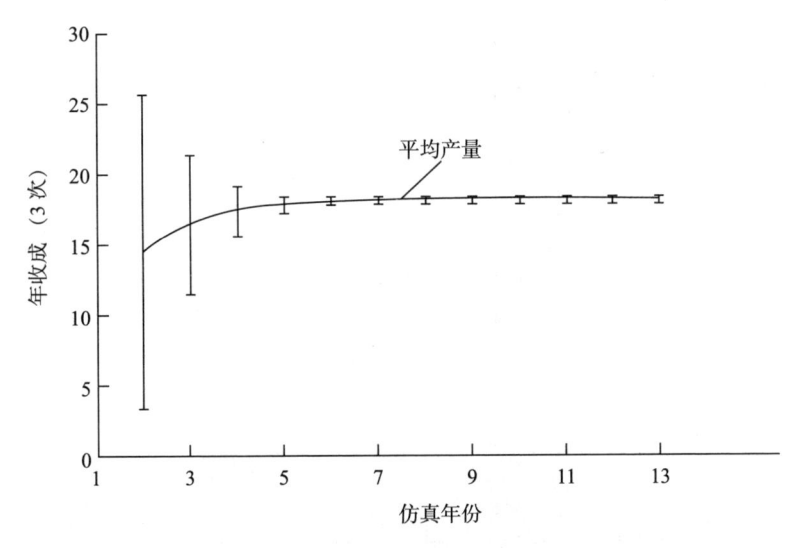

图 3-3　在乌斯河和佩塔努河苏巴克仿真模型中，随着合作的扩展，收成的差异减小。以上是根据兰星和克莱默在1988年收集得出的关于降雨量、大米和害虫的数据

的收成与邻居的收成进行比较。结果很清楚：97%的农民回答他们自己的收成和苏巴克其他农民的收成差不多。我们对实际收成的计算也证实了这一点，这些收成在合作的苏巴克中通常是均匀的。在我们进行这项调查的地区，试验田的产量差异很少超过5%。但当被问及他们的收成与巴厘其他地【77】方的农民相比如何时，意见是随机分布的（图3-4）。这表明农民们只是在猜测其他的苏巴克。但在每一个苏巴克内部，农民认为收成是平等的。

　　因此，在这个模型的帮助下，我们似乎已经掌握了当农民和苏巴克决定是否与他们的邻居同步种植时所涉及的权衡。但是，互动的两个苏巴克所做的决定，如何使区域范围内的种植模式能够明显地优化每个农民的种植情况呢？为了回答这个问题，我们需要把注意力从对自主的代理人之间的相互作用（在双方博弈中的上下游苏巴克）转移到整个动力系统。在这种情况下，所有的苏巴克同属于一个流域和集水区。直观地说，这是合理的，因为河流

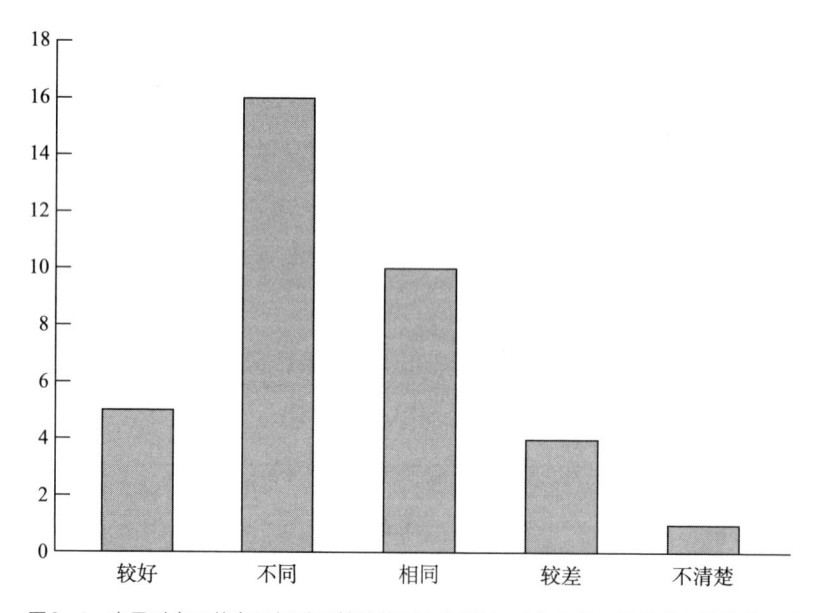

图3-4 农民对自己的产量相对于其他苏巴克的看法。"你们的稻谷收成和其他苏巴克相比怎么样？"以上是来自塞巴图地区10个苏巴克的150名农民的回应

和灌溉系统的实际流量将取决于所有苏巴克的种植计划，而不仅仅是一对上下游苏巴克。我们推测，苏巴克之间的合作模式（种植模式的同步）可能是苏巴克在寻求水资源共享和虫害控制之间找到最佳平衡的历史过程的结果。利用1987—1988年巴厘南部乌斯河和佩塔努河流域172个苏巴克的位置、大小和田间条件的经验数据，我们模拟了灌溉水流量和水稻与害虫生长的变化，苏巴克决定是否与邻居合作。在这里，每一个苏巴克都扮演着一个"自适应代理"的角色，通过模仿更成功的邻居的种植模式来提高其收成。[1]

在这个模型中，我们每隔一个月模拟一次从这两条河流源头流向大海的水流。任何特定苏巴克的可用水量取决于降雨和地下水流动的季节性模式，

---

[1] J. S. Lansing and J. N. Kremer, "Emergent Properties of Balinese Water Temples", in Christopher Langton, ed., *Artificial Life III*, Vol 10, pp.201–225, Redwood City, Calif., Addison-Wesley and the Santa Fe Institute Studies in the Sciences of Complexity, 1994, p.212.

也取决于上游苏巴克为满足自身需要而分流的水量。新年伊始，172个苏巴克中的每一个都有种植时间表，决定了它将种植哪些作物以及何时种植。几个月过去了，河水流动，农作物生长，害虫四处迁移。当苏巴克收割作物时，该模型将缺水或虫害造成的损失制成表格。在年底，苏巴克的总收获产量将被计算出来。随后，每一个苏巴克检查其最近的邻居是否得到更高的收益。如果是，典型的苏巴克将复制其（最佳）邻居的作物种植计划。如果没有邻居得到更好的收益，典型的苏巴克则保留其现有的时间表。当所有的苏巴克都做出决定后，这个模式又会循环一年。模拟从种植模式的随机分布开始（典型示例如图 3-5 所示）。一年后，模型中的苏巴克开始按照相同的种植模式聚集成块，这有助于减少虫害造成的损失。随着时间的推移，这些小块土地不断扩大，直到它们同时出现对水的需求导致缺水为止。该计划将继续进行，直到大多数苏巴克发现一种最佳的种植模式，这意味着它们已不需要通过模仿邻居来做得更好了。【79】

利用该模型进行的试验表明，整个苏巴克很快形成了一种稳定的同步种植模式，优化了害虫控制和水资源共享（图 3-5）。在模型（图 3-5）中计算的这种模式与同步种植单元的实际模式（图 3-6）之间的密切相似性是显而易见的。在该模型中，随着类似于水神庙网络的协调模式的出现，平均收获产量和最高产量均增加了（图 3-7），而各苏巴克之间的产量差异下降了【80】（图 3-4）。换言之，经过短短几年的本地试验，每个人的产量都在上升，而产量的变化幅度在下降。随后的模拟表明，如果环境受到干扰，无论是由于降雨减少还是害虫毒性增加，一些苏巴克都会改变它们的种植模式，但在几年内就会达到一个新的平衡。①

---

① S.Lansing and J. N. Kremer, "Emergent Properties of Balinese Water Temples", in Christopher Langton, ed., *Artificial Life III*, Vol.10, pp.201–225, Redwood City, Calif.: Addison-Wesley and the Santa Fe Institute Studies in the Sciences of Complexity, 1994.

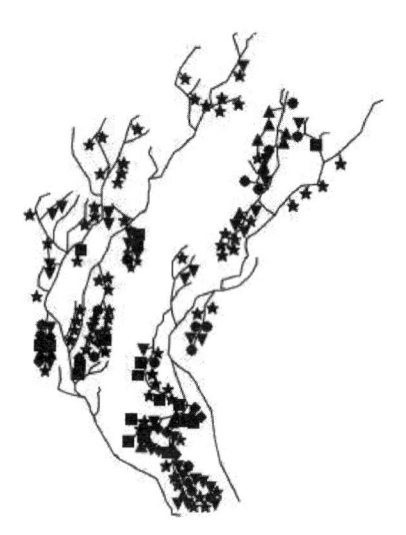

图3-5 172个苏巴克的灌溉流量和水稻及害虫生长仿真模型的初始条件。种植模式的差异由不同的符号表示（相同符号的苏巴克具有相同的种植模式）

图3-6 模拟11年后的种植模式

图3-7 实际观测的种植模式（1987）

综上所述,虽然"末尾问题"导致了公地悲剧,但通过考虑虫害和水,使模型更接近现实,创造出一个不同的博弈,其中可能出现合作和相互背叛。在这个博弈中,关于合作的决定受到两个相关生态因素的相对大小的影响,而这反过来又受到各自领域所处位置的影响。这就形成了一个耦合系统,参与者的决定影响了当地的生态条件,反过来又影响了下一个种植季节的合作回报。调查数据表明,农民的认知与这一模型是一致的。此外,基于这一逻辑的一个更为现实的仿真模型表明,如果流域中的所有苏巴克都与其近邻玩这个游戏,【81】合作将迅速扩散,达到互惠互利,并产生一种与实际历史合作模式非常相似的同步种植模式。我们已经从只关心人的囚徒困境走向物质环境和社会环境,形成一个单一的耦合系统,并随着时间的推移而呈现出动态特征。

我们应该从这些结果中得出什么结论?(毕竟,怀疑论者可能会指出,计算机创建逼真的模拟并不困难!)也许在这里稍微提一下"现实世界"是合适的。在亚洲开发银行顾问的建议下,20世纪70年代,印度尼西亚政府在巴厘进行了一项实验,为了促进水稻生产,故意破坏了传统的同步种植模式。所有农民都被要求尽可能多地种植水稻,最好一年三次。换句话说,我们的计算机模型(图3-8)的初始混沌条件是故意设置的。银行现在承认,结果是灾难性的:害虫数量激增,造成高达100%的损失,而灌溉流量变得混乱。今天,巴厘的农民将这一事件视为收获失败和饥饿的时刻。只有当农【82】民自发地回到合作的同步种植计划,政府才能结束空中喷洒农药的行动,收获才会恢复。下游苏巴克自然因缺水而遭受最严重的损失,但它们的上游邻居经常发现,即使使用大剂量的农药也无法挽回它们的收成。当时,顾问们认为这些事件是不幸的不可预测的天灾。[1] 这个模型提出了不同的解释。这

---

[1] 参见我在《祭司和程序员:巴厘工程景观中的权力技术》一书的第1章和第5章,"来自亚洲开发银行的信函和报告"。*Priests and Programmers: Technologies of Power in the Engineered Landscape of Bali*, Princeton, N.J.: Princeton University Press, 1991.

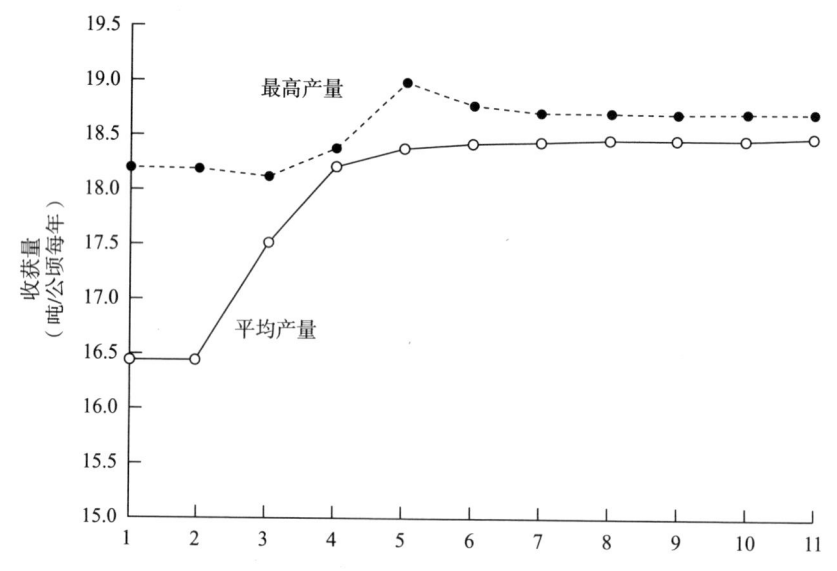

图3-8 巴厘灌溉模式下收获产量的增加。当产量趋于(上升)均值时,产量的差异会下降。在进一步的实验中,我们改变了害虫的致病性。高致病性的害虫对协调种植造成了大的阻碍。但如果虫害不是很严重,那么苏巴克之间的协调性就很小

就好像银行说服了农民们把我们的模拟程序倒回去运行,从图3-6和图3-7回到图3-5的初始条件,破坏了苏巴克之间的合作模式,使环境更加混乱。【83】事实上,从分析的角度来看,这一政策可能被视为对我们概念模型的现实考验,这增强了我们的信心,即我们已经抓住了允许水山存在的农民之间合作的基本动力。

但是,模型和现实之间如此密切一致,这一事实本身就提出了一个更深层次的问题。为什么在实际景观上观察到的合作种植的实际模式,与计算机模拟的最优解决方案如此相似?这就好像巴厘的众神已经同意以一种促进农民合作的方式,来平衡他们各自对付害虫和控制水。但是在这件事上,他们有选择的余地吗?如果我们能"倒带"回到几个世纪前,重新开始,类似的苏巴克和水神庙网络发展起来的可能性有多大?

这些历史问题的答案似乎永远都是遥不可及的。但最近在动态系统数学理论方面的工作提供了一些见解。在这个模型中，每个苏巴克都被视为一个自主的代理人，对来自其近邻的信息做出反应（我的哪个近邻获得了最好的收获）。苏巴克的整个网络可以被看作一个"复杂的适应性系统"：一群行动者或代理人参与了一个相互适应的过程，在这个过程中，个体的适应性行动会对其邻居产生影响。复杂适应系统（CAS）的概念是由约翰·霍兰德（John Holland）提出的，他以城市中的汽车交通、生态系统中的物种、股票市场中的投资者，甚至免疫系统中的异类现象为例。显然复杂适应系统的概念处于高级别抽象，但是霍兰德和其他人已经表明，将这些不同的例子视为一类复杂适应系统的实例，允许我们对他们预期的行为模式提出一些尖锐的问题。① 在导言中我简要地提到了这个想法，现在是填充细节的时候了。人们希望从这种类型的分析中获得的是对典型行为模式的理解：我们应该期望苏巴克模型做什么？该模型的整体行为对流域生态的细节或农民的选择有多敏感？

和以前一样，我们从简化问题开始。在乌斯河和佩塔努河的模型中，每个苏巴克都有一个所处的物理位置，这决定了谁将是它的邻居。每次收获后，苏巴克都会和4个最近的邻居一起检查，看看它们是否有更好的种植计划。如果是这样，苏巴克会复制它（最好的）邻居的计划。但是，如果每一个苏巴克只与一个邻居比较，或者与12个邻居比较，或者与57个邻居比较呢？苏巴克之间丰富的本地连接，是否会影响整个网络将虫害和水资源短缺【84】造成的损失降至最低的能力？这个问题——模型中各苏巴克的连通性——可以与它们试图解决的生态问题分开考虑。结果表明，网络的行为——不管它是否有能力解决像害虫控制这样的问题——在很大程度上取决于苏巴克之间

---

① Simon A. Levin, "Complex Adaptive Systems: Exploring the Known, the Unknown and the Unknowable", *Bulletin of the American Mathematical Society*, Vol. 40, No. 1, 2002, pp.3-19.

的连接结构。换句话说，网络的结构很重要。生物学家斯图尔特·考夫曼（Stuart Kauffman）在其著作《秩序的起源》（1993）中提供了一个优雅的例子来解释为什么会出现这种情况。想象一下一组圣诞树灯，每个灯泡有两种可能的状态之一——开或关，并与其他 k 个灯泡连接。一个简单的规则告诉每个灯泡该做什么。例如，设置 $k=3$，意味着每个灯泡连接到其他 3 个灯泡。从这一刻到下一刻，根据这些邻居的状态，每个灯泡决定自己打开或关闭。一个典型的规则是"多数人获胜"，这意味着如果它的 2 个或 3 个邻居是亮着的，灯泡就会自己亮起来，否则它就会关闭。当电路继续时，这样一个系统将如何工作？有三种可能的行为模式：

1. 混乱：如果 k 值很大，灯泡就会在开关的时候混乱地闪烁。
2. 定格：如果 k 值很小（$k=1$），开关几次，很快整排的光就会停止闪烁。
3. 复杂（"混沌的边缘"）：如果 k 值在 2 左右，就会出现复杂的图案，闪烁的岛屿就会出现，它们的边缘形状会慢慢变化，但不会定格成固定的图案，也不会变得混乱。

一个系统，要么是凝结的固体，要么是混沌的，既不能传递信息，也不能适应。但是一个复杂的网络——一个接近"混乱边缘"的网络——可以两者兼得。事实上，苏巴克模型为这一点提供了异常清晰的说明。假设我们模型中的苏巴克对持续十年的异常干旱期做出了反应：山区的一些苏巴克采用交错种植的方式，以更有效地利用现有的水。下游的苏巴克对这些连串的小变化做出反应，沿着其边界，感知这种变化，在几年内，整个网络已经适应了变化的环境。但是现在假设网络有一个不同的配置：不是将它们的响应建立在四个最近的邻居（$k=4$）上，而是每个苏巴克连接到所有其他的邻居

（k=N）上。然后，网络无法适应，相反，它只是随机地从一种状态切换到另一种状态。在另一极端，如果每个苏巴克独立工作（k=0），则不可能效仿，网络被冻结。类似地，如果k=1，网络可能陷入一种远远不是最优的配置中，无法找到更好的解决方案。

正如考夫曼所证明的，要使这类网络能够解决问题（如灌溉计划），必须将其配置为存在于"定格"有序和混乱之间的区域，离混乱边缘不远。这种配置取决于由k参数控制的代理人之间连接的丰富程度。在现实世界中，苏巴克从邻居那里收集有关灌溉计划、收成和害虫的信息。实际上，它们正在调优k参数，找到合适的连接度，使它们能够适应本地环境。农民（或政府规划者）不知道的是，所有这些地方调整的结果定义了整个流域的苏巴克和寺庙网络的整体结构。图3-9显示了我们的仿真模型中k从3到13的改变结果。只要苏巴克只与最近的邻居连接，扩展搜索空间就可以加快网络形成和收获的速度。但是如果k包含非常遥远的邻居，网络就无法形成，因为遥远的邻居对环境信号的反应与相邻的邻居不同。类似地，当k=4个苏巴克，是来自流域的任何地方（而不是近邻）时，结果就是混乱。

这看起来似乎是为了一个简单的结果而大费周章，但请考虑一下其中的含义。大多数农业推广计划是根据设在研究站的试验田的结果制订的。农民们被鼓励模仿这些距离较远的模式。但是，如果农民们对这些信号做出反应，而不是直接从他们的邻居那里得到信号，那么相互适应的过程就会停止。在乌斯—佩塔努仿真模型中，每个苏巴克使用一个简单的短视策略（"模仿一个做得更好的邻居"）来决定是否与每个邻居合作，这种策略忽略了他们问题的真实性和令人生畏的复杂性。对苏巴克来说，幸运的是，这套消息不灵通的策略，是它们迅速爬上山麓小丘，适应当地景观的所有必要条件。在很短的时间内，一群自主的代理人（苏巴克）形成了一个网络，形成了合作的岛屿，在那里所有的农民享有几乎相同的、相对丰富的收成。这些

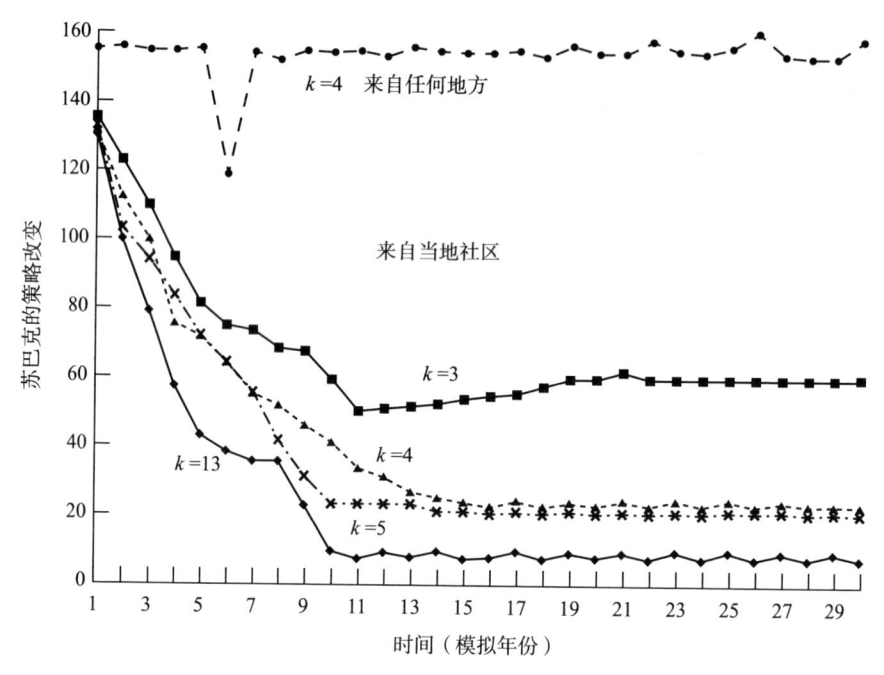

图3-9 在巴厘流域模型中，k 的变化对苏巴克相互适应的影响。每个苏巴克将其最近的收成与 k 个邻居的收成进行比较，并采用最成功邻居的种植计划。将 k 从3增加到4、5和13，逐步扩大了搜索空间，提高了大多数苏巴克达到纳什均衡（Nash equilibrium）的速度，并具有较高的平均产量。但是如果苏巴克把它们的收成和那些遥远的邻居作比较（从172个苏巴克流域的任何地方的 $k=4$），系统就会变得混乱，平均产量也不会提高

网络的结构与空间博弈的结构有着惊人的相似之处，因为两者的解决办法都是由相同的共同进化动力驱动的。[1] 整个网络具有一个结构，其中合作和不合作的价值随着空间位置的不同而变化。这种结构本身是自我适应的：改变局部产出的扰动会引发小的连锁变化，使整个网络能够对诸如增加新的灌溉系统或新的水稻害虫等事件做出有效的反应。

---

[1] K. Lindgren, "Evolutionary Dynamics of Simple Games", *Physica D*, Vol.75, 1994, pp.292–309.

假设一位 19 世纪的巴厘国王或一个现代规划者决定接管乌斯—佩塔努流域的灌溉系统，如果负责执行这项计划的官员配备了流量计、雨量计、计算机，并具备微分方程知识，他们就可以通过收集数据和写下方程来开始他们的任务，表示每个苏巴克的水平衡、自然降水和上游水需求的函数。如果规划者还希望将水稻害虫造成的危害降到最低，那么真正令人头疼的问题就要开始了，这需要另一批耦合的偏微分方程。当灌溉计划的总体规划最终从这些计算中浮现出来时，它将对河流和田野精灵构成可怕的诱惑，因为它们【87】是出了名的淘气鬼。降雨、种植日期或虫害动态的微小偏差，特别是在流域的上游地区，将引发下游的连锁反应，打乱计划。毫无疑问，沮丧的规划者会梦想一个更简单的生态系统，有足够大的田野和河流来减少相互依赖，而这种依赖对巴厘苏巴克的生态系统是如此重要。

但是通过向当地的众神表达敬意，农民们发现了一个更强大的解决方案，一个更适合高度相互依存的流域生态的方案。水神庙网络为邻居们提供了一个框架，让邻居们共享有关收成和害虫的信息，商定种植和灌溉的时间表，并以适当的规模组织这些时间表。这样，寺庙就变成了一个协调装置，使苏巴克能够像复杂自我适应系统中的媒介一样工作。为了解决整个流域的优化灌溉问题，寺庙必须拥有一定的权威性，这样农民们会年复一年地坚持他们商定的计划。但正如我们的模型所示，没有必要由外部机构来执行这些协议。水神庙所需的一切权力都来自它们在管理水稻梯田生态方面的实际成功，以及它们与神灵的象征性联系。

对复杂适应性系统的第一次数学研究始于 20 世纪 70 年代，与此同时，规划者们正在指示巴厘的农民们搁置以往水神庙的时间表，尽快种植水稻。人们很难责怪顾问们想要提高稻米产量，或是没有预见到复杂系统的数学原理。但令人清醒的一点是，苏巴克系统在其生态作用得到承认之前就几乎被摧毁了。人们想知道世界上其他地方是否也有像水神庙这样的机构，如果有，它们会采取什么形式。也许，就像水神庙一样，被视为宗教机构，规划者和工程师可以放心地忽略它们。

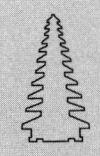

第四章

暴君、巫师
和民主主义者

大约在 15 年前的一个下午，一群农民从凯迪桑村的一个会议上愤怒离【88】开，并宣布他们将不再参与苏巴克的事务。他们愤怒的原因是邻居拒绝用尊称称呼他们。最近，他们在其他村庄的一些亲戚使用这些称呼，作为一种基于自身世系群体的等级或"种姓"的特权。然而，他们的邻居倾向于把这个称呼看作一种自命不凡的创新，而不是对古老特权的复位。这场争端很快就开始破坏这个村庄的社会结构。为了避免那些没有令人垂涎头衔的农民在苏巴克会议上被喊出名字，一些农民把自己的稻田租给邻近村庄的佃农，导致大部分收入损失。与此同时，村里的另一个世系群体提出这样的主张：应该以一个与他们的世系群体等级相适应的尊称来称呼他们。在一个种植季节里，苏巴克几乎没有发挥作用，但当下一个种植季节到来时，对荣誉称呼的主张和反对的言论被村民悄悄放弃了。

这样的事件在帕莫斯水神庙的 14 个苏巴克中并不少见。当合作在苏巴克中失败时，更可能引发争吵的是社会地位，而不是农业本身。在上一章中，我们看到了生态力量的平衡会奖励农民的合作。但是，这种纯粹的生态模型预测了某种程度的相互合作永远是最好的选择，所以它无法解释合作失败的情况。那么，也许我们需要两种理论，一种解释合作，另一种解释冲突；第一种是解释稻田的生态过程，第二种是解释村庄的社会过程。但这些现象真的是相互独立的吗？换句话说，农民合作是因为他们必须合作，为了他们的收成，还是因为人们通常会为争吵的原因而争吵？【89】

三年来，我和我的同事们一直在研究帕莫斯神庙各苏巴克之间冲突的原因。我们的策略包括由两个独立的巴厘研究小组进行的双盲调查①。其中一组观察稻田的生态状况。这个小组每两周测量一次灌溉流量，并跟踪每个苏巴克的作物生长情况。他们对虫害进行仔细监测，并在每个生长季节结束时记录收成，以便进行比较。第二组研究了苏巴克的决策制定和冲突解决。他们把苏巴克会议录下来，当出现争端时，对主角进行采访。经过数月甚至数年对冲突的跟踪，并对苏巴克成员进行一系列问卷调查，以测试我们的解释。由于这两个研究小组是独立的，我们可以将客观生态条件与农民的主观感受联系起来。这一章描述了我们的发现。

有几件事几乎立刻变得清晰起来。首先，我们看到苏巴克的自我管理方式有很大的差异。每个苏巴克都可以自由地建立自己的制度，并且没有外部压力，无须遵循标准模型。虽然苏巴克应该在一个有限的领域内运作——管理水稻梯田——但在实践中，不可能避免苏巴克的平等主义精神与基于种姓的等级制度原则发生冲突。例如，苏巴克的首领应该是最高级别的人，还是体现平等主义机会价值观的人？一些苏巴克被自己的成员认为是软弱的，因为允许有权势的人取得统治地位，尽管首领们的控制必须谨慎地隐藏在民主的外表之下。在这些苏巴克中，普通成员被称为"mebebek"，像鸭子嘎嘎叫一样发出很大的噪声，虽然吵闹，但会跟随引导者去任何地方。其次，在强大的苏巴克中，据说"集会的声音就是神灵的声音"，这是一种足以征服强大力量的声音。总的来说，要使苏巴克作为一个合作和自治的单位有效地发挥作用，就必须抑制与地位竞争有关的紧张关系，这种紧张关系总是在幕后酝酿。所有这一切使真正的苏巴克不同于我们模型中的模拟苏巴克。因为模拟苏巴克总是作为一个整体来行动，而且总能和他们的邻居达成有利的协议。

---

① 试验者和受试验者都对有关试验无所知。——译者注

但真正的苏巴克组织是事关民生和社会地位的网络，合作绝不是理所当然的。

基于这些原因，我们开始认识到苏巴克不纯粹是管理水资源的实用工具，还是正在进行的自我管理实验。例如，在一个村庄，苏巴克的民主理想【90】被证明如此有吸引力，以至于社区决定废除所有种姓差别，扩大民主统治的范围，使其包括整个村庄生活。对他们来说，正如希罗多德对雅典人所说的那样，"平等不仅在一个方面是好事，而且在所有方面都是一件美好的事情"，这是显而易见的。① 然而，他们在东方的近邻却被一个小气的暴君统治着。我们的录像带显示，就在我们开始研究之前，他平息了一场民主叛乱。随着录像带的成堆累积，我们看到苏巴克的平等主义精神在乡村事务的其他方面的渗透程度差异很大。一些录像带记录了每个发言者都密切关注民主礼仪的会议，对苏巴克成员就像对尊敬的长辈一样，而另一些则记录了有权有势的人发号施令的场面。这种对比让我们吃惊，苏巴克如何管理自己的问题成为我们研究的中心，我们开始把生态学推到一边。

我们从马克思提出的一个简单问题开始了这一阶段的研究：谁受益？下游的苏巴克通常能毫无困难地得到它们应得的灌溉用水吗？或者，是否有必要让强有力的领导人来执行那些可能被剥夺权利的人的诉求？虽然这个问题很容易提出，但要得到答案却很困难，因为在巴厘很难测量灌溉流量。这些有着数百年历史的灌溉系统的物理结构极其复杂，由许多小水坝和泉水构成，流量随季节和天气而变化。帕莫斯苏巴克使用的大部分水来自位于佩塔努河支流上的三座堤坝（图4-1）。这些引水大坝将2公里外的水分流到隧道中，这些隧道顺流而下长达2公里，位于水山的顶峰。地表水渠继续向下

---

① Herodotus V. 78, in G. R. Stanton, *Athenian Politics c. 800–500 B.C.: A Source Book*, London: Routledge, 1990, p.187.

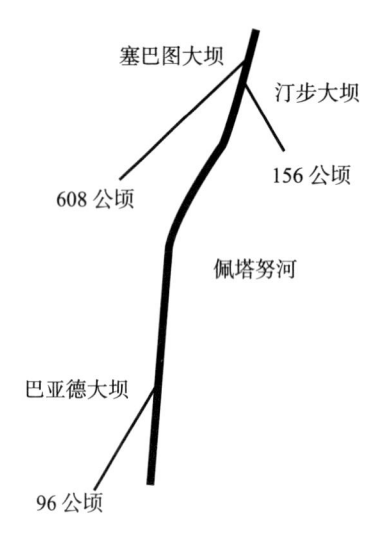

图 4-1　帕莫斯水神庙 14 个苏巴克的分流（未按照比例表示）

游延伸，灌溉了一个又一个小丘，直到水流尽为止。大多数苏巴克从泉水、渗水和上游水下工程的剩余流量中获得额外的水，这些流量特别难以测量。此外，种植水稻所需的水量不是恒定的，而是随着生长季节的变化而变化的。种植前需要最大的量，使土壤水分饱和，形成一个浅水池塘。后来，当稻谷快要收割时，稻田就被排干了。平均而言，在整个生长季，每公顷水稻至少需要连续流入 2 升水；在旱季，实际流量通常会低于这一水平。

【91】

水权被认为不可改变，是基于对帕莫斯水神庙供奉诸神的宗教义务。任何在这座水神庙附近的土地上获得水的人，都有义务帮助其每年举行一次仪式。一个人得到的水越多，他的义务就越多。灌溉用水分配的单位是泰克泰克（tektek），在雨季高流量时，每泰克泰克相当于每秒 25 ± 6 升。因为农民没有办法直接计算流量，所以泰克泰克是用比例分配器对总流量进行的分数划分。例如，帕莫斯系统中最大的两个灌溉系统始于佩塔努（河）的几座引水大坝。塞巴图水坝位于河流的最上游，在一个陡峭的森林峡谷底部，与周围乡村的海拔大约相差 100 米。这座小水坝把这条河分成了两条河道。其中之一消失在东南方向的一条隧道中，在那里灌溉了塞巴图和其他 6 个苏巴克，而另一条水渠继续向下游延伸到下一座堤坝。隧道的直径决定了最大流量。最大测量流量达到每秒 2332 升，可以为 608 公顷稻田浇灌每公顷高达 3.8 升的水。但是，即使隧道是半空的，农民们仍把隧道的容量计算为 74 泰克泰克的灌溉水。对他们来说，关键问题不是他们无法控制的总流量，而是如何分配。【92】

没有流入塞巴图隧道的水被引至河床中部，人们在那里的大坝上凿了一个长方形的槽。这个槽的规格是这样的，在低流量时，相当于流入隧道流量的四分之一。当水流量超过隧道容量时，多余的水会溢出水坝并继续向下游流动。在下游约 60 米处，有另一座水坝和另一条隧道，朝向西边。该坝属于汀步（Timbul）和卡洛（Calo）苏巴克，包括 156 公顷的稻田，占塞巴图隧道灌溉的稻田面积的四分之一。塞巴图大坝上的狭槽保证了他们能精确地得到四分之一的水。在更远的下游，第三座大坝为 96 公顷的巴亚德（Bayad）苏巴克蓄水。在这个海拔高度，河流在潮湿多孔的地形中迅速恢复补给。

当隧道出现在下游时，水会被按一系列的比例分配。例如，塞巴图运河上有 6 个主要的分隔带。我们测量了这些分隔带的流量，特别注意到旱季可能出现缺水的情况（在雨季，问题通常是水太多）。表 4-1 显示了 1997 年和 1998 年 7 月旱季高峰期的平均流量。很明显，位于上游最远的塞巴图和杰森（Jasan）苏巴克比其下游邻居稍有优势。然而，这似乎是对流量进行测量的结果，而不是故意欺骗。泰克泰克系统是基于分流点的比例分配，没有考虑到下游渗漏和蒸发造成的损失。我们的测量结果证实，这些流动确实与泰克泰克划分成比例（表 4-2）。从表 4-1 中还可以看出，与中游苏巴克相比，最下游的苏巴克科本（Kebon）、下凯迪桑（Kedisan Kelod）和帕库杜伊（Pakudui）并没有处于劣势。年复一年，流量随天气而变化，但比例划分没有改变，除非下游的苏巴克能从邻居那里借到多余的水。我们的结论是，尽管上游最远的苏巴克带有一点优势，但水的分配是公平的。一项对来自 10 个苏巴克的 150 个农民的调查同意这个结论：在回答"帕莫斯水神庙【93】的水的分配是公平的吗？"时，所有人都同意了。我们还发现泰克泰克系统测量的流量和流量计测量的流量之间有很高的相关性（r=0.96）。

表 4-1 在 1997 年和 1998 年旱季，帕莫斯系统的平均灌溉流量

苏巴克	流量	稻田	流量/稻田
杰森 & 塞巴图	368	117	3.15
汀步 & 卡洛	460	156	2.95
普容·卡亚	207	97	2.19
凯迪桑·卡亚	214	29	3.44
巴亚德	198	97	2.04
普容·基洛德	111	50	2.22
科本，下凯迪桑，帕库杜伊	337	145	2.32

注：杰森、塞巴图和汀步位于最上游；科本、下凯迪桑和帕库杜伊位于最下游。流量单位为升/秒；土地单位是公顷。

表 4-2 帕莫斯苏巴克的水权

苏巴克	泰克泰克
普容·基洛德	5.5
普容·卡亚	11.5
帕库杜伊	9.0
科本	8.0
凯迪桑	16.0
杰森	4.0
塞巴图	12.0
特加尔·苏西	7.5
卡洛	7.0
汀步	14.0
巴亚德	7.0
邦贾卡	2.5
贾蒂	1.5

我们的下一个问题与土地所有权的分配有关。也许那些弱小的苏巴克会

10个苏巴克的农场的平均规模（公亩）[①]
数量=150

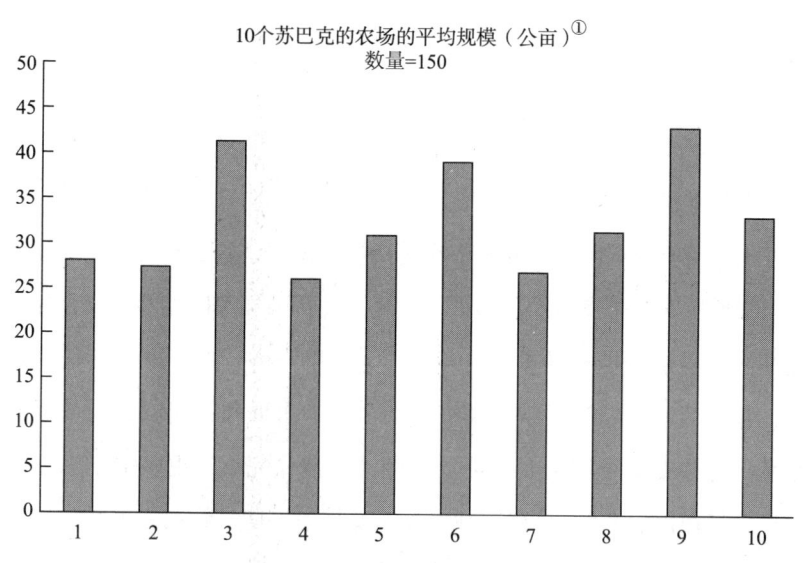

图4-2 帕莫斯系统中10个苏巴克的农场的平均规模（单位为公亩，或0.01公顷）

被少数富裕农民控制。图4-2显示了在同一次调查中10个苏巴克的150个农民的平均土地拥有量。平均农场面积为32.75英亩，约为三分之一公顷。虽然各个苏巴克的农场的规模非常均等，但调查还显示，每个苏巴克通常有几【94】个一公顷或更大的农场，而其他农场则很小（所有苏巴克农场规模的平均标准偏差为19.3公亩）。这个结果促使我们进行了另一次调查。我们想知道，土地持有量的变化模式是否反映了农民雄心勃勃购买土地的情况。或者，农场规模的变化可能是简单的继承人口变化的结果：只有男性可以继承土地，独生子将比必须与兄弟分地的男性继承更多的土地。在对37个关注土地所有权的农民进行的详细调查中，我们发现几乎所有的农场（96%）都是通过继承获得的。关于拥有土地的面积，第二次调查的结果与第一次调查的结果几乎相同：平均农场规模为33英亩，平均标准偏差为17.68公亩。有趣的

---

① 1公亩为0.01公顷，作者原文用到的单位就是公亩，后同。——译者注

是，不管怎样，最大的农场都不是由选出的苏巴克首领所拥有的。相反，这些人都拥有从他们父亲那里继承来的中型农场。

大多数村庄有大量的劳动者，他们有时以佃农的身份工作。这些人通常受雇于那些继承了稻田但选择不自己耕种的家庭。在这种情况下，苏巴克通常允许土地所有者买断自己的苏巴克责任和义务。这些安排可能变得相当复杂，因为地主对苏巴克组织负有许多责任。他得参加苏巴克的会议并参与苏巴克灌溉工程的修理和维护。他还必须为苏巴克举行的年度循环仪式做出贡献，包括劳动、经济贡献以及准备用米粉、水果和鲜花制成的华丽的仪式祭品，这些祭品可能需要几天的时间才能制作完成（更多关于这些东西的信息，将在以后介绍）。在一种典型的安排中，佃农给地主上交一半的收成，还必须履行对苏巴克的劳动义务，而地主则负责苏巴克的经济和宗教义务。一般来说，只有土地拥有者才可成为苏巴克成员及出席苏巴克会议。因此，最贫穷和最富有的村民的声音很少在苏巴克会议上听到；活跃的苏巴克由拥有土地的农民组成。佃农的比例因村而异。我们研究期间，在帕莫斯系统中，不活跃的土地所有者比例最大的是巴亚德村。在那里，82名活跃的苏巴克成员被106名缺席的土地所有者取代，后者的土地由佃农耕种。巴亚德的苏巴克还奖励12名祭司和选出的村长，即使他们是土地所有者，也被完全免除苏巴克责任。因人们认为他们对社区做出了其他有价值的贡献。在82名活跃的苏巴克成员中，约有一半在邻居的农场里做佃农。这样，一个只有三分之一公顷稻田的人就可作为一个全职农民谋生。

根据20世纪上半叶荷兰人占领巴厘的人口普查记录，大多数村民是全职农民，因此佃农和缺席地主人数的增加显然是最近的一个现象。在荷兰人进行土地调查时，该地区的大部分农民是培卡图持有者，而不是土地所有者。在过去的半个世纪里，农村人口大约翻了一番，但同时农村也出现了新的职业。西方消费者对色彩鲜艳的巴厘手工艺品显然贪得无厌，这使大多数农家有可能实现收入多样化，帕莫斯地区是手工艺品生产中心，每年都会将整箱的彩色木雕运往世界各地的礼品店。大多数家庭都有一名苏巴克成员，他通常是一名全职农民，而其他成年人和年龄较大的孩子制作木雕（除非他们能找到更好的工作）。例如，大凯迪桑行政区包括七个村庄：凯迪桑·卡亚、下凯迪桑、凯邦、帕库杜伊、巴亚德、塞博克和坦库普（TangKup）。2000 年，人口普查统计了 1031 户家庭和 933 名活跃的农民。

【96】

然而，在更遥远的过去，当几乎每个家庭的户主都是农民时，经过几代人的时间，由于传承，农场的平均规模会逐渐缩小。在进行这项调查时，我们开始想知道当苏巴克的可传承土地数量低于维持一个普通家庭所需要的量时，会发生什么。这个问题的答案部分取决于传承规则。在中国的水稻种植区，自古以来，法律就保证所有的男性儿童继承的份额相等。但是巴厘关于继承的习俗比较灵活，人们经常听到关于继承的冲突。我们询问了 10 个苏巴克的 100 名农民谁应该继承农场。他们的答复如表 4-3 所示。

表 4-3　谁应该继承农场

所有的男性儿童，平等分享	68
最小的儿子	2
大儿子	3
不好说	9

注：数量 =100，10 个帕莫斯地区的苏巴克。

遵循这些模式中的哪一种显然会对土地持有的碎片化产生影响，而意见不同的事实为兄弟之间的冲突打开了大门。但从长远来看，唯一的解决办法是开发新的农田。帕莫斯地区的 3 个苏巴克是在过去的半个世纪里创建的，是由几个更古老的村民建立的附属定居点。我们推测这个过程可能开始得更早。也许最早的村庄是那些离水坝最近的村庄，当它们变得太大时，它们就会分离出附属定居点（这个问题仍在调查中）。目前，我们最初的问题（谁受益？）的答案似乎很明确：实物证据和农民对我们问题的回答都表明，帕莫斯苏巴克的土地和水权模式大体上是平等的。农场的规模大致相等，水资源的分配也差不多。在现代，成年男子中全职农民的比例比过去要小，可能有更多的佃农和富人。尽管社会和人口结构发生了变化，苏巴克仍然作为平等主义集会发挥作用。

【97】

总的来说，这些结果令人费解。一方面，苏巴克的平均主义似乎有坚实的经济基础。由于土地和水的均分，几乎没有迹象表明富人和有权有势的人在经济上占主导地位。但这使苏巴克内部发生冲突的频率更高。帕莫斯的苏巴克中有整整三分之一显得很弱小：容易发生冲突，组织也很差。为什么会这样呢？为了回答这个问题，我们加强了对弱小苏巴克的观察，并对农民的态度和意见进行了比较调查。人类学家通常对问卷调查持怀疑态度，但我们对发现农民对广泛主题的看法之广度有兴趣，无论如何，都没有其他方法可以同时关注 14 个苏巴克。最后，我们进行了 5 项调查。第一项主要针对前一章描述的生态问题（测试博弈论模型的假设）。但我们也提出了一些关于苏巴克事务的简单问题，包括一个关于苏巴克领导层的可信度问题。当然，几乎所有的农民都谨慎地避免批评他们的领导人。但是，在两个苏巴克中，有几个农民非常不满，他们选择坦率地告诉我们，他们的领导人是不值得信任的。在随后的调查中，我们试图探究这种不满的原因，用一系列假设的例子来代替对苏巴克成员诚实程度的直接质疑问题。这个策略很有效，最后我们了解到很多关于苏巴克中存在的各种紧张关系，以及一些苏巴克失败的原因。

在我们对 150 名农民的首次调查中，只有少数人（3%）愿意质疑苏巴

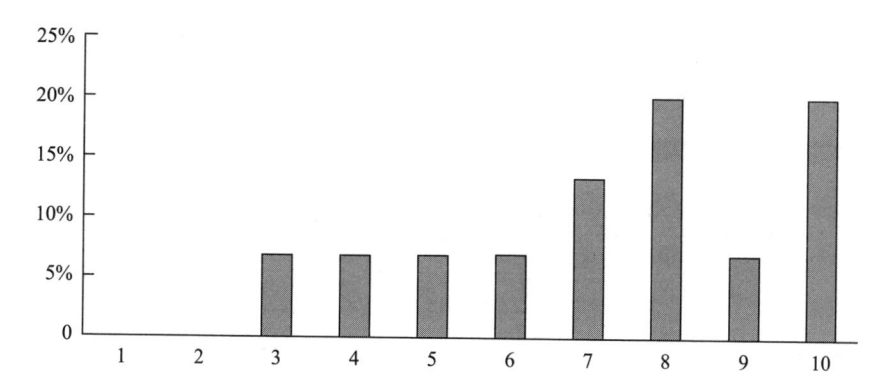

图4-3 对问题"苏巴克有权利罚款吗?"的否定回答。样本数量为150名男性农民,来自帕莫斯地区的10个苏巴克

克征收罚款的权力。但事实证明,这是一个准确的指标,反映了农民敢于抱怨的苏巴克的深层次冲突(图4-3)。最大不满来自他们的领导人被广泛地怀疑在公开场合不够诚实。其他持反对意见的人属于一个苏巴克,在这个苏巴克中,两个以血统集团为基础的派别正在进行激烈的权力斗争,并抓住一切机会使其对手处于不利地位。

在一项后续调查中,我们问了来自8个苏巴克的37名农民一个关于偷水事件的直接问题。大多数人的反应是,他们令人难以置信地否认它曾经发生过(表4-4)。通过在假设情况下提出类似问题,我们得到了更为坦率的【98】答复(表4-5)。在这里,主张积极应对的农民比例是22∶14。但当我们问到一个人面对苏巴克首领而不是邻居的明显盗窃应该怎么做时,这种平衡发生了变化(表4-6)。最常见的回答是把它"交给帕拉卡尔马(palakarma)"处理,这需要一点解释。因果报应的信条认为,一个人今生的恶行必须在来生予以补偿。这通常与这样一种观念有关,即一个人积累罪孽的负担可能会落在他的直系后代身上。这种信仰反映在人们有时发出的誓言中:"如果我说假话,我的家族将遭受七代人的诅咒。"如果这件事足够重要,可以要求一个人在寺庙里发誓。鉴于这些观念,在道德上,人们不采取任何行动来反对恶行，而是把惩罚留给因果报应。另外，把事情留给因果报应（或恶人对因果报应惩罚的恐惧）并不能立即解决问题。那么，一个人如何决定何时采取行动，何时将事情留给因果报应呢？

表 4-4　在你的苏巴克，多久发生一次偷水

很少	9
有时	1
从来没有	27

表 4-5　假设一个农民发现一个邻居（他认识的人，来自同一个苏巴克）偷水，对他来说最好的解决办法是什么

直接找到他	6
向苏巴克首领报告	14
在会议上提问	2
什么都不做	10
取决于偷水的量	4

表 4-6　假使有一个苏巴克的首领，他从成员们那里筹钱修大运河。之后，他会将大部分未使用的资金返还，但留一些给自己。应该怎么做

在会议上提问	12
私下里问他	0
交给帕拉卡尔马（palakarma）	25
取决于量	0
向村长汇报	0

【99】　这涉及对另一个假设性问题的回答（表 4-7）。按照巴厘的传统标准，凯图（Ketut）无疑是最好的候选人。苏巴克的首领应该只是不情愿地服役，没有任何个人野心。但众所周知，挫败一个雄心勃勃的同事的愿望是危险的。心理上的考虑或许与美国大学中选举学术部门负责人的考虑没有什么不同。一些受访者指出，一个有野心的领导人可能比那些只关心确保多数党

派统治成功的人更积极地促进群体的利益。在对另外两个问题（表 4-8 和表 4-9）的回答中，这种权衡是显而易见的。另一个问题是根据最近发生的一个众所周知的事件（表 4-10）提出的。也许因为这个问题是真实的案例，大多数受访者选择了安全的答案。

表 4-7　假设有两个苏巴克首领的候选人。韦恩（Wayan）非常渴望成为领袖，一般人认为他雄心勃勃。凯图是第二个候选人。凯图愿意服务，但不在乎他是否当选。你会选择谁

韦恩，否则苏巴克会变得很"热"（有争议）	12
凯图，因为他会更值得信赖	23
不确定	2

表 4-8　谁是苏巴克首领的最佳选择

富人	11
平均财富拥有者	27
穷人	0

表 4-9　什么是一个苏巴克首领重要的品质（开放式题）

和事佬	21
有钱人	7
高种姓	4
有决断力	3
公平选举	1

表 4-10　在帕莫斯的寺庙仪式结束后，苏巴克每年的捐款约为 150 万卢比。每个苏巴克首领都必须在寺庙里待 3 天，帮助庆祝节日。假设之后 14 个苏巴克的首领决定分配 50 万卢比给自己作为酬金，你认为他们有资格这样做吗

有	84%
没有	12%

最后，我们请农民们就苏巴克会议的哪些方面是真正民主的、哪些仅仅是民主的"装饰"或表面功夫（hiasan）自由发表意见。答案出人意料地大胆（见表4-11）。10名农民提出"肥料使用"是民主掩盖权力行使的一个例子，这似乎有点奇怪，值得解释一下。在过去的几十年里，来自印尼农业部的穿着制服的工作人员每年都去苏巴克，为"技术包"的选择提供建议。技术包包括一种特殊杂交水稻品种的种子，附带肥料和杀虫剂。在20世纪90年代，技术包的选择是强制性的，但是最近，允许农民自行决定。对这个问题的回答表明了对这一点的一些怀疑。

表4-11 对"我的苏巴克"关于决策的评估：哪些是真正的民主，哪些仅仅是民主的伪装

我的苏巴克的决定	真正的民主	民主的伪装
所有决定	5	3
苏巴克首领的选择	17	14
分配水资源	28	0
罚款	20	9
分担仪式责任	17	0
种植方式的选择	10	0
虫害控制	4	0
化肥的使用	1	10
财务状况	0	4
不知道	0	1

总的来说，我们的第一次调查揭示了这样一种模式：三分之二的苏巴克成员通常主张在民主治理中发挥积极作用，而另外三分之一的人则更倾向于让雄心勃勃的人为所欲为，把正义交给因果报应。由于双方票数相当接近，人们可能会想，如果被动的参与者突然发现自己成了多数派，会发生什么。

1998年6月，卡罗（Calo）苏巴克的成员们发现了这一点。

录像工作开始后不久，我们就对卡罗产生了特别的兴趣。除了苏巴克首领，大多数苏巴克还选举了一名财务和秘书。人们认为，时不时地更换苏巴克的整个领导层是可取的，领导层集体提出辞职被视为诚信的表现。当然，这是最可取的：腐败的领导人才最希望保住自己的职位。"korupsi"（腐败）是一个单词，最近在巴厘语中成为常见用语，显然是从报纸上对不诚实政客的报道中借用来的。按照苏巴克的情况，它通常意味着领导层的账目造假。苏巴克首领通常从会员那里收取各种各样的费用，例如购买用于灌溉系统和寺庙维修的材料，以及与水神庙仪式有关的费用。未使用的资金应在下次会议上返还给成员，资金的收集、分发和退还是苏巴克会议日常事务的一部分。因此，苏巴克的首领和财务主管一直都是这样处理钱财的，如果有人想要做假账的话，有的是机会。规范地对付这种诱惑的补救办法是，领导人在每次会议上都要仔细检查苏巴克的账簿，拿出收据，结清所有账目。农民们说，如果这种情况没有发生，那就不是一个好迹象。【101】

卡罗苏巴克的首领是一个名叫马林的人①，他已经担任了大约10年首领，大家普遍怀疑他轻微腐败。1997年，村中由村长领导的一个派系想出了一个取代马林的计谋。像大多数水山村庄一样，卡罗苏巴克为没有灌溉的农田保留单独的苏巴克，称为旱地苏巴克（subak abian）。一般来说，这些组织几乎没有什么事可做，因为没有必要对园地进行集体管理。由于旱地农业在卡罗并不重要，村长建议将这两个小苏巴克合并起来——新的苏巴克联合组织将选出一位领导人。为了完成这项行政改革，村长提议所有的村官都【102】

---

① 这当然不是他的真名，尼蒂什·杰哈（Nitish Jha）在他布兰斯蒂大学的博士学位论文中，探讨了土地所有者和佃农各自角色的区别的重要性，还区分了塞巴图附近村庄的"仪式"和"水"苏巴克。"仪式苏巴克"的成员是稻田的所有者，而"水苏巴克"则包括耕种田地的佃农。Nitish Jha, "The Bifurcate Subak: The Social Organization of a Balinese Irrigation Community", Ann Arbor Mich.: UMI Dissertation Services, 2002.

和他一起辞职，而马林别无选择只能同意。在随后的一次会议上，新成立的苏巴克选择了一个名叫尼阿曼·拉塔（Nyoman Rata）的人作为领导。拉塔最与众不同的地方是，他对这份工作没有兴趣，并恳求免除他的职务。但苏巴克是坚定的，成员们的坚持"将了拉塔一军"：第二次拒绝将意味着拉塔必须辞去他在苏巴克的成员资格，还冒着招致神怒的风险，因为"大会的声音是上帝的声音"。拉塔勉强同意了。在他当选后不久，拉塔召开了他的第一次苏巴克会议。在约定的时间，裂缝鼓响起，成员集合，拉塔和他的两个副手（财务主管和抄写员）坐在苏巴克会议厅里等待成员的到来。但一个小时后，只有三个农民来了，所以会议被改到下周。

有人提醒我们，在卡罗可能会发生一些有趣的事情。因此，在约定的日子，我们的一名研究人员和拉塔一起等待苏巴克成员的出现。但这次，又是只有几个农民出现。拉塔很恼火，每隔一刻钟就要使劲地敲一次裂缝鼓，但会议厅还是空荡荡的。马林的房子正好位于苏巴克会议地点的街对面，大约下午1点的时候，这个人自己出现在街上，显然是在回家的路上。拉塔向他打招呼，礼貌地邀请他参加会议，但马林摇摇头，喃喃地说："这是干什么？""没必要。"说完就进屋躲起来了。半小时后，拉塔放弃了。10天后在下一次村民会议上，拉塔向社区发表了讲话。他提醒成员，自己从来没有要求成为苏巴克的首领，只是因为他们的坚持，他才同意成为苏巴克的首领。【103】然而，在迫使他接受这个职位之后，几乎所有人都选择不出席苏巴克会议。是他误解他们的愿望了吗？也许有人能向他解释这个事。

大家都知道，马林"暗箱操作"，悄悄地让大家知道，他会对没有参加苏巴克会议的人另眼相看。但显然，没有人预料到，苏巴克的全体成员几乎都谨小慎微。① 当拉塔坐在那里等待回应时，我们的摄像机拍下了村民们羞

---

① 一个博弈论者可能会说，参加会议的选择已经成为一个囚徒困境，几乎所有的参与者都选择了叛逃。

怯的表情，他们中的大多数都盯着地板，因为他们在思考着自己是如何被他们希望退休的小偷操纵的。当拉塔等了几下才做出回应，然后时机极佳，他端庄地问大家现在是否会反对他辞去苏巴克的领导职务时，视频中可以听到我们研究人员压抑的笑声。这次谁也没说一句话。几个月后，一位新的领导人被选中。在随后的一次采访中，拉塔评论他在道德上战胜了马林。他说，在等待农民们来开会的时候，他感觉自己像个傻瓜，但由于行为得体，他挫败了这一阴谋，因为村民们现在指责马林让他们看起来都像傻瓜。

在这一插曲发生之后的几个月里，卡罗的农民不得不忍受邻居偶尔的取笑。但是在下游的巴亚德苏巴克，近邻们却没有给他们带来太多的欢乐。巴亚德苏巴克的首领是一位名叫穆里亚迪（Mulyadi）的老人，我们1997年开始访问他的苏巴克时，他已经担任了41年的苏巴克首领，最近他战胜了对他统治的严重挑战。挑战来自他自己的财务主管——马德·伊里哈蒂（Made Irihati）。伊里哈蒂反对穆里亚迪统治主要有两个方面。第一，穆里亚迪习惯性地绕过伊里哈蒂，直接向会员收取捐款，似乎没有打开这些账本让财务主管检查的必要性。伊里哈蒂强烈怀疑穆里亚迪经常不归还必要支出以外的资金。事实上，他对自己的财务状况比马林更为"坦率"，给人的印象是，挪用未使用的资金是他的特权，而马林被认为是在秘密篡改账目。第二，财务主管反对穆里亚迪傲慢的作风：在苏巴克会议上，老人总是坐在一个面向苏巴克成员的高台上，就像一个伟人对待下属一样。多年来，伊里哈蒂曾多次试图挑战穆里亚迪的权力。但有人说，在过去，每当潜在的挑战者来到穆里亚迪面前时，他们就会失去勇气，变得困惑和口齿不清。

当我们的采访者要求对这种奇怪的行为做出解释时，几名苏巴克成员承【104】认，穆里亚迪被怀疑系了一条神奇的腰带，这帮助他维护了自己的权力。这样的装备确实存在，我自己也被忽悠着买了几个。有各种各样的魔法腰带和护身符：一种赋予佩戴者雄辩的口才，另一种使美丽的女人无法抗拒。而据说，穆里亚迪佩戴的那种会让任何试图反对佩戴者意愿的人产生敬畏和困惑。我承认，起初我想收集一小部分这些物品，用于民族志研究。但有人建议我再想想，因为获得一条神奇的腰带涉及浮士德式（Faustian）的交易：腰带的力量被认为来自永远饥饿的活生生的灵魂，必须以活着的人（最好是人肉）为食。最后，据说腰带会腐蚀主人的灵魂和身体，除非债务被推迟到由他们的后代偿还。这种魔法交易被认为源于精神发展扭曲的人，在这些人中，他们目光短浅的野心占据了优势。当普通人接触这样对权力狂热的巫师时，当然是很容易被吓倒的；那些被迫与巫师打交道的人，有权用"佩戴者终有一天要付出因果报应的代价"来安慰自己。因此，正如苏巴克的一些成员所解释的那样，顺从像穆里亚迪这样的人并没有特别的羞耻感。

但巴亚德苏巴克的财务主管伊里哈蒂有其他想法。正如他在录像上解释的那样，他厌倦了穆里亚迪的贪婪，更厌倦了被当作下属对待。因此，伊里哈蒂开始谈论举行选举的问题，并提出自己作为首领候选人。这一想法在苏巴克成员中传开后不久，在它作为正式提议提出之前，穆里亚迪前往雅加达探望了他的一个孩子，为期一个月。穆里亚迪的缺席恰逢这一年最重要的苏巴克仪式，仪式在两座寺庙和一座堤坝上的一个神殿举行，为期几天。这些仪式是精心策划的，需要大量的计划。建造、组装、运输和为各种各样令人印象深刻的祭品祈祷的责任必须下放，这样仪式才能按时、按正确的顺序进行。财务主管尽了最大的努力，但最后典礼没能如期举行，据说财务主管还不能胜任这项工作。不管穆里亚迪有什么缺点，他都被认为是组织寺庙仪式的大师。因此，当穆里亚迪一周后返回时，这位尴尬的财务主管做出了不可避免的让步，放弃了提议举行选举的计划，并从苏巴克辞职，去支持他的弟弟。

【105】　事件发生后，我们采访了财务主管和其他农民，把这个故事拼凑在一起。不过，虽然财务主管嘲笑苏巴克成员的懦弱，但其他农民指出，穆里亚

迪不仅在组织复杂的仪式方面做得较好，多年来，他还成功地从政府官员那里为苏巴克成员争取了利益，例如修复了几条运河。关于这条神奇的腰带，财务主管认为，没有人能确定穆里亚迪真的戴过。另外，这一传闻很普遍，穆里亚迪从未否认过。然而，其他苏巴克成员观察到，如果穆里亚迪真的使用魔法，整个苏巴克将分享从这些力量中获得的利益，而只有他自己会在某一天付出代价。

这两个案例，一个在卡罗，另一个在巴亚德，都涉及各个苏巴克的内部治理。但并不是苏巴克内部出现的所有问题都能在内部解决，有时会影响与其他苏巴克的关系。在这种情况下，它们成为"大苏巴克"（Subak Gde）每月会议上讨论的事项，帕莫斯的 14 个苏巴克每一个派一名代表，通常是苏巴克的首领。这个组织的功能就像一个更高层次的苏巴克：成员们选举一个领导者，举行会议的方式和强大的（民主）苏巴克差不多。大苏巴克的主要责任是协调区域一级的灌溉和种植模式；维修共用的灌溉工程；帕莫斯水神庙的年度仪式循环表演；与巴图尔最高水神庙协调（见第 6 章）。例如，1998 年，距离塞巴图大坝 300 米的灌溉隧道坍塌，大苏巴克决定评估从这条隧道获得水的 7 个苏巴克来支付维修费用。它们以 1700 万卢比雇用了一个工程承包商，这项费用使用泰克泰克（见 100 页解释）评估。我们通过录像带跟踪这一项目的进展，从决定雇用承包商监督隧道的维修开始，到 6 个月后把未用完的资金退还给苏巴克首领为止。这件事的一切都进行得很顺利，但几个月后，一个新的事件出现，需要对一个苏巴克采取惩罚性措施。

这个事件始于巴图尔最高水神庙的祭司们决定前往大海进行净化的朝圣之旅，带着女神和她的随从小众神灵的圣像。游行队伍将在三个管弦乐队和至少 100 人的陪同下，乘卡车行进。巴图尔的祭司将这一决定传达给位于通往大海之路上的主要水神庙，其中包括帕莫斯神庙。帕莫斯的大苏巴克邀请女神在她从海上回来的路上至此巡访。几周后，游行队伍来到这里，进行为

【106】

期三天的停留。帕莫斯苏巴克为女神带来祭品，雇用舞蹈演员和皮影演员在寺庙里进行几乎连续不断的表演，并自发地为来自巴图尔的100多名游客在参观期间提供食物。在此期间，不少游客注意到帕莫斯主要的水神庙似乎急需修缮。在狂热的宗教热情下，较大的苏巴克的负责人决定为每泰克泰克估价50万卢比，以支付这些修理费用以及接待女神及其随从的费用。一旦做出这项决定，每个苏巴克的首领就有责任向其苏巴克的成员收取捐款。这些都是根据每个人接受的水量来评估的，以"小泰克泰克"为单位来衡量。

大多数苏巴克及时拿出了他们的贡献，以便为下一次大苏巴克的月度会议做准备，但下凯迪桑苏巴克的负责人错过了这次会议，没有派代表出席。在下一次会议上，他声称不知道这一财政义务。没有人真的相信，但他又得到了一个月的时间来收取他的苏巴克所欠的200万卢比。再下一次会议上，他还是没有露面，其他苏巴克领导人讨论了应采取的措施。

据相邻苏巴克的首领说，他觉得这笔钱已经从苏巴克成员那里收走了，所以大家决定等着瞧，看看丢失的资金是否会交给财务主管。但又过了一个月，在下一次会议上出现了一张新面孔：一位来自下凯迪桑的年轻农民说，他是应苏巴克首领的要求代表他的苏巴克来的，因为首领在别处有急事。这一消息受到了其他苏巴克领导人的热烈欢迎，负责人问新来的人是否知道他的苏巴克的贡献迟到了四个月。这个年轻人看起来很惊讶，说这些钱早就被失踪的苏巴克首领收走了，他们肯定已经收到了捐款。年长的人向他保证，他们没有，一个愉快的小讨论随之而来：难道没有看到那个苏巴克首领骑着一辆新摩托车吗？他不是很喜欢在斗鸡场赌博吗？但会议很快就明确了，因为大苏巴克的首领提醒大家，如果不付这笔钱，他们就得自己分担。难道他们没有意识到，他本人（他们选出的领导人）已经弥补了差额，以便他能够按时支付欠各立约人的全部款项吗？这番简短的讲话立刻产生了效果：几分钟之内，苏巴克的首领们决定给下凯迪桑苏巴克两周时间来偿还债务，否则，他们的水源就会被切断。至于下凯迪桑苏巴克如何筹到这笔钱，与大苏巴克无关；责任在于下凯迪桑苏巴克的成员。听到这个消息，这个年轻人看上去非常痛苦，会议中年龄较大的人告诉他不要担心，这当然不是他的错，下凯迪桑苏巴克的负责人无疑会处理这件事。实际上，在下一次大苏巴克会议上，新当选的下凯迪桑苏巴克的领导人出现了，带着200万卢比，以前的苏巴克领导人也向他道歉，他承认自己把一部分钱花在了家庭仪式上。他所在的村庄保证他能借到足够的钱来偿还苏巴克的债务，但他被要求辞去苏巴克的领导职务。后来我们采访了下凯迪桑苏巴克的一些农民，他们表示希望尽快忘记这一事件。他们说，那个犯了错的苏巴克首领不会再受什么惩罚了，但他给村子带来的耻辱却不会被忘记，因为他拿走的钱本来是要献给神的。

【107】

对苏巴克的录像、采访和调查持续了两年，之后偶尔也会进行。最初，我们的最小目标是记录大苏巴克及其成员苏巴克做出有关水稻梯田管理决策的时刻。我们几乎录下了大苏巴克的每一次会议，以及每月一次到两次定期的苏巴克会议。因为我们有另一组研究人员记录了这些苏巴克农田的生态状况，我们希望找出在会议上实际讨论的关于农田状况的信息。我们希望记录下农民对水稻害虫等问题的反应，并权衡改变灌溉计划的后果。但事实证明，这种讨论非常罕见。通常，大苏巴克每年都会就下一年的作物选择和灌溉计划进行一次简短的交谈。可能是因为这些苏巴克的种植模式已经接近最优，这些建议通常只不过是小修小补，所以通常在半小时内达成协议。今年晚些时候，随着旱季的临近，苏巴克的首领们经常会进行非正式的协商来借水。如果上游苏巴克的水资源超过了它的需求量，它将把多余的水让给下游的邻居。因为水是属于女神的，上游的苏巴克不能收取任何费用，但它肯定会赢得邻居们的感激。

总的来说，在我们的研究过程中，除了一个例外，苏巴克会议很少讨论生态问题。如前所述，在项目开始后不久，我们开始关注农民在他们的土地上施用的化肥含量过高。我们开始测量营养负荷，并与感兴趣的农民非正式地讨论这个的发现。确定河流和灌溉渠富含矿物质营养元素后，印尼农业部研究中心的同事们和我们一起进行了田间试验，测试肥料和水稻产量之间的关系。有一天，当我参加大苏巴克的月例会时，一位苏巴克的负责人问我是否可以为代表们总结一下我们所学到的东西。我说，我们只有氮的初级数据，但我们很有信心，不需要施用钾肥，磷肥可以减少至少 75%。这当然意味着农民可以省下一大笔钱。苏巴克的首领把我们的建议带回给他们的成员，许多农民选择听从我们的建议。结果是令人满意的，在下一次收获之后，每当我们的研究小组成员出现在苏巴克会议上时，他们经常要求我们对营养水平和水稻害虫方面的研究进展发表评论。也许这使我们的出席更加引人注目，也确实增加了我们在苏巴克会议上受到欢迎的热烈程度。

随着时间的推移，我们对稻田生态动态的了解越来越有信心，我们关注的焦点逐渐转移，首先是对苏巴克的治理，然后是对影响农民态度的宗教和文化观念的背景。也许我们从录像带和采访中得出的最重要的结论是，所有的苏巴克都存在类似的紧张关系，这种平衡很容易从"强"转变为"弱"，从民主到专制统治，原因与生态几乎没有关系。因此，我们开始关注如何在苏巴克内部实现力量平衡的问题，以及是什么导致了平衡的打破。这就需要对苏巴克的决策案例进行更深入的研究。这里将简要介绍两起事件。第一起是在最强大的苏巴克会议中进行的不到半小时的简短口头交流；第二起来自一次采访，那次采访被证明是理解一个过程的关键，这个过程持续了几十年，导致了另一个苏巴克的彻底崩溃。同时，这些案例涵盖了我们所观察到的行为范围,说明了在某些情况下,一些问题可以很快得到解决,而另一些问题可能会发展到失去控制。

第一个案例发生在帕库杜伊苏巴克的一次会议上,帕库杜伊位于灌溉系统最下游,发源于塞巴图大坝。会议从日常事务开始:对成员进行点名,并对几天前未能到场帮助清理运河的成员处以小额罚款进行评估。这些罚款通常是当场以现金支付的(通货膨胀削弱了罚款的威慑作用,但被罚款所带来的耻辱仍然是有意义的)。然后,苏巴克的首领开始非正式地对这个群体讲话,起初是用巴厘高等族语言,但很快就用非常口语化的语言。他说他需要告诉大家,一些属于苏巴克的钱丢失了。有人问"多少钱?"他提到了一个微不足道的数目,相当于不到 3 美元的卢比。这些是堤坝仪式的未用资金,代表所有成员的捐款,本应在本次会议上退还。许多人可能会像我一样,开始纳闷儿,这么少的钱怎么能分给 30 个人。但在有人问这个问题之前,苏巴克头领继续讲他的故事。他说,几天前,在支付了仪式的所有费用后,他把剩下的钱放在一个小袋子里,挂在床上方的篮子里保管。也许他已经预感到可能会出问题……第二天早上钱就不见了。他问妻子和孩子,他们回答说,知道那笔钱是属于苏巴克成员的,从来不敢碰它。这家人到处找,但就是没找到钱。他打算为这袋钱起誓,说:"或者我可以在寺庙里起誓。"他抬头望着天花板,他说了一句巴厘人在诚信受到质疑时常用的话:"我的意图像孩子一样纯洁。"他停顿了一下,随着沉默的持续,财务主管开始谈论另一件事,而苏巴克首领往后一靠,显然陷入了沉思。过了一会儿,财务主管的事办完了,又停了一会儿,苏巴克首领又说话了。他仿佛是在向一个朋友倾诉,用同样平静的声音说他担任苏巴克首领已经十多年了。"年纪大的人开始忘记事情……人们没有意识到苏巴克首领的脑袋里需要记住和注意的事情有多少。"不管怎么说,他已经服务很长时间了,现在想"请假",换句话说就是辞去苏巴克首领的职务。听了这话,全群的人都在窃窃私语,拼命地

【109】

喊着："不，不，杰罗·克利（Jero Kli）①。这可能发生在任何人身上。这样的事情每时每刻都在发生！"然后，其中一位最敢言的成员用巴厘语作了一个简短的即兴演讲，而苏巴克成员沉默了："多年来你一直是我们值得信赖【110】的向导。这钱的事无关紧要，它毫无意义，不要让自己受到干扰。我们希望你继续，不要再想这件事了。"

我参加了这次会议，会议结束后，我立即问我录制会议的巴厘同事，为什么如此微不足道的事情会变得如此重要。当然，苏巴克的首领可以用他自己的钱来代替丢失的钱。我的同事说，他也觉得这个问题令人费解，但他给出一个解释，结果证明是正确的。在巴厘，人们普遍相信巫师可以去偷钱。想要通过这种方式得到钱的人必须去找一个"在职"的巫师，坦白这个愿望，并要求成为一名学徒。如果巫师同意，经过一段时间的学习，学徒将被要求"使用魔法"杀死一只特定的动物——他对这个动物有些感情。这种生物的灵魂"被一个神奇的护身符捕获"，从那时起，它可以被召唤，在夜间秘密旅行和偷钱。巴厘人开的每一家零售店都有一些神奇的防御手段来抵御这些灵魂，叫作布莱朗（Blerong）。但是有一个秘密与创造布莱朗有关：即使学徒被告知，魔法程序涉及杀死一只动物（事实上一只动物的确被杀死了，或者据说是这样），它也会导致亲人的生病或死亡。②这样，布莱朗的创造将学徒与巫师捆绑在一起，并让他从事一个新的邪恶的职业。因为那笔钱神秘地消失了，苏巴克首领显然断定他可能受到了某个秘密敌人的攻击，这个人创造了布莱朗来偷钱。这将令人非常不安；这意味着他房子周围的魔法保护不足（或者更不祥的是，攻击来自他自己的大家庭）。此外，货币本身——纸质货币——是神圣的，因为它已成为苏巴克的财产，用其他钞

---

① "Jero Kli"是"Jero Klihan"的缩写。"Jero"（杰罗）是一个像先生一样的尊称；"Klihan"是一个组织的负责人，如苏巴克或村庄（班贾尔）。
② 因此，意外或疾病导致的意外死亡可能会引起怀疑：大家庭中是否有人决定学习巫术？

票代替它是不行的。因此，钱的消失令人担忧。这可能意味着首领和他的苏巴克都很容易受到恶毒的女巫或巫师的伤害。苏巴克首领后来证实，这确实是他在会议期间脑子里想的事。虽然他说他不能确定自己是不是被布莱朗袭击的受害者，但这件事一直让他心烦意乱，他当场就决定辞职，就像他说的那样。

在我们的调查中，这位苏巴克首领是少数获得最高支持率的人之一。这件事过去了，很快就被忘记了；他没有再提出辞职。但当我和同事们讨论所发生的事情时，我们得出的结论是，即使是最强大的苏巴克，也容易经历短暂的软弱时刻。如果一个苏巴克首领对自己团结和领导团队的能力失去信心，他可能会因为过于信任和过于激进而失败。巴厘人的巫术信仰强调巫术总是始于某种性格上的弱点。事实上，据说弱者总是被巫术吸引，成为巫术的代理人和受害者。因为在一个苏巴克中产生不和谐的紧张关系源于个人的欲望和野心，维持平等主义，苏巴克的唯一方法就是它的领导者要注意群体中情感力量的平衡。团结一致的苏巴克是强大的；它的决定几乎总是正确的，它的集体声音是神圣的——我们将回到这一点。我被告知过很多次，巫师发现，几乎不可能伤害那些有着纯粹意图和力量的人。但如果这种平静的团结被破坏，弱点就会被抓住和利用。

【111】

在某种程度上，这种信仰可以用直截了当的涂尔干术语来解释：巫术信仰可以被看作这些群体中情感问题的客观化，例如有野心或贪婪的人的弱点，以及他们的邻居之间以矛盾心理或胆怯默许的形式表现出来的弱点。换言之，巫术词汇提供了一种方式来描述这些民主集会中问题行为的情感根源。理想的领导者必须结合我们调查中虚构的苏巴克领导人"凯图"和"韦恩"的特质：他应该是一个优秀的演说家和一个精力充沛、一丝不苟的组织者——换言之，他应该是一个有行动力和抱负的人，但同时也要尊重他的邻居并寻求团结。尽管如此，每个人都意识到，在一个像巴厘水山村落那样痴迷于等级制度的社会里，总是存在着攫取一点额外权力的诱惑。

为了解释本章将要讨论的最后一个案例的重要性，有必要再多说几句关于苏巴克中的等级问题是如何具有不确定性的。在本章开始部分，我们简要地提到了关于凯迪桑苏巴克中一场关于敬语名称的争吵：几年前，这个苏巴克因为在点名中应该如何称呼成员的争论而几乎停止了工作。尽管问题暂时得到了解决，但潜在的压力依然存在。因为事实证明，敌对的世系群体不可能说服村里的其他人用敬重的种姓头衔称呼他们，所以必须找到另一种方式来表明自己的地位，这种方式不需要竞争对手的积极合作。因此，地位的竞争转移到葬礼仪式上，这可能是巴厘最常见的此类竞争场所。巴厘人用华丽的棺材火化死者，种姓地位被认为决定了可以被允许的装饰类型。这样，葬【112】礼仪式宣告了每一个世系的相对地位。据说，在国王统治（rajahs）时代，没有一个家庭敢于展示出比其已故成员生前应得更大的炫耀，但在现代，没有人有权执行这些规定。相反，人们普遍认为，如果仪式和象征与死者的身份不符，它们将危及灵魂之路，因此，以这种方式提升自己地位的愿望通常受到抑制。死者的实际等级与殡葬仪式所显示的等级之间的差距越大，死者的灵魂受到伤害的可能性就越大。当我们在凯迪桑开展我们的项目时，几年来，这两个对立的血统群体一直试图在年度葬礼仪式的隆重程度上超越对方，以至于两个群体都在棺材里火化他们的死者，这对一个小君主（prince）来说是不合适的。这并没有逃过邻居们的关注，他们开玩笑说，凯迪桑到处都是怕死的老人。

读者也许会像我一样感到奇怪，苏巴克的民主习俗如何能在如此激烈的邻里竞争中生存下来。这在很大程度上取决于苏巴克领导人的权威，他必须坚持严格遵守执行平等主义行为的规则，最重要的是在会议上的讲话礼仪。在我的印象中，强大的苏巴克还可以让成员从社会地位的焦虑中得到缓解，即把一切与"种姓"有关的东西都放在一边，显然符合每个人的利益。但是，为了使苏巴克成为这样一个避难所，成员们必须把相当大的权力交给他们选出的领导人。

在这样的背景下，我们转向塞博克苏巴克的苦难。几年前，根据我们在村里的消息来源得知，这个小苏巴克发现自己需要一个有效的领导人。塞博克位于帕莫斯水神庙的领土中央，但它不属于神庙的会众。其原因是塞博克的主要水源是卡威山圣泉寺的泉水。读者可能还记得，在前一章中，来自这个泉水的水被引到下游，由两个小苏巴克德洛德·布伦邦（Dlod Blumbang）苏巴克和塞博克（Cebok）苏巴克共享（图4-4）。因为泉水可能被视为来自卡威山圣泉寺神的礼物，这些苏巴克选择不承认对帕莫斯水神庙的任何义务，也不属于帕莫斯水神庙的"大苏巴克"。相反，德洛德·布伦邦帮忙支持每年在圣泉寺举行的宗教仪式。寺庙位于塞巴图村的领土内，这意味着德洛德·布伦邦与塞巴图的居民共享这些费用和义务。在德洛德·布伦邦大坝下，塞博克小苏巴克有一个二级堤坝，它会截流德洛德·布伦邦占据主流域后留在河流中的水。塞博克苏巴克不向卡威山圣泉寺的仪式提供捐款【113】（suwinih）；成员们解释说，他们在堰上收集的水本来属于下游的下一个主要村庄曼努阿巴。因此，根据这个推论（被他们的邻居认为有点诡辩），塞【114】博克对卡威山圣泉寺或帕莫斯水神庙没有贡献，只是偶尔向曼努阿巴的主要水神庙献祭。

在这种情况下，塞博克苏巴克长期缺水就不足为奇了。很久以前——没有人确切知道是什么时候——有人提出了一个方案来增加圣泉寺泉流量中塞博克苏巴克的份额。这个寺庙实际上有两股泉水，一股大的，一股小的。大一点的是塞巴图的，小一点的是普容的。塞博克苏巴克提议从普容的泉水中取水，作为回报，他承担了帮助普容分担圣泉寺庙仪式费用的责任。塞博克苏巴克取水可能需要采取两种途径：其成员可以在普容的泉水上建立一个新的灌溉系统，或者他们可以在普容神庙测量泉水的流量，并要求在德洛

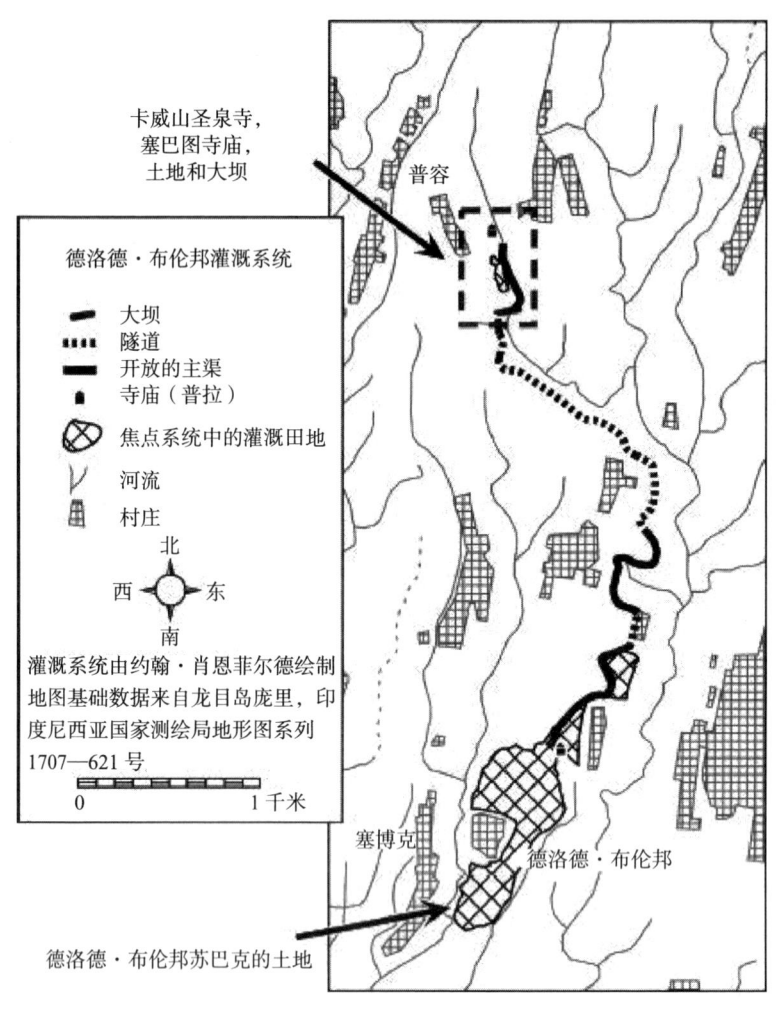

图4-4 圣泉寺塞巴图的泉水灌溉系统。绘制者：约翰·肖恩菲尔德

德·布伦邦大坝释放这部分水，从那里顺流而下，在塞博克大坝被捕获。在这种情况下，塞博克将停止或减少其对曼努阿巴的捐款，转而向普容捐款。这个计划将为塞博克提供更多的水，以牺牲德洛德·布伦邦为代价；它还将向普容提供寺庙节日的捐款，以牺牲塞巴图为代价。

据我们的报道人说，这个计划已经讨论了几十年，但没有人采取任何积极的步骤,直到20世纪90年代初,塞博克和下凯迪桑村的两个杰出的人出现。下凯迪桑有权有势的村长继承了塞博克苏巴克的一些稻田,并开始参加塞博克苏巴克会议。他开始对从普容获取水的老计划感兴趣,这将大大增加他的田地价值。要真正实现这个雄心勃勃的计划,塞博克需要一个新的领导者,一个强大而有效的苏巴克领导人。村里的一个年轻人作为可能的候选人,引起了他的注意:格德(Gde),他很穷,但很有进取心和雄心壮志,而且非常愿意成为村长的门徒。很快,他就被选为塞博克苏巴克的负责人,并开始与其他苏巴克的负责人就春季的问题进行非正式谈判。不幸的是,他咄咄逼人的作风很快就得罪了普容的领导人,他们悄悄地加入了德洛德·布伦邦,坚决地阻止了这个计划。此后不久,根据我们的消息来源,格德的行为开始反复无常。从苏巴克筹集的资金没有归还。当在会议上开始有人提出问题时,他就完全停止举行苏巴克会议。一些农民告诉我们,他们不敢公开反对他,因为他是一个聪明的人,甚至得到了邻村村长的支持。与此同时,我们的生态小组报告说,由于灌溉计划非常混乱,苏巴克的收成正在减少。农民抱怨他们的邻居偷水,在我们的第一次调查中,两个农民暗示格德自己【115】也偷水。在与我们的一名研究人员的采访中,格德被问及这个谣言。随着摄像机的转动,他笑着说:"为什么不能每个人都随时随地取水呢?就我而言,就这么着!"这种令人不满意的状态一直持续到1999年,当时隧道的一段坍塌,苏巴克的主要供水被切断。这当然停止了水稻种植,尽管一些农民开始用邻居没有使用的水种植蔬菜作物。与此同时,苏巴克的首领被送上法庭,他被指控的罪名是,他试图将属于这个村庄的土地卖给一个来自城市的买家。

格德的行为相当于公开挑战他的邻居。但他们并没有团结起来把他赶走,而是在灌溉系统崩溃时发生了争吵。有趣的是,我们的报道人没有一个认为格德使用了巫术来维持他的控制。相反,他的行为被解释为自私和不道德。但问题仍然存在：为什么苏巴克成员不努力在为时已晚之前重获控制权？

∽∽∽∽

我们最初决定录制苏巴克会议的时候，还沉浸在计算机模拟效果中，这似乎解释了苏巴克之间合作的基础。为什么不从原始模型中选择一个小区域，放在显微镜下，看看假设的行为是否真的发生了呢？通过对苏巴克会议的录像，我们可以观察到环境信号和农民决策之间的联系——正如计算机科学家所说的那样，是实时的。正如读者现在知道的，结果不是我们所预期的。回顾过去，帕莫斯的苏巴克没有花太多时间讨论灌溉计划，这并不奇怪；他们进行了很多年的试验，找出最有效的灌溉方案。真正的谜团在于，尽管有明显的好处，但他们为什么似乎觉得维持一个合作和平等的治理体系如此困难。我们的研究表明，即使是最强大和最民主的苏巴克也处于一种不稳定的平衡状态，有随时滑向独裁统治或陷入某种混乱的危险，在这种情况下，偷水变得司空见惯，神灵也得不到应得的尊重。调查显示，农民非常清楚民主治理的好处；当一个苏巴克自行解体时，人们很快就感受到了后果，因为收成受到了缺水和害虫的影响。总的来说，民主治理的优势似乎是如此明显，以至【116】于我开始怀疑，至今只被部分发掘的巴厘语手稿库里，是否可能包括某位巴厘的"柏拉图"的著作，讨论共和政体与贵族政体的优劣。毕竟，许多地方议会都制定了宪法，其中详细规定了民主程序的规则。这些宪法的存在为一种隐含的民主治理理论提供了依据。为什么有些巴厘作家不试图阐明这个概念本身，即使只是像柏拉图那样，目的是贬低民主统治的反复无常？

录像开始后不久，我说服自己去寻找这样的手稿，甚至去了几次巴厘的图书馆。与此同时，我的两名巴厘同事正忙着对农民的态度进行第二次调查。在普容卡亚（Pujung Kaja）村，他们报告在一些问题上有困难，即关于种姓的问题。他们说，这个村子几年前就决定废除所有种姓差别，人们不愿表明自己属于哪个种姓。也许这些问题应该从问卷中删除。另外，这样做可能会损害调查的价值，因为种姓制度已被证明对理解其他苏巴克的治理问题至关重要。当我们的团队正在决定怎么做的时候，普容苏巴克（Subak Pujung）的负责人发消息说他想和我们谈谈调查的事情，因为苏巴克的一些成员已经向他表达了一些担忧。

一个水山村落决定废除种姓制度的消息耐人寻味。在高地上的"巴厘—阿加"村庄中，种姓特权往往是被禁止的，但据我所知，在其他地方，种姓制度始终是社会结构的主要特征。我安排了第二天下午与苏巴克负责人见面，由我们调查组的一名成员陪同。当我们到达的时候，我们惊讶的不仅是苏巴克的首领，还有全村的领导，有十来个人在等着我们。在为我们提供茶点后，他们邀请我们详细解释我们希望通过调查和录像来完成什么，以及这与我们的生态研究有什么关系，他们说理解并赞赏这些研究。我们竭尽所能地描述了目的，强调我们有兴趣了解帕莫斯苏巴克在管理风格上发生巨大变化的原因。最后，我们谈到了种姓制度的微妙问题。我说，我们意识到许多巴厘人不愿意提及他们的种姓或所谓的等级，特别是对外来者，但如果我们希望了解苏巴克内部冲突的原因，这个话题是无法避免的。我还没来得及说完，一位寺庙祭司就打断了我。他说种姓在他们的村子里没有意义，因为现在每个人都有同样的种姓。当我回答说人们一定要记住他们的祖传遗产（祖庙）时，他回答说不再需要这样做了，因为所有仪式的圣水，包括婚礼和葬礼上的，都可以从一个特殊的乡村寺庙中得到。随后，其他几位村领导也参加了讨论，解释说，在他们看来，如果我们坚持采访有关种姓的问题，那将是具有破坏性的。当然，人们还记得他们的祖先，但强烈反对任何维护自己种姓地位的企图已成为村里的政策，因为经验表明，这在社区中造成了不和谐。在回答进一步的问题时，他们说，只要我们不去触及种姓问题，就可以自由地参加他们的苏巴克会议，并邀请村民参与我们的调查。我们应该知道，苏巴克会议已经与该村（社会部）的会议合并。虽然这两个机构仍然是分立的，但他们认为没有必要单独举行会议，因为这两个机构都由同一人管理。

普容成为我们研究的一个转折点。我想象中的假想共和国似乎真的存在，就在我们研究区域的中心。在随后与该村成员的对话中，我们试图了解该村是否在过去的某个特定时刻正式决定成为一个共和国。我们找到了年长者，询问了这个村庄的历史。种姓制度是怎么废除的？他们（或他们的祖先）是否考虑过民主统治的优点，权衡过其后果，并投票废除种姓制度？从无数的谈话中得出的答案是，这是大致正确的。然而，这种总结历史的方式并没有完全抓住他们自己对如何做出决定的看法。当我看到一个问题时，他们看到两个：废除种姓差别，加强民主治理。诚然，这两点是相互关联的，但从他们的角度来看，扩大民主只是他们关于种姓的决定所产生的几个影响之一。举个例子，几乎每个与我们交谈的人都强调，禁止不同血统群体之间的地位竞争所带来的物质利益。在普容举行婚礼、庆祝孩子的生日或举行葬礼比在任何邻近的村庄要便宜得多，因为所有这些仪式都已标准化，而炫耀是被严格禁止的。然而，我们的报道人告诉我们，废除种姓制度不是出于政治原因，而是因为可以从一个特殊的村庄寺庙获得圣水。来自这座神庙的蒂尔莎很早就被普容的大多数人接受了，因为它适合于村里各种各样的仪式，包括对神的崇拜和人类的成年礼。因此，没有必要从其他来源，如种姓

【118】起源的寺庙获得蒂尔莎。根据巴厘人对圣水信仰的逻辑，如果两个家庭在举行成人仪式时使用相同的蒂尔莎，他们的种姓地位就是平等的。

似乎在20世纪70年代和80年代，村里的领导层选择了遵循这一逻辑推理链，并在村委会（每户都派一名成员作为代表）通过了决议，即要成为

普容的公民，必须接受村里寺庙的圣水，因为要足够满足所有人的需求。

更重要的是，人们必须接受普容所有公民的种姓地位平等。任何不同意这一裁决的人都可以自由离开村庄（巴厘村委会拥有用于居住土地的法律权力，因此有权拒绝任何拒绝遵守规则的人居住）。但村里几乎所有的家庭都选择留下来，放弃他们的种姓头衔，而不是流亡。

几位村领导告诉我们，当时，他们没有预料到这些决定会多么显著地加强普容的民主统治。有人说，废除种姓差别是由一个富裕的首陀罗（Sudra）家族派系带头的，以此来削弱世袭小贵族在村里的地位。一位长者平静地评论道，财富而不是种姓，已经成为普容社会地位的关键。一些农民抱怨说，苏巴克的事务通常排在村里事务的第二位，因为两个会议现在作为一个整体开会，有关农业的议题通常排在会议的最后。但撇开这些警告不谈，似乎民主已经在普容取得了对种姓等级制度的决定性、似乎永久性的胜利。这带来了明显的好处，即使是前贵族也承认：苏巴克被认为经营得非常好，家庭也不用为与邻居的种姓竞争而付出经济和情感上的代价。

一开始，普容种姓制度的废除似乎是对我们所了解到的一切有关苏巴克的绝妙论证。我们最初的生态学分析和建模表明，苏巴克内部和苏巴克之间的合作可以解释为一个由生态动力学驱动的自我组织过程。但是对苏巴克的社会学研究表明，由于种姓地位的竞争而产生的冲突常常阻碍合作。在王公（rajahs）时代，种姓是官方认可的，但在现代社会，种姓制度往往被政府官员视为一个令人头痛的时代错误。[①] 普容似乎证明了这个问题可以被一劳永逸地解决。随着民主的到来，古老的种姓等级制度和基于合作社的生产方式之间的矛盾（用马克思的话来说）可以被克服。我们开始庆幸自己带着摄像【119】机和调查表及时赶到，以便看到一个实验时代的成果，因为普容向该区域其

---

① 不出所料，高种姓的官员比其他人对种姓制度的困扰要小得多。

他社区展示了未来的面貌。

或者至少，这是我自己的想法，我热情地与我的巴厘同事交流。但是，当我沾沾自喜地看到我们幸运地抓住了"历史性时刻"时，我终于开始注意到，我的同事们不太确定普容的民主会很快被其他社区模仿。

他们似乎比我更认真地认为，普容民主的关键在于其特殊的蒂尔莎。当我们向普容的报道人和其他一些苏巴克的报道人提出这个问题时，他们指出，由于普容有着特殊的庙宇，只有普容才能获得如此万能的圣水，因此普容是唯一可以选择废除种姓的社区。我觉得这没有说服力。冒着亵渎神明的风险，我提醒同事们，巴厘众神的意志在任何寺庙仪式上都会被神灵附体的通灵者重新诠释，因此，如果众神愿意，他们当然可以为其他村庄寺庙的民主改革提供所需的圣水。但当我们讨论这一点并考虑下一步的研究时，新的信息出现了，情况再次发生了变化。首先传来的消息是，普容以前在名义上是由凯巴扬（Kebayan）统治的，预计将来还会如此。这是非常令人惊讶的。高地上最保守的古老巴厘村落，保存着千年铭文中提到的古老统治形式，名义上由两位年长的祭司统治，他们被称为凯巴扬。但是，凯巴扬并没有出现在水山村；他们的地位是建立在一个老人统治的原则基础上的，而这个原则在这些村子里没有什么特别之处。然而，在帕莫斯的村庄中，只有普容在其村庄等级制度中为凯巴扬找到了一席之地。更奇怪的是，我们被告知普容的凯巴扬是独自统治的，而不是像古老的巴厘村庄习惯的那样，两人一人一半。但最令人吃惊的是，我们被告知，要担任他的职位，凯巴扬必须通过举行古代梵文仪式——"国王灌顶仪式"阿比塞卡·拉图——来接受神圣的册封。这个想法似乎太离奇了，近乎荒谬。众所周知，阿比塞卡·拉图被认为曾在19世纪巴厘国王的册封时举行过；一位殖民学者仔细地记录了这样一个事件，他宣称巴厘版本的这种仪式是忠实于梵文原文精神（如果不是文字的话）的。但普容民主共和国的公民提议为一名乡村祭司举行这一仪式。他们还告诉我们，在 20 世纪曾有人为一位死于 20 世纪 60 年代的凯巴扬表演过一次。就我们所能收集到的最好的资料来看，并没有人目睹这种仪式，它在普容的目的是将凯巴扬化为一个神圣的统治者，但他的权力将仅限于宗教事务。他们告诉我们，即使在凯巴扬国王（Kebayan-king）就职之后，对村庄的日常管理仍将掌握在民主议会手中。①

【120】

我们曾经相信自己发现了苏巴克注定要遵循的道路，但这些发现让我们的信念难以维持。一个比我更优秀的马克思主义者可能仍然会选择相信普容世俗民主统治的最终胜利，并将其传播到该地区的其他地方。但当我们继续采访普容村民时，很明显，他们的政治热情并没有集中在他们的共和民主上，而是集中在他们希望通过他们的凯巴扬国王上台而达到的宏伟目标上。就村领导而言，废除种姓制度的最大好处是团结全村，支持这项计划。普容以奢华的乡村寺庙仪式而闻名。看来，废除种姓制度为公民节省下来的"仪式费用"，大部

---

① 后来我得知，英国民族学家利奥波德·豪（Leopold Howe）在 20 世纪 70 年代末的《田野世界》（*Fieldworld*）上写了一篇关于普容的博士论文，他的研究证实了我们所听到的。关于村里的地位，他写道："当我第一次来到普容时，我给自己的首要任务之一就是发现村子里所有不同的头衔。因此，当我笨拙地提出问题，收到了大量的否定答复时，我多少有些吃惊。我的大多数邻居都否认拥有头衔，有些人试图阻止我进一步询问。他们说，普容人不习惯承认这样的头衔，因为这会削弱村庄的和谐。他们说，普容的基础是地位平等……这种关于普容社会结构的观点在很大程度上得到了村里每个人的支持。"（p.392）豪还评论了潘德（Pande）等地位较高的团体对蒂尔莎圣水的共同使用："对于巴厘这样的地方来说，这是一个令人震惊的状况。一般来说，巴厘人不会在一个被认为地位明显低下的寺庙里祈祷，也不会接受圣水。事实上，我们可以说，在普容，没有人拒绝在任何寺庙里祈祷，无论是公共的还是私人的，或者在那里接受圣水，这是出于地位考虑的直接结果……寺庙成员资格的不相关在很大程度上是平等主义意识形态的功能……有人告诉我，如果凯巴扬试图提升自己的地位，就不会有任何事情阻止凯巴扬群体的成员自己拥有古斯蒂（gusti）的尊称和头衔。在这种气氛下，村庄的团结肯定会丧失，凯巴扬的权力也会受到损伤。因此，一些更精明的村民认为，凯巴扬不敢在操纵班贾尔（banjar）[如今有时被称为班贾尔·贝洛格（banjor belog），即'傻瓜班贾尔']方面走得太远，因为这样做会削弱他自己的权力基础。最后，在一贯占上风的平等主义原则和村里某些有权势的成员推动地位的可能性之间似乎存在着微妙的平衡冲突，这当然会破坏旧的共识。"（p.393）Leopold E. A. Howe, "Pujung: An Investigation into the Foundations of Balinese Culture", doctoral dissertation, University of Edinburgh, 1980.

分都花在了这些集体庆祝活动上。事实上，他们渴望一个神圣的统治者，一个凯巴扬国王的最强烈动机，显然是为他们提供一个最令人印象深刻的领袖来进行这样的仪式。因此，普容的民主并没有标志着从封建主义到世俗现代性的历史性转变，反而似乎是达到另一个目的的一种手段——一种旨在帮助社会追求更古老政治抱负的战略的一部分。

所以最后，调查问卷和录像并没有让我们清楚地解决苏巴克的管理问题。根据早期生态模型的结果，我们期望，在巴厘不再由国王统治的情况【121】下，能够发现一股强大的历史潮流，加强苏巴克的地区合作关系，削弱种姓竞争的逆流。相反，我们观察到的主要是螺旋状的旋涡，因为每个苏巴克的力量平衡首先朝一个方向流动，然后朝另一个方向流动。当我们试图弄清楚具体的案例时，我们常常发现自己面对的是一些明显不合理的因素：布莱朗神灵、宗教王权、神秘的种姓制度。巴厘民主似乎注定要与超自然现象再纠缠几代。如果是这样，也许已经到了我们可以解释的极限。

第五章

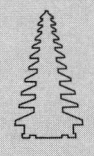

——

理性的符号

到目前为止，在我的模拟模型、录像带和调查问卷中，还未能捕捉到一 【122】
长串的杂乱元素，而普容的凯巴扬国王是其中最新的一个。女巫、巫师、布
莱朗精灵（Blerong spirits），以及水神庙里的所有仪式都没有引起我们的注
意。就这一点而言，抓叶蝉——或者捕捉流言蜚语，要容易得多。但是，虽
然科学家们通常不会对超自然生物感到困扰，但人类学家是个例外。当我的
同事们用他们的流量计和测量仪收集事实数据时，我独自一人的时候，常常
会恢复旧习惯，在摄像机关闭很久之后，还会问一些关于寺庙和女巫的问
题。起初，我并没有想到这些谈话可能会与我们的项目有关。相反，巴厘的
宗教似乎只是乡村生活不变背景的一部分。我们的研究目的是要看穿它，或
者超越它，去发现潜在的生态和社会过程。

当我的观点改变时，最初的原因与我们在巴厘的活动无关。在回到加州任
教一学年后，我的同事瓦莱里奥·瓦莱里碰巧要求审阅我的一份手稿。瓦莱里
是意大利哲学家出身的一位人类学家，他对印度尼西亚东部部落社会的研究深受
黑格尔哲学的影响。瓦莱里在他的最后一本书《禁忌的森林》中探讨了禁忌对
华乌卢（Huaulu）人的意义。华乌卢人只有 1000 人，居住在印度尼西亚最偏远
的角落之一。瓦莱里认为，从某种意义上说，华乌卢人试图遵循的数百种禁忌
被认为是不切实际和武断的。但另一方面，对他们来说，用禁忌来解释他们的
世界几乎是不理性的。毕竟，祖祖辈辈的华乌卢人一直在努力使他们的社会符
合其不寻常的逻辑。因此，禁忌深深植根于他们日常生活的方方面面。

【123】　经过深思熟虑，在我看来，同样的论点可能会更适用于巴厘人。巴厘宗教的核心是相信宇宙是连贯的，宇宙是由有限的元素组成的，包括颜色、字母、数字、声音和力量（也可以是情感的形式）。从这些元素的组合中，出现了物理宇宙（宏观宇宙，或布瓦纳·阿贡，bhuana agung）和自我的内部世界（微观宇宙，或布瓦纳·阿利特，bhuana alit）。[①] 它的潜在的前提是，简单的形式会以有序的模式产生更复杂的形式：结合白色和红色，你会得到粉色；两个完整的音调之间必须有一个半音。在这里，瓦莱里的论点似乎完全适用。当然，这些宇宙符号属于魔法领域，而不是科学领域。然而，在水山村落里，到处都可以看到它们：它们被刻在石头和木头上，建在房屋和寺庙里，塑造成丰富多彩的供品，甚至作为音乐主题由甘美兰乐团演奏。但是这些符号仅仅是漂亮的装饰品，适合节日、宗教节日和神圣文本中的插图吗？或者，就像华乌卢人和他们的禁忌一样，他们真的已经成为思维模式和社会生活的组成部分了吗？

　　这个问题特别与水山的管理有关，水山是巴厘宇宙学象征主义的焦点之一。根据巴厘人的信仰，一个人在世界上看到的秩序并不是自然或自发的。自然世界如果放任自流，就会被认为处于最混乱的状态，例如在无人居住的丛林或沿海地带。相比之下，水山被塑造成符合最严格的神圣几何学原则，它们是秩序的胜利。我还记得我第一次以这种方式看待他们的时候。在一个月光皎洁的夜晚，我带着一个苏巴克首领驾车下山。在我们下面，我们能看到的大部分水山最近都被灌水了，所以月光从梯田上反射了过来。"它们闪闪发光，"我的同伴说，"就像珠宝在周围黑暗的丛林里闪闪发光。"珠宝被尊崇为特别强大的宇宙符号；祭司和巫师努力使他们自己的内心世界达到珠

---

① 在许多印度尼西亚社会中也发现了类似的宇宙学分类系统；《从宇宙学到爪哇人的驱魔起源》中讨论了爪哇思想的相似之处。Stephen C. Headley, *From Cosmology to Exorcism in a Javanese Genesis*, New York: Oxford University Press, 2001, pp.193-199.

宝般的完美，因为自我控制是智慧和力量的基础。"水山可能也像珠宝"这一说法帮助我阐明了农民们进行的无穷无尽的仪式的深层含义。例如，水稻最初是在苗床上种植的，然后在灌水后用手移栽到梯田里。通常，秧苗被整齐地排成一排排插入泥土中，但有时农民根据规则，也考虑到农民自己的出生日期，会按照复杂的曼荼罗图案进行种植。根据殖民地学者的说法，在第二次世界大战之前，这种在曼荼罗模式下种植的做法是一种习俗（一些学者认为这是一种特别愚蠢的农业魔法）。但如果瓦莱里的观点是正确的，这些西方观察家就没有抓住要点。曼荼罗模式的灵感来源并不是简单地闭上眼睛然后许愿，而是一种更微妙的宇宙二元论。考虑到水山的功能，水在其复杂的渠道和平整的梯田中及时流动的模式，它的物理几何必须达到几乎宝石般的完美。一个普通的丛林山脊或山丘必须形成一个多面的，几乎是水晶状的形状，用易腐烂的土墙和简单的木门留住水。为了实现这一目标，水山和维持其人工形状的农民的愿望必须与更严格的模式保持一致，而不是放任自流。这一切都是工程问题，不是魔法。神奇的是，这两个实际上是一个问题——水山所需的力量已经存在于农民的内心世界。

【124】

正如瓦莱里所见，这些信仰最具有黑格尔主义色彩的地方在于，随着时间的推移，人类世界可以越来越接近一种理想化的秩序，就像一种集体的社会工程。在《历史哲学》一书中，黑格尔认为，一个社会的创造性成就——它的音乐、哲学、建筑、治理模式、数学——不可避免地建立在过去的成就之上。他称这些创造为"客观化的理性"：在世界上被赋予物质存在的思想。黑格尔认为，从一个时代到下一个时代，他们获得了更大的一致性，越来越接近终极真理。从这个意义上说，水山村的居民忠于黑格尔的愿景。他们把宇宙观的理性客观化为无数的象征形式，以至渗透到他们对世界的体验中。出生时，婴儿的灵魂将被赋予一个自我的有序的曼荼罗图案，死者身上覆盖着裹尸布，上面刻着略微修改过的宇宙符号。每周几次，妇女们用编织的棕榈叶、鲜花、硬币和大米重新创造这些图案作为供品贝班登（bebanten）。贝班登被放置在各处：在房屋和寺庙的入口处，在书堆旁边，在摩托车上，在每个十字路口，因此村庄经常被数百幅宇宙般圆满的彩色图像覆盖。从更深层次的意义上说，从给孩子起名，到烹饪、治疗的技巧，再到诗歌的创作，每一件事都应该符合曼荼罗的模式。读了瓦莱里之后，我再也不可能把这一切仅仅看作魔法。

【125】

　　事实上，瓦莱里对华乌卢的思考，为我们对14个帕莫斯苏巴克的调查中一个更令人惊讶的发现提供了解释。所有苏巴克都要求其成员在田里和水神庙里进行仪式。但投入这些宗教活动中的时间和财富却有很大的不同，结果发现，我们在研究中注意到的最大的支出是由在平均主义方面得分最高的苏巴克承担的。为什么最民主的农民要比专制的邻居花更多的时间向神供奉祭品呢？人类学家可能会采用的传统回答是简单的涂尔干功能主义：仪式有助于促进社会团结。但这种解释经不起推敲。涂尔干认为仪式是"集体沸腾"的场合，而水神庙的仪式通常是严肃的事情，精心准备的祭品展示往往带有一种几乎不加掩饰的竞争意味。

　　瓦莱里的分析提出了一种不同的方法，一种侧重于仪式的认知方面而非表演方面的方法，特别是关于实现和维持秩序可以成为集体社会事业的方法。这个观点与巴厘人自己对他们的仪式实践的解释相差不远。与华乌卢人一样，巴厘人也试图遵循一种道德准则，即通过将有系统的秩序原则强加于自己和世界，迫使自己抵制混乱。这个宗教计划显然与我们在这本书中探讨的问题有关。的确，有人可能会说——我打算在这里说——水神庙的仪式体现了对水山合作问题的深刻分析。此外，对这些仪式的大量关注本身就是一种强大的社会和历史力量。

　　因此，本章的主题是水神庙崇拜，从其自身的内在逻辑来看。前几章讨论了水神庙网络的实际生态作用问题，并对它们在古代巴厘岛王国的出现提供了解释。但为了完成这幅画，也有必要从内部体会它们的意义，作为产生【126】它们的认知过程的历史顶点。为此，本章将解释水神庙崇拜作为一种信仰体系，这种信仰体系与婆罗门教传统不同，以适应农民的需要。我把这些信仰放在黑格尔的语境下，是想传达一种观念，即寺庙及其仪式所表达的宇宙观是一致的。这也意味着，这些思想追求普遍性的地位——它们代表了一个历史进程的高潮，通过这个历史进程，社会发现了自己的意义。黑格尔认为他的社会制度也是如此。他描写了启蒙运动时期的科学家们发现他们的数学思想与他们对自然界的观察相符时的激动心情。我曾听巴厘祭司也表达过类似的兴奋，因为他们在思考他们的宇宙学原理如何很好地解释了微观和宏观的内部工作。(顺便说一句，这种特别的兴奋是他们非常渴望与好奇的人类学家分享的。)稍后我们将回到这一主题，将对水神庙分析的各种线索结合在一起。

　　严格的宇宙论二元论作为一种哲学原则有它的魅力，但它为日常生活的组织提供了一个相当具有挑战性的基础。举个例子，一年一度的农业仪式都要准备各种各样的祭品，这就给家庭带来了一系列繁重的义务，妇女们常常工作到深夜，有时精疲力竭，累得几乎要哭了，她们试图及时完成这些工作。然而，人们很少听到抱怨；大多数农场家庭只是把这些任务视为理所当然。但是他们的祖先是怎么产生这些信仰的，他们为什么选择采纳这些信仰呢？为什么人们认为有必要把世界和自己塑造成如此严格的模式？

第一个问题的答案似乎显而易见，但事实上，自古以来，农民就被禁止阅读宗教文本，而宗教文本是这些宇宙论思想的最终来源。事实上，大多数巴厘语的这类文本都包含明确的警告：aji wera，"不要传播"（其隐含的意思是"除非对适当的种姓的人，他们的学习由婆罗门监督"）。如果农民无视这一警告，继续阅读，法论（Dharmasastras）上，他们就会明白，作为首陀罗种姓的成员，他们的职责只是为更高的种姓服务。限制高种姓人士查阅宗教文本的原因与宗教教育的基本目的有关。巴厘的宗教文献来源于三个古老的印度式来源：湿婆悉檀多和数论派印度教以及金刚乘佛教（Vajrayana Buddhism）。一个重要的主题"业"，也就是因果报应，即一个人在生命中的地位是由他在前世的灵魂修行决定的。从这一信仰中可以看出单髻女（ekajati）和双髻女（dwijati）之间的关键区别：前者出生一次，后者二次出生；前者是低种姓，后者是高种姓。杜尔迦（Durga）女神根据他们的业力来决定哪些灵魂将会重生。根据我的经验，这种信念在当代巴厘村民中很普遍。例如，当一个孩子死了，家庭可能会得到安慰，因为"善良的人死得很年轻"，"他们要弥补的罪更少"。在任何情况下，根据经文（和他们的婆罗门守护者），只有二次出生的人才有资格接受宗教教育。未来的学生在开始学习由婆罗门教指导的课程之前，必须经过宗教净化。① 宗教研究的目的是引导个人沿着英勇的精神进步的道路前进，因为对自我的掌握会带来超越普通人的知识和力量。这样的知识对于统治者和他们的祭司顾问来说是至关重要的，因为他们个人的精神力量是一个法论（Dharmasastric）王国的终极基础。但是，"一次出生"农民的法（dharma）只要求他们支持和服从他们的统治者；作为回报，他们可以在一个和平繁荣的社会中享受生活的便利。

---

① 这一限制受到以帕塞克·萨纳克·皮图（Pasek Sanak-Pitu）为首的宗教改革者的挑战，这是一个促进帕塞克后裔团体的政治—宗教组织。随着宗教文本的出版和销售，强制执行也变得更加困难。

因此，水神庙崇拜的出现多少有些令人费解，它在巴厘人可用的核心宗教文本中没有任何基础或先例。但也许这并不重要，因为在任何情况下，农民都被禁止阅读。与种姓制度本身有关的还有一个更令人惊讶的问题。禁止农民阅读的宗教文献的印度作者想当然地认为，社会是按照种姓组织的：基于与其他种姓交换商品和服务的世袭职业的内婚性社会群体。但正如我们所看到的，这种假设并不适用于古代巴厘。早期的巴厘统治者，其权威最终取决于他们"重生"为贵族的地位，因此不得不维持一个历史虚构——假装他们的社会是由种姓原则组织起来的，就像 11 世纪的一段铭文："包括导师（Nanyaka）、婆罗门（Brahmana）、刹帝利（Ksatriya）、吠舍（Wesya）、首陀罗、奴隶主、男女老少、已婚的禁欲者……"[1]但是，当铭文提到村庄里的实际社会群体，或发布有关税收或规章制度的指示时，却没有提到具体的首陀罗种姓。皮古（Pigeaud）总结道，种姓在同时代的古爪哇王国中也不存在："尽管在古爪哇文学中很有名，但印度的四个种姓制度在现实生活中似乎没有效力。"[2]在古代巴厘王国，似乎只有重生的人和铁匠被组织成类似【128】南亚的种姓。但是，对于这两位重生的统治者来说，普遍种姓制度的虚构仍然是不可或缺的，而且经常被引用，正如 19 世纪巴厘国王所写的这段话："人类被分为四类；第一种是婆罗门，第二种是刹帝利，第三种是吠舍，这些被称为三大种姓（tri wangsa），另一个术语是再生族（twiceborn），第四种是首陀罗，原生阶层的差别是不可改变的，他们被称为四种瓦尔纳。"

在后来的巴厘岛王国，有关种姓的法律和规章几乎完全局限于保护重生的地位，例如，建议对发生性关系的"重生"的妇女和"原生"的男子判处

---

[1] Prasasti 410 Serai AII, era of Anak Wungcu（eleventh century）, No. 302 in Roelf Goris, *Inscripties voor Anak Wungçu, Prasati Bali I-II*, Bandung: C. V. Masa Baru, 1954. VLLb.1-2 irikanang rrgep buru sanayaka, bramana, ksatriya wesya, sudra, hadyan hulun ma muda, lakilaki wadwan...

[2] Theodor G. th. Pigeaud, Java in the Fourteenth Century: A Study in Cultural History, Vol.4, The Hague: Martinus Nijhoff, 1962, p.259.

死刑。① 但是，只要村民们对统治者和祭司给予应有的尊重，他们就享有一定的自治自由，大多数不从事水稻农业生产的村庄明确拒绝种姓作为其内部组织的原则。然而，从统治阶级的角度来看，所有的农民都被归类为首陀罗，因此被禁止研究婆罗门的文献。这些文本通常是有意写成的，使其难以阅读，以确保只有在知识渊博的导师的指导下才能理解。总之，很明显，自古以来，允许农民窥探婆罗门教的形而上学学说，特别是那些与种姓原则有关的教义，就被认为不符合国家的利益。

但这项禁令并不是很成功。我认为，水神庙的仪式深深汲取了作为婆罗门宗教教育基础的形而上学思想。但是，尽管鼓励重生的人学习经文，以便把自己从负面情绪中解放出来，成为统治者，水神庙崇拜却很少与经文有直接的联系，而是追求不同的目的。其目的是通过强调普遍和类型化的而不是单一地唤醒集体而不是个人的力量。

但在试图澄清这些分歧之前，需要先提出两点初步意见。第一个是解决农民如何获得印度教形而上学知识的问题。我认为答案是可以在古代的铭文中找到的，这些铭文表明，从最早的王国时期起，村民们就与神职人员有密切的联系。第二个是，我认为水神庙的仪式和习俗构成了一个独特的祭礼，它不同于婆罗门文献的传统，这种解释在巴厘肯定会引起争议。我和巴厘的婆罗门讨论过这个问题，大多数人倾向于认为寺庙仪式与他们自己的宗教实践有着内在的联系。然而，另一些人同意，这些公共仪式表演的目的与作为他们自己宗教实践基础的内心之旅有着根本的不同。显然，公共仪式表演与独自阅读和冥想有着不同的目的，两者都与发现普遍真理有关。但问题是，水神庙的普遍真理与贵族宗教的真理是一样的，还是不同的？我的主张是，他们没有太多的重叠，在某种程度上是矛盾的，但应该指出的是，有见识的

---

① 参见 F. A. Liefrinck, *Landsverordeningen van inlandsche vorsten op Bali*,'s-Gravenhage: Martinus Nijhoff, 1917, pp.319–323。

巴厘人不同意我的看法。①

~~~~~

宇宙二元论在印度尼西亚比印度教更古老。它继续弥漫在巴厘东部岛屿的部落宗教中，在那里，神话和仪式将宇宙划分为成对的对比：太阳和月亮、男性和女性、年长者和年轻者、妻子给予者和妻子接受者。在早期巴厘王国的铭文和艺术中也有类似的想法。当印度宗教来到巴厘岛时，他们并没有反驳这个世界观，而是通过增加主观维度来丰富它。这种二元论形式的哲学基础是以三个相关的术语来表达的，这些术语是湿婆悉檀多和数论派印度教的核心概念之一。第一个术语是"布塔"（bhuta）。在梵语和古爪哇语中，"布塔"（bhūta）有多种含义，但相关的包括：存在或实有的东西，任何生命体（神、人、动物，甚至植物）；世界，五大元素之一（共计五种，即以太、气、火、水、地）。第二个术语"摩诃布塔"（mahabhuta，梵语 Mahābhūta，意为伟大或至高无上的布塔），特指这五种不可化约的元素，这些元素还与五种感官、基本方向（第五个方向是中心）、音乐音调、原色以及基本情感相关。更复杂的元素是由"摩诃布塔"的重新组合形成的。因此，"布塔"的概念不仅包括物质元素，还包括构成内心体验或心智领域的主观属性。在湿婆悉檀多传统中，"布塔"的这种主观面向被称为"布塔·坦玛特拉"（bhuta tanmatra，梵语 bhūta tanmātra）：

---

① 让-弗朗索瓦·格尔蒙普雷兹中提出了另一种可能性。"La religion balinaise dans le miroir de 'hindouisme'"，*Bulletin de L'Ecole Française D'Extreme-orient,* Vol.88, 2001, pp.271-293. 在这里，格尔蒙普雷兹认为巴厘宗教与南亚的印度教有多方面的不同。我不想在这里总结这些不同之处。相反，我认为，几个世纪以来，我所称的巴厘村庄的"寺庙崇拜"逐渐重塑了婆罗门神职人员的角色，使印度教赋予人性的诸神自然化（正如格尔蒙普雷兹所观察到的那样）。但是，尽管巴厘婆罗门祭司（pedanda）为自己找到了一个新的角色，作为乡村仪式的蒂尔莎和圣礼者的来源，他们中的一些人也保留了一个传统的角色，部分是基于他们对书面文本的知识，作为对王权崇拜的司仪和巴厘统治者的顾问（purohita）。

这些恶劣的元素不是在外部世界中发现的可感知的物质，而是位于身体各部分，如眼睛、耳朵等的能力，使它们能够感知外部物体（就像透镜一样）。微妙的元素（坦玛特拉，tanmatra）将被视为布塔捕捉外部物体的能力，提取它们的特殊特征（声音、感觉、形状等）转化为思想……然后从这五种被命名为布塔的元素中衍生出从植物开始构成的所有有机生命体。①

布塔、摩诃布塔和布塔坦玛特拉的概念定义了一个二元宇宙，在外部宇宙的组成元素和主观经验的内在世界之间建立了完美的对应关系。这种哲学观点在古老的巴厘铭文中被清楚地表达出来，例如，巴厘国王阿纳克·文古在 12 世纪的一篇文章的结语中说："所有由布塔组成的生命都见证了这一切，无论远近，无论白天黑夜。"② 虽然所有的生命都是由布塔组成的，但只有人类和神有能力将它们组织成复杂有序的形式；布塔的自然倾向是将生命分解成原始的和不受约束的组合，如杂草丛生的风景，糟糕的音乐，或原始欲望占主导地位的思想。理解和掌握布塔的内在对于任何有建设性的人类目的都是必要的——从音乐或诗歌的创作到王国的治理，而这些任务总是需要一个内在的旅程以及在世界上的行动。这个教训经常在形而上学的文本中被阐述，但它也在神话和仪式中得到了更引人入胜的表达。

其中一个神话，将在下文叙述，讲述了"布塔卡拉（bhutakala），受时间支配的布塔的诞生故事"。据我所知，布塔卡拉这个概念是巴厘人的发明，

---

① H. W. Schoterman, *Saiva Siddhanta: An Indian School of Mystical Thought*, New Delhi: Motilal Banarsidass, 2000（orig. 1912）, p.126.
② 441 Sawan VIIb 5, Icaka 995, transcribed and translated in I Wayan Ardika and Ni Luh Sutjiati Beratha, *Perajin pada masa Bali Kuno Abad IX-XI*. Denpasar: Fakultas Sastra, Universitas Udayana, 1998, pp.361–362. Kita masuking sarbwamsarira, sakala saksibhuta tumon angadoh lawang apar rahina wngi.

在梵文传统中并不存在，梵语中的布塔卡拉意思是过去的时间或先前的过去时态（preterit）。但是，布塔与时间的联系确实与印度教关于世界四大时代的观念有关，这标志着从第一个时代的神性完美逐渐下降到最后一个时代的混乱。我们所认为的现代是位于最后一个时代的末尾，以毁灭女神迦梨（Kali）的名字命名，巴厘人认为她是杜尔迦。在这期间，理智失去了对布塔的支配地位。根据我的婆罗门报道人的消息，我们这个时代的布塔卡拉，那些受时间制约的人，明显地表现为处在烦恼和疾病中——比如每年发生的霍乱和天花。但它们也存在于构成每一个新生人类短暂的内心世界的五种元素或摩诃布塔中，并在每一代出现的女巫和巫师中占据优势。在这个世界的最后时代，保持对布塔卡拉的某种程度的控制成为人类生存的中心问题。婆罗门教的传统提供了一种解决方法，即通过学习来提高学生的理解和意识能力。在水神庙的仪式中采取了一种不同的方法，它将布塔卡拉的问题描述为人格化的精神、自然力量和必须被重新平衡和协调的内在欲望的混合体，而不是被压抑的欲望或邪恶。虽然我们在这里主要关注的是农民和他们的水神庙，但有必要了解布塔卡拉的婆罗门教理论，以便为农民的信仰建立一个背景。为什么农民会觉得有必要组织这样一个精巧的形而上学的概念来庆祝诸如收获、控制水稻害虫或他们的孩子出生这样的平凡事件？部分答案无疑在于这些思想的哲学深度。但通过与皇室宗教仪式的联系，它们也为乡村事务增添了一种诱人的庄严气氛。因此，在水神庙的仪式中，田里老鼠太多的问题成为世界最后一个时代精神腐败的象征，是一个值得婆罗门和君主们关注的问题。

　　贵族的婆罗门传统，连同它的许多文本和论著，以及大部分未经书写的水神庙传统，为社会存在的问题提供了截然不同的解决方法，因为它出现在这些形而上学思想的背景中。20世纪头十年，荷兰人征服巴东（Badoeng）王国时所作的两首诗为贵族式的表达提供了一个有趣的例子。这个故事已经有了宏伟的元素,即最后几位国王与荷兰殖民帝国之间注定失败的斗争,被形而上学地描述为迦梨时代凡人统治者面临的伦理困境。关键的问题不仅是王国的命运,而且是英雄们在与外部世界的布塔卡拉斗争时被迫承担的风险。

【132】

其中第一首诗是1905年巴厘南部巴东王国的国王所作。标题为《普瓦·圣加拉》(*Purwa Senghara*),不容易翻译成英语;普瓦(Purwa)的意思是起源或开始,而圣加拉(Senghara)的意思是混乱或混沌,传统上与迦梨时代有关。这首诗探讨了当布塔变得无法控制时,统治者应该如何表现的问题,在这个世界的最后时代,这必然会越来越频繁地发生。到1905年,巴厘的国王们清楚地意识到,荷兰殖民帝国已经把目光投向了征服他们的岛屿。在荷兰人连续三次入侵后,北方王国完全沦陷。如果荷兰人选择入侵南方,他们压倒性的技术优势必将导致巴厘国王的失败。那么,如何为这场冲突做好准备呢?《普瓦·圣加拉》以一个英雄的痛苦故事开始,因为他看到一个伟大的王国即将被毁灭性的布塔卡拉占领,布塔卡拉化身为愤怒的恶魔:

> 阿周那(Arjuna)大人又问智者巴迦万·阿比亚萨达拉氏提(Dwarawati)王国怎么可能灭亡呢?
> 因为这片土地由克里什那(Krishna)公正统治
> 毗湿奴亲自守护着这片土地。①

智者阿巴萨(Abhasa)解释说,世上没有任何东西能逃脱生命和死亡的无尽循环:

---

① 《格古里坦·普瓦·圣加拉》(第17节),原始手稿存放于巴厘乌达亚那大学文学院图书馆(这是笔者的翻译)。

第五章 理性的符号

> 你不必再提及毗湿奴的神圣力量
>
> 他们爱护王国,永无止境地带来繁荣的力量,生与死统治着世界,即使是神也无法逃脱。①

智者解释说,在这个世界循环的最后阶段,暴力的布塔,只不过是原始欲望的体现,必须变得越来越强大,直到他们最终胜利。这就成了这首诗的主题。达拉瓦提王国被成千上万的恶魔摧毁,悲伤的阿周那来到森林冥想。与此同时,毁灭咆哮者卢陀罗恶魔化身维格诺索瓦(Wignotsawa)攻击了那些选择不抵抗的神圣女神的天界。众神试图拯救女神们,但被维格诺索瓦的【133】恶魔军队征服了。在地球上,佛陀转世为这个时代最伟大的国王,苏塔索玛(Sutasoma),他寻求通过他的榜样唤醒恶魔的更高本性。当鲁德拉再次以一个巨大的食肉恶魔的身躯重新出现时,苏塔索玛勇敢地将自己的身体作为恶魔的食物。但他的牺牲还不足以阻止王国的解体,这首诗以一场最终的、灾难性的战争的预兆而告终。

写这首诗的巴厘国王从他对迦梨时代有道德的统治者的斗争的调查中得到了几个教训。最重要的是,要避免一个人的灵魂因为在世界上逗留太久而受到毒害:

> 因为世界已经进入了最后的时代,最好的人都不会在里面待太久。
>
> 他们的任务完成了,他们迅速离开这个世界,前往天上。
>
> 他们害怕被迦梨时代的毒药腐蚀。②

---

① Jati tuhu paragan Sang Hyang Wisnu, tan nyandang parnayang wireh pakumpulan lewih, Sang Hyang Wisnu, prasida sarining jagat. Ne tetelu utpeti, stiti, puniki, tekaning pralina, kawisesa makasami, twara nyandang, cening rahat manyakitang. Purwa Senghara, Pupuh Ⅷ, verse 19.

② Geguritan Purwa Senghara, Pupuh XXXIII, verses 46-47, 原始手稿收藏于巴厘岛乌达亚纳大学文学院(Fakultas Sastra)图书馆。

迦梨或杜尔迦是毁灭之神湿婆（Siwa）的恶魔女性形象，她是与楼陀罗相对应的女性。在巴厘人的思想中，她有时化身为女巫皇后兰达（Rangda）。她也是布塔卡拉的母亲，在这个时代，布塔卡拉有一种毁灭性和非理性的力量，如瘟疫和恶魔。在这首诗的其他地方，国王解释说，与她的恶魔军队战斗而不失去自己的美德是不可能的：不仅因为恶魔太多，而且因为她们以可怕的方式攻击，不遵守战争的规则。她们是不能被打败的，与她们战斗就是冒着被迦梨时代的毒药污染的危险。那么，一个人的灵魂最好能迅速回到天堂，等待下一个时代的到来。

尽管《普瓦·圣加拉》中所描写的王国属于史诗的神话历史，但作者明白他自己也将面临类似的困境。在他完成这首诗后不到一年，一队荷兰军舰出现在他的海岸。他未能幸存下来书写自己王国的毁灭历史，但一位目睹了战争的婆罗门祭司在一首名为《世界的终结》（Bhuwana Winasa）的诗中讲述了他如何走向灭亡的故事。"Bhuana"是宇宙的术语：布阿纳·阿里（Bhuana ali）指的是微观世界，而布阿纳·阿贡（Bhuana agung）指的是宏观世界。在这里，布阿纳指的是巴东王国，即巴厘世界，而维纳萨（Winasa）指的是破坏或毁灭。这首诗向我们介绍了真正的巴东国王，他准备迎接荷兰的入侵：

【134】一位来自爪哇岛政府的使节来了，他被称为"大图安"（Great Tuan）*，是一个狡猾的人，随行还有四个聪明的人，到了王宫，所有的人都坐在国王面前的椅子上。

大图安慢吞吞地说："我的国王大人，你会赔偿沉船造成的货物损失吗？"国王回答说："我为什么要这样呢？我没有带走这些东西，我海边的人民也没有。简言之，我不会这样做的，因为这违反了我们的权利。"

外国人回答说:"我们的朋友,这个回答使我感到悲哀,也许我们的主人不理解,这是巴达维亚(Batavia)**的统治者直接的命令。"

(*图安＝师尊;**巴达维亚＝荷兰帝国首都)

"大图安"埃施巴赫(J. Eschbach)立即离开,但向国王发出最后通牒,要求他在两周内支付必要的赔偿,否则将面临海上封锁。王与谋士和他西边的邻居塔巴南国王相会。这首诗接着说:

巴东王说,我的首领们,我的塔巴南国王大人,尽管灾难即将来临,我仍然非常欣慰,在您的面前,当我面对《尼提萨斯特拉》(道德教诲)预言中的任何内容即将到来之时,都感受到了纯粹的情感……
作为人类,我们无法逃避命运,
对于所有生灵来说,生命带来了快乐和悲伤。

(*Nitisastra= 经典教义)

后来,国王对他的大臣们说:"各位同胞和谋士,既然我们一定会被征服,你们有什么主意?根据我的信仰,按照我们的哲学来选择善行,我们必须确定我们死亡的时刻。因此,我选择寻求涅槃。大臣们一致同意,说:"我们不要小心谨慎,我们的愿望是在战斗中灭亡,因为你的话就是真理,我们将勇敢面对死亡。"当入侵开始时,国王急忙为几个亲族举行葬礼,履行他在人间的职责。与此同时,荷兰军队向前推进,遇到了一小队拿着长矛、剑和一些古董枪的巴厘士兵。

夜幕降临,士兵们回到了他们的住处。

【135】

王一回銮,就寻找大祭司。"唵,唵。你的人请求我的祭司大人宽恕，告诉我，什么是最高的命运……"

"国王陛下，您应该追求苏尼娅·梅塔（sunia mreta）*"

"通过思念神灵来净化你的思想"，

"神灵将会显现，善行将会阻止疯狂"，

"努力寻找清明，专注于你的存在"。

王回答说："好的，祭司大人，这是你的仆人真正想要的。"

（*sunia mreta = 死亡的空虚，完美的平静）

在最后一战的那天，国王下令摧毁宫殿，炮弹落在他的周围。前仆后继的英雄在与荷兰人的战斗中被杀，一个老妇人呼唤儿子用剑结束她的生命。当她死去时，眼泪滑落；宫殿的大门打开了，整个王室的成员走出来迎接荷兰人，那些"重生"的贵妇们戴着珠宝花枝招展。国王在被来福枪击倒之前，显得很平静，摆出了思玛迪（semadi）冥想的姿势。宫廷贵妇们（据荷兰记者报道）穿着白色的火葬服，

像白蚁一样前进，

但敌人的枪弹却如烈火般袭来。

他们前进又倒下，尸体堆积成山，血海无边。

随着国王及其3600名追随者的死亡，"世界被鲜血洗涤了"。回首往事，诗人发现有迹象预示着末日的到来：

现在王国已经被击败，命中注定地，

有一个迹象表明，苏亚拉吉里寺（Suaragiri）被雨水淹没了。

神殿倒塌了，乌鲁瓦图寺（Uluwatu）的众神被雷电摧毁了。

佩米楚坦（Pemetjutan）王国的议事厅，被狂风撕裂。

塔巴南美丽的巴林根（beringan）烟草树被蛛网包裹着，变成了白色，这是巨大危险的征兆。

这两首诗表现了巴厘婆罗门从形而上学文本中塑造出来的贵族崇拜的英雄精神。在《普瓦·圣加拉》中，统治者的任务是控制威胁他们王国的布塔卡拉。这是一场注定要失败的斗争，即使是佛陀，作为苏塔索玛国王，也无法唤醒布塔的更高本性，因此无法阻止他们无意识毁灭。婆罗门关于真正的巴东国王之死的故事中也弥漫着一种类似的精神气质：荷兰人被描绘成世界末世布塔卡拉的化身。由于军事胜利已无可能，国王选择通过树立超人勇气的榜样来迎接这一挑战，以神一般的平静面对死亡。他后来被塔巴南和克隆孔国王作为榜样仿效。

【136】

巴厘的农民从他们形而上学的研究中吸取了不同的教训；他们的敌人不是恶魔军队或殖民地士兵，而是不断的小争吵、疾病和粮食歉收。然而，村民们面临的问题与他们以前的国王们并非完全不同。在这两种情况下，灾难都被认为是布塔解体的后果。在荷兰人看来，巴东国王的死似乎是一种反抗行为，但从他的著作中可以清楚地看出，他的行为是模仿苏塔索玛（Sutasoma）的牺牲。他的目标是通过拒绝向愤怒或恐惧屈服来体现对自己内心布塔的完美控制。

布塔重组理论的核心在于一种"涌现"（emergence）的概念，即更高存在形式的实现。在贵族崇拜的背景下，这是通过强化精神力量来实现的，直到他们达到超乎常人的境界。农民面临挑战不需要英雄主义，但他们的复杂性导致了一种更微妙的反应，这种反应可以说体现了更深层次的心理深度。村庄生活中反复出现的问题——嫉妒的亲戚、愤怒的邻居、专横的领导、懒惰的伙伴，甚至还有叶蝉灾害的暴发——所有这些都威胁着理想的秩序。所有这些痛苦都不可能完全消除，所以问题是要把它们控制在适当的范围内。（就像农民们所说，杀死 100 只老鼠，杜尔迦可能会派出 1 万只老鼠来代替它们。）管理自己是每个人和每个家庭的任务，但当管理失败，问题超过自家房屋范围内，处理它们就成了社区的事了。布塔的概念在两方面与这一提法相关。首先，它强调需要持续关注布塔的管理。愤怒、悲伤和嫉妒等危险的激情存在于每个人的主观现实中，在混乱的迦梨时代，它们永远不会被完全消除，我们的目标是遏制它们。第二个不那么明显的观点来自这样一个假设：每个人的内心世界或主观现实都是由同一个元素、同一个布塔构成的。一位婆罗门解释说，每时每刻，西风都不同，但它始终是一样的，给人的感觉也是一样的。未经训练的心智认为自己和感觉是独特的，但可以学会识别潜在的模式。宗教教育的目的是提供工具来实现这种自我认识，从而获得对布塔的控制。婆罗门教的传统鼓励重生通过超人的自我控制努力争取对布塔的控制。但是水神庙的仪式提供了一个不同的教训。在这里，通过强调构成主观现实的布塔的普遍性，超越了个人的局限。如果一个人能够通过学习认识自己的普遍性而掌握自己的"普世之心"（universality），那么集体也就能够达到类似的认识，并在理解自身的过程中获得某种程度的控制。

【137】

　　从水神庙祭祀仪式中提取的隐喻可能有助于澄清这一点。在一个正常运转的苏巴克中，当苏巴克的水进入农田时，每个农民都会得到他个人的那份水。上游的干渠或泉水是苏巴克的源头，那里总有一个小神殿。把一个杯子放在这个神殿旁边的水里，大家的水就会混合在一起，因为水流还没有被细分。哪滴是你的，哪滴是我的？这样一杯水，在神殿里被神圣化，象征着苏巴克是一个社会存在，一种有潜力掌握超越个人掌握的布塔的实体，即使这些个人不是英雄或君主，而是普通人。现在的问题是如何增强这种意识，才能使苏巴克能够应付超越其个人成员控制能力的布塔。

正如我们将看到的那样，农民们接受布塔的形而上学作为一个吸引人的宏大框架，在这个框架中，他们将自己和邻居的情感状态置于观察之中。但是婆罗门教的文本传统并没有提供对特定心理状态的丰富洞察，它强调的是培养超越情感的能力。苏巴克面临的挑战是，针对威胁他们福祉的真正冲突建立共同且微妙的理解，即潜在的刻板模式。在这种情况下，人们才开始意识到水神庙对于苏巴克的重要性。如果要根据这些宗教教义将问题和冲突视为布塔卡拉的典型表现，且如果目标是动员集体力量获得控制权，就需要一个公共场所来培养这种意识。仅仅在传统仪式中祈求神的祝福是没有用的。另外，一个讲得很好的带点戏剧效果的故事，可以是一个理想的载体，传达人类困境刻板本质中的基本信息。因为这个原因，农民们热衷于用神话来解释人类的思维活动，可以说是相当荣格（Jungian）学派的。一个有趣的例子是一个著名的神话，讲述了布塔卡拉的诞生故事。这个故事为巫术和巫术的起源提供了一个解释，正如我们所看到的，作为对冲突的解释，巫术在苏巴克事务中占有重要地位。这个版本的神话来自《安达布瓦纳》（*Andabhuana*）的棕榈叶手稿：【138】

> 湿婆希望考验他的妻子乌玛女神的忠诚。他假装生病，让乌玛给他从一头纯白的奶牛身上挤牛奶来。乌玛来到人间寻找，直到她找到了唯一完美的动物，属于一位年老的牛倌。乌玛没有意识到牛倌实际上是她丈夫乔装打扮的。乌玛向牛倌要牛奶，并表示愿意付出任何代价，但伪装的湿婆回答说，如果她愿意与他发生性关系，就会给她牛奶。她极不情愿地同意了。随后，湿婆回到他神圣的湿婆天界（Siwaloka）王国，让他的儿子加纳（象头神）问他的母亲，她是如何获得牛奶的。加纳诱使乌玛否认她曾与牛倌发生过性关系，然后诵读《时间之书》（*The*

Wariga Tenung，这本书准确地记录了过去、现在和未来）来证明乌玛的母亲撒了谎。乌玛怒不可遏，骂了儿子一顿，把书扔进了火里。加纳拯救了这本书，但有些书页被烧毁了，部分仍然可读，这就是为什么即使是众神也无法准确地知道过去和未来。西瓦告诉乌玛，她的谎言和对儿子的愤怒使她不适合留在湿婆天界，并将她放逐到人间，在那里她将变成可怕的毁灭女神杜尔迦的样子。在那里，她在普拉·达勒姆（Pura Dalem，村庄的"死亡之庙"，the village "Temple of Death"）的墓地旁就座，在那里，她被赋予了决定所有生物寿命的权力。作为杜尔迦，她给了所有的布塔卡拉以生命：自我内在世界的布塔卡拉，包括巴那斯帕蒂、安加帕蒂、普拉贾帕蒂和巴那斯帕蒂拉贾（Banaspati, Anggapati, Prajapati, and Banaspatiraja）。同样地，外部世界的布塔卡拉也遵循着季节的变化——所有的疾病、瘟疫、女巫和恶魔。但湿婆并不希望永远与女神分离。他答应在新月的第九日晚上，在公墓里，以鲁德拉（Rudra）的魔鬼形象与她重逢。

女神仍然渴望与她的丈夫团聚，不是以杜尔迦，而是以乌玛的身份。第二个神话解释了她是如何实现了这一愿望。作为杜尔迦，女神给昆蒂（Dewi Kunti）——般度五子（史诗《摩诃婆罗多》中的英雄）中三兄弟的母亲——带来了疾病，她是三个般度族（Pandawas）三兄弟（史诗《摩诃婆罗多》中的英雄）的母亲。昆蒂女神的双胞胎继子萨德瓦（Sadewa）和萨哈马拉（Sahamara）同意代替她去死，以满足杜尔迦。看到这一幕，湿婆化身双胞胎显现，杜尔迦认出他是自己的丈夫。她放下了所有的愤怒，并因此重新变成了乌玛，从人类世界回到了湿婆的天界。

正如这些神话所显示的，将乌玛转化为杜尔迦的过程是可逆的。当她放下愤怒时，女神就不再是杜尔迦了。这个故事为巴厘村落中普遍接受的巫术现象提供了解释。那些想要探索巫术诱惑的人必须请求杜尔迦的帮助，秘密接近她在死亡神殿的神龛。因为任何被发现使用巫术的人都有被杀的危险，所以拜访这座寺庙最安全的方法是在晚上将灵魂送到那里，而此时身体看起来是在家里安睡的。人通过模仿和培养自身的杜尔迦特质，人们可以获得杜尔迦的力量。人们认为这位可怕的女神同情受到虐待的妻子。候选女巫们学会了在秘密和匿名的情况下攻击敌人，她们化身为可以导致疾病或死亡的危险的布塔卡拉（图5-1）。这些信念在现实中有着非常实际的影响。当无法解释的疾病或不幸降临到一个家庭时，人们通常会咨询叫巴利安·克他克森

图5-1 女巫和布塔卡拉的图像。经克里斯蒂安·霍伊卡斯（Christiaan Hooykas）允许重印，《巴厘巫术图》，荷兰布里尔出版社1980年版

（balian ketakson）的通灵师或巫师来确定痛苦的原因。最常见的诊断要么是祖先因被忽视而发怒，要么是女巫的蓄意攻击。第一个问题可以通过严格遵守每年为逝者举行的仪式来避免，第二个问题则需要定期在房子的入口处放置祭品。这些祭品被认为是抵御外界巫术攻击的有效保护。在这种情况下，如果家庭成员确认这些防御性供品没有被忽视，那么巫术的嫌疑就落在"内部人"身上，也就是那些被怀疑对受害者怀有嫉妒或怨恨的家庭成员身上。这种信念是许多家庭心理紧张的根源。乌玛对儿子和丈夫的愤怒被认为是理所应当的，那些发现自己处于弱势地位的女性，或者那些受到虐待的女性，被认为容易受到自身杜尔迦特质的诱惑。

对付这些诱惑的理想办法当然是掌控它们。但是，由于不是每个人都会成功，当一个自治的社区必须对控制或压制来自不幸福家庭的布塔卡拉感兴趣时，问题就出现了。如果我们愿意的话，我们可以研究苏巴克如何用布塔卡拉意象来描绘其问题的其他表现。但是乌玛愤怒的故事很好地说明了苏巴克在理解和治理自身时所面临的心理复杂性与《普瓦·圣加拉》一书的作者一样，农民们也有兴趣发现导致布塔卡拉产生的条件，并探索应对这些情况的有效策略。

从各方面看，农业家庭冲突的典型原因是继承问题。人们普遍认为，权力的交接充满了焦虑。在中国的稻作村庄中，农田在所有男性继承人之间严格平等分配，但在巴厘却不存在这样的明确性。虽然只有男性继承，但在管理兄弟份额的规则上存在很大差异。每个人都承认存在名义上的规则，但是具体哪一种规则被视为具有约束力，在每个村庄甚至每个家庭之间都不同。有时大儿子受宠爱，有时小儿子受宠爱；最近经常努力进行平等划分，但在任何情况下，分配遗产的首要利益是确保在他死后或丧失行为能力后，家庭祖先神龛的仪式能够延续。这个祖先神龛（sanggah）或家庙（mrajan）是家庭与直系祖先之间的积极联系，直系祖先是家庭与众神领域之间的中介。

打破这种联系将招致灾难。如果家庭祖先神龛的仪式周期未能持续下去，这个家族就有可能立即遭到自己祖先的报复。此外，个人轮回的循环将被打破，因为在他们自己死后，父母将缺乏后代。家主有兴趣确保圣地的仪式周期不间断地继续下去，这有助于解释继承问题的模糊性。从一个上了年纪的族长的角度来看，将房产和土地赠予男性继承人是达到目的的一种手段：通过其祖先的血统（purusa，普鲁沙，一个对阴茎的礼貌称呼）来确保自己的延续。如果这个目标实现了，他和他的妻子就可以高枕无忧了，他们的职责也就完成了，他们的未来也就有了保障。但如果他有不止一个儿子，或者没有儿子，那么冲突的可能性会增加。稻田是稀缺和昂贵的，直到最近，当新的就业机会出现之前，一个人继承的土地数量是农民收入的主要决定因素。

这些观念给成家的年轻女性带来了巨大的社会心理负担。在结婚仪式中，新娘与父亲的家庭祖先神龛断绝关系，这样她可以通过丈夫的祖先神龛成为其普鲁沙神殿（purusa shrine）转世的工具。从她结婚的那天起，她就承担起在这个神殿里举行仪式的责任，而她丈夫的家庭的持续幸福就依赖于这个神殿。她必须成为所谓的"白魔法"的有效且可靠的执行者，即在家庭神龛和代表家庭的寺庙仪式中进行的仪式循环。在一些村庄里，所有苏巴克成员的妻子都要举行一年一度的仪式，带来一种叫"蒂帕特"（tipat）的祭品，这种祭品是由在编织的棕榈罐里煮熟的自家种植的大米制成。每个妇女提交一份"蒂帕特"，一个接一个提交给寺庙祭司委员会切开，他们检查大米中是否有什么杂质。发现一粒灰尘，就会被认为是一种神迹，表明这名女子在过去一年里未能提供有效的祭品。她会被村里罚款，并可能会因为危害家庭安全而被悄悄地责骂。这些检查为社区提供了一种手段，以监测其成员家庭是否有危险的布塔卡拉出现的迹象。祭司们说，祭品的纯度并不取决于女性的烹饪技术或厨房的清洁程度。相反，这是一种让社区通过神奇的启示来发现她的祈祷和仪式行为是否真诚的方式。对一个女人来说，不通过"蒂帕特"测试是危险的，因为这意味着她可能没有把家庭的利益放在心上，她可能偏离了为妻子安排的仪式表演的道路。简而言之，她可能是个女巫。

【142】

是什么让一个善良的女人屈服于巫术的诱惑呢？这个问题也可以追溯到普鲁沙神殿和继承问题。每一位新娘都知道，姻亲祖系的延续性取决于是否有儿子继承家族的房屋和祖先的神殿。年轻女性通常会受到母亲的警告，要提防她们的弟媳等丈夫的家庭其他成员之间发生竞争，其中可能包括巫术。这种竞争显然与继承有关。男性继承人的母亲在家庭中的地位要比没有儿子的妇女强得多。森塔纳（Sentana，入赘）婚姻的习俗强调了男性继承人的重要性，在这种习俗中，没有儿子的户主主动提出将其全部不可分割的财产交给愿意娶其一个女儿的男子。新郎必须放弃自己的祖先神龛，这样他的孩子才能成为他岳父的继承人。因此森塔纳婚姻的目的是使一个女儿能够设法产生一个男性继承人。如果在几年内没有发生这种情况，这对夫妇只能在收养、结婚、离婚后再婚之间做出选择，而这是获得继承人所必需的。

因此，没有生育潜在男性继承人或共同继承人的女性，实际上已经失去了她这一代女性在家庭中争夺权力的关键。这类女性最有可能成为巫术指控的候选人。① 其他可能的候选人是受虐待或善妒的妇女，她寻求超越对她们的丈夫、女儿或孙女的权力。最后一种候选人——被怀疑家族中有女巫的女性——尤其让那些正在寻找妻子的男性感到担忧。当女人被教导要害怕他们的嫂子或小姨子时，年轻的男人被教导要小心娶一个可能成为女巫的女人。这些观念对我们的家庭调查中最令人吃惊的结果之一有所启发：苏巴克成员

---

① 人们如果学习巫术，会礼貌地认为他们希望利用这些巫术来增强自己作为灵媒（balians）的能力，而不是成为女巫。灵媒是受人尊敬的公众人物，对巫术的了解只会巩固他们的地位，而在他们的意识中，没有人会承认自己是一个修行的巫师。村民们还一致认为，让巫术（制造巫术）导致疾病或死亡的最有可能的嫌疑人是善妒的女性亲属。这种信念与这样一种假设有关，即巫术最可能的目标是女巫的直系亲属（尽管据说女巫地位的上升需要更有野心的谋杀）。

强烈倾向于与另一个苏巴克成员的女儿结婚。农民对这种偏好的解释，与他们对巫术心理的看法在逻辑上是一致的。人们相信女巫拥有有形的力量，会在死前传给别人，否则他们自己的葬礼仪式就会失败。最常见的受害者被认【143】为女巫的女儿或孙女，她们可能在睡梦中不知不觉地获得巫术。因此，我们可以理解，女巫的后代很可能自己成为女巫，即使她们自己不知道或没有意愿。一位年轻女子根据自己的经历提供了一个故事：一个强大的女性祖先，看到一个处于困境的年轻妻子怀疑她弟媳用巫术阻止她怀孕，她回忆自己也曾处于同样的危险境地，于是决定将反制巫术的方法传授给她的孙女。她出现在一系列的梦中，唤醒了这个年轻的女人对她魔法知识的继承。不久之后，这位年轻妻子怀上了一个儿子。

但大家都知道，开始使用魔法的人会做一个浮士德式交易（Faustian bargain）。例如，女巫可以通过布莱朗秘密获取财富，布莱朗是布塔卡拉的一种特别危险的表现形式，在夜间游荡寻找钱财盗窃。（如前一章所述，对布莱朗的恐惧是帕库杜伊苏巴克头领要辞职的原因）。为了创造一种布莱朗，一个人必须牺牲他所关心的人的生命，最好是他自己的孩子。因此，布莱朗成为一个人最邪恶和贪婪的本性的表现。这个概念解释了突然的意外的财富和孩子的死亡。一般认为，任何一个开始涉足反魔法的女人几乎肯定会变成女巫，而她的第一个受害者注定是她自己的家庭成员。如果她的力量不受控制地增长，最终她会寻找其他的受害者。有些人认为，只要女巫有足够的判断力，能够从很远的地方选择她后来的受害者，那么社区就可以容忍这种行为，这是相当可耻的。一个足够强大的女巫出现在社区里可能会有一些好处，因为来自其他村庄的小女巫可能不想打扰她。

考虑到这些观念，年轻男人急于避免选择可能是女巫后裔的妻子就不足为奇了。我们调查了13个苏巴克，每个苏巴克的20名已婚男性，总共252人，询问他们分别与谁结婚。84%的人从他们的所属苏巴克男性的女儿中选择了妻子。当被问及原因时，苏巴克的成员经常提到，他们希望娶的女人来自一个众所周知的家族，或者他们也指出，与外人结婚是有风险的。据说，任何家族的祖先中曾有被指控的女巫，肯定会试图向潜在的求婚者隐瞒这一信息。因此，最值得信赖的未来妻子（和儿媳妇）是自己苏巴克成员的孩子。但即使是这样的女性也很容易受到生育男性继承人的压力。巫术信仰是一种认识，他们认为这些负担有时过于沉重，难以承受，并承认农村正常的社会生活都会不可避免地将在每一代人中产生"女巫"。

这些焦虑的后果之一是，苏巴克成员倾向于仔细审查其同苏巴克成员家庭的心理健康状况，至少与关注他自己的家庭一样。一项关于两个高地村庄（不存在苏巴克的地方）的婚姻偏好调查显示，这些男人在他们的社区内结婚的可能性要低得多；近亲结婚的比例只有34%。他们还声称，他们不太担心妻子和儿媳妇可能会受到巫术的诱惑。高地人作为旱地农民、劳工和商人，因此生计比苏巴克成员更少地依赖于邻居的密切合作。需要一个更全面的研究来验证这一比较，但它确实为揭示苏巴克成员的心理提供了一个有趣的线索。[①] 经过对塞巴图苏巴克几年的研究，我发现很难夸大对巫术恐惧的腐蚀性心理影响。一般来说，巴厘人都不愿意谈论这些恐惧，唯恐消息传到真正的女巫那里，而女巫害怕被发现，肯定会报复。（另一方面，除非碰巧认识一位谨慎的人类学家，否则很难有这种令人不安的怀疑，而且也没有人可以倾诉。）在这些社区中，一旦一名妇女被怀疑有巫术行为，她家庭遭受的每一种新疾病或不幸都可能被解释为她恶毒的进一步证据。在一个臭名

---

① 利奥波德·豪在20世纪70年代对普容村（以及苏巴克）的研究中也注意到了苏巴克极高的内婚率。他写道："农村的内婚率确实很高。根据我所掌握的可靠信息，在399对夫妇中，82%是乡村内婚。在村外缔结的72对婚姻中，有34对是在附近的克德（Ked）和邦贾卡（Bonjaka）村缔结的，这两对都被认为是普容的分支(实际上是普容，因为普容的人们在活着的记忆中定居了下来)。因此，我们有充分的理由将这些婚姻视为'内婚'，在这种情况下，总数将上升到90.5%。" Leopold E. A. Howe, "Pujung: An Investigation into the Foundations of Balinese Culture", doctoral dissertation, University of Edinburgh, 1980.

昭著的案件中，一名女子被指控为凶残的女巫，她被迫站在自己的门口，向社区大声宣告自己的清白。20年后的今天，她在村子里成了一个被孤立的人物，邻居甚至她自己的几个孩子都躲着她。的确，有时孩子们怀疑自己的母亲会施巫术。例如，一位同事知道自己的两个兄弟怀有这样的猜疑，因此感到负担沉重，并注意让母亲远离妻子和女儿。如果他们的母亲意识到这些【145】怀疑，就会谨慎地保持沉默。但有时猜疑会导致一些行为成为公众认知，例如，在一个家庭中，一个年老的未婚姑母被怀疑会施巫术。当老妇人躺在临终的床上时，没有人敢走进她的房间，以免她把巫术传给他们（即使没有发生这种情况，也有可能使来访者在以后的生活中被怀疑）。垂死的女人的食物要从屋顶上放下来给她，一只狗留在房间里接受她的巫术力量。她死后，狗也被杀了。鉴于这种普遍的猜疑和恐惧气氛，人们不禁要问，如何才能在家庭中维持合作，更不用说整个社区了。因此，难怪苏巴克认为他们的民主是一个不稳定的成就。

布塔卡拉的概念为迦梨时代的犯罪、仇恨和社会解体提供了解释。但它也为恢复和谐提供了一个模式，一个以奇怪的方式与苏巴克民主联系在一起的模式。一般说来，自治的苏巴克需要处理两种问题，一种是来自成员间的不和，另一种是自然世界强加给它们的，如缺水或害虫。像鼠疫这样的问题可能是毁灭性的，但它们本质上比源于苏巴克自身的布瓦纳·阿利特（bhuana alit，微观世界或主观经验）的问题更简单。对于苏巴克来说，如何对付老鼠的问题就像一个"玩具问题"，它可以用来说明农民处理控制布塔卡拉问题的概念框架。

田里的老鼠被归类为梅拉纳（merana），一种我们称之为农业害虫的布塔卡拉。对于那些在生存中未能通过精神测试的人来说，有可能以老鼠或其他形式的梅拉纳重生。老鼠有简单的欲望，对食物和生殖，通过实现它们的佛法，它们可能希望在未来的生活中提升到更高的存在形式。一小部分收成被梅拉纳吃掉是很正常的；嫉妒他们吃这些食物，会显示出对不幸灵魂缺乏同情，可能会惹恼杜尔迦。(20 世纪 60 年代，当农业推广机构开始推广使用老鼠药时，就给农民带来了道德问题。对鼠灾的传统处置方法包括各种各样的仪式，这些仪式并不强调杀死老鼠，而是为它们提供一种替代方案，让它们不要吃得比自己的份额还多。从实际的角度来看，许多农民得出结论，从长远来看，使用杀虫剂和毒药是无效的，因为梅拉纳只是暂时消失，而且往往在几个生长季节内大量返回。但也有其他农民继续使用杀虫剂。)

【146】

当通常的劝说仪式似乎无法控制这些啮齿类动物的退化时，农民可以选择进行更昂贵的仪式，直抵问题的核心。每个苏巴克成员都必须杀死一些老鼠，然后对一些尸体进行昂贵的火葬仪式。这给了动物的灵魂一个非凡的机会，作为高等动物重生，甚至可能作为人类重生。那些没有被火化的同类也应该对农民的慷慨留下深刻印象，那些被要求见证这一仪式的神也应该如此。这种仪式为苏巴克成员和整个社会树立了道德行为的典范。它给啮齿动物简单的灵魂带来奖赏，农民也非常重视。殖民地时期，巴厘国王组织了几次大型老鼠火葬。①

为这种仪式提供的许多祭品都是本章开头提到的类型：丰富多彩的、对称的宇宙秩序图像。这些物体用来作为内在世界和外在世界中理想秩序状态的模型。但也有有不同目的的其他种类的供品：帮助促进所需的布塔卡拉转换或排序。例如，贝班吉（bebangkit）是一种华丽的篮子，里面装着用五颜六色的米团做成的奇形怪状的东西，描绘了人间的美好事物，比如彩虹。贝

---

① V. E. 科恩的一份名为《阿贝男比库尔》的未发表手稿中收集了几篇报道，该手稿被收录在科恩文集。The Korn collection, Leiden: Koninklijk Instituut voor Taal-, Land-en Volkenkunde, Bijlage XXⅧ.

班吉的目的是吸引有情众生。其内容包括令人愉快的图像，如一座有四条河流从山坡上流过的山，一条有狗的小路，一个富人在享受他的黄金，一个穷人带着他的妻子和许多孩子。贝班吉的外部装饰着曼荼罗风格的色彩和图像，展现了世界的本质。即使是最原始的布塔卡拉也被认为能欣赏到贝班吉乐趣，他们最初可能会被一个献血和献酒的仪式吸引，但是他们一旦被邀请分享人类的欢愉，如此便不仅可减少破坏性，而且对他们的人类宿主更加同情和欣赏。贝班吉的目的是鼓励这样一种转变，它是由信念所推动的，因为没有一种生物会堕落到无法抗拒像狗、彩虹和山之类事物的吸引力。

像贝班吉这样的祭品通常会在水神庙举行的年度仪式中使用。对于一个【147】建立在自治原则基础上的机构来说，最困难的问题是内部冲突，因为它们是在人类狡猾的头脑中产生的，而不是在老鼠那样简单的头脑中产生的。想象一下，然后，苏巴克和他们的家人，坐在一座水神庙的前院祈祷，面对着华丽的曼荼罗祭品，中间是贝班吉，聆听着寺庙的祭司们敲响钟声，邀请布塔卡拉享受他们的劳动果实。为了仪式的成功，这个邀请必须得到布塔卡拉的欢迎，布塔卡拉构成了苏巴克成员自身的精神，劝说他们暂时忽略转瞬即逝的欲望，以便集中注意力，时刻体验创造一个卓越的和谐秩序的满足感。

尽管如此，在迦梨时代，要使一个社区的每一个成员都达到理想的精神状态，防止苏巴克分裂成一个充满嫉妒和争吵的群体，仅仅靠彩虹和老鼠火葬是不够的。幸运的是，水神庙不需要完全依赖仪式，主要的寺庙节日通常伴随着戏剧表演。众所周知，这些表演者往往可以达到很高的标准；一些塞巴图农民夸耀自己曾在巴黎、阿姆斯特丹或旧金山的舞台上表演过。通过将戏剧与仪式相结合，寺庙仪式的组织者形成强大的想象体验，将主观上的意义赋予创造寺庙的客观目的。如前所述，在巴厘的庙宇中有一种劳动分工：苏巴克的水神庙与自然世界的控制直接相关，而只是间接与人类的精神有关。但正如我们所看到的，苏巴克的自由和自治使他们特别容易受到其成员的情绪波动的影响。如何引导这些流动的问题出现在与杜尔迦和她的布塔卡拉随从相关的年度仪式和表演中,在那里,为了社区的利益,所有戏剧和仪式的想象力都被调动起来。

在第七个月的新月时,杜尔迦住在村庄里的俗世庙宇里,叫普拉·达勒姆(村庄的"死亡之庙")。两个月后,根据神话传说,湿婆将化身为恶魔前来拜访她,然后杜尔迦作为乌玛女神返回湿婆的天界。在所有其他的寺庙节日中,人们都希望每年都有不同的戏剧表演,但在杜尔迦的寺庙里,几乎每年都上演着同样的故事。这个故事叫《卡隆·阿朗》(*Calon Arang*,《候选女巫》)。当卡隆·阿朗发现没有人会娶她美丽和善良的女儿,卡隆·阿朗表达了一个女巫的愤怒。最初的故事发生在东爪哇的一个古老王国。《卡隆·阿朗》既可以作为皮影戏,也可以作为戏剧上演。在这两种情况下,观众都认为表演者是巫师,在大多数表演中,他们偶尔会偏离故事情节,向当地的巫师发出挑战,测试他们的魔法力量。如果表演者来自很远的地方,在寺庙仪式节前,他们就要找出哪些村民涉嫌使用巫术,并利用这些知识在表演中进行影射。通过这种方式,杜尔迦神话与当地的场景联系起来,因为表演者渲染了被认为是在此时此地发生的巫术的具体表现形式(这可能解释了为什么观众永远不会厌倦卡隆·阿朗的故事)。

【148】

演出是在晚上的杜尔迦神庙举行的,目的是让人感到恐怖。扮成女巫的演员可能会进入出神状态,被真正的女巫的灵魂附身,在最后的场景中,一个名叫杜朗(Dulang)的角色被抬到一个真正的坟墓里,直到早晨,他一动不动地躺着,他的灵魂击退了隐形女巫的攻击。据说,如果任何一个女巫对他来说太强大,杜朗就会变成一具真正的尸体。由于表演者经常广泛地暗示可疑的当地巫师的身份,人们可能会认为这些人在卡隆·阿朗表演后会受到其他村民的攻击。但当我问到这种可能性时,我的巴厘同事提出了几个原因,说明这样的攻击之所以罕见:很难证明巫术指控的真实性,激怒可疑的女巫也是危险的，无论如何，巫术是如此普遍，以至于社区试图对每一个嫌疑人采取行动是愚蠢的。

在卡隆·阿朗表演结束后的几天里，人们会采取一种更为有趣的驱邪方法。其目的是促进社区中杜尔迦各种形态的转化，为她的离开做准备。第十个月的满月标志着新年的开始，在这之前有一天叫尼皮（nyepi，寂静、空虚），人们希望杜尔迦和她危险的布塔卡拉离开。在尼皮日，不可以生火，任何人都不应该冒险出门。尼皮日之前，许多村庄就开始了一场名为迈拉斯蒂（melasti）的海上朝圣之旅。他们的朝圣之旅是为了纪念英雄比玛（Bima）为了寻找能恢复生命的圣水蒂尔莎·卡曼达鲁（tirtha kamandalu）而进行的地下世界（冥界）勇敢之旅。海洋在巴厘人的宇宙学中有特殊的意义，代表死亡、解体、混沌和摩诃布塔的非人道力量。骨灰被隆重地抛入大海，以便能融入自己的布塔中，大海是死难者骨灰的最终归宿。但死者的祭祀仪式只包括家庭成员，而一年一度的迈拉斯蒂海上朝圣之旅需要村里每个家庭的参与。当迈拉斯蒂游行队伍到达海边时，村里寺庙里的神像被排成一排，面向大海，祭司们向摩诃布塔祈祷。他们还从海边的泉水中收集圣水，称为蒂尔莎·帕维特兰（tirtha pawitram），并将其运回村庄，用于净化所有寺庙和家庭神殿，从杜尔迦的寺庙开始。在第九个月的新月，人们为布塔卡拉做一个盛大的祭祀。社区在海岸勇敢地收集到的蒂尔莎·帕维特兰被洒在贝班吉等供品上，以鼓励所有较小的布塔陪伴杜尔迦重新发现她的乌玛天性。随后，祭司们把圣水舀到村里的女族长那里，女族长再把圣水送到她们丈夫所在的普鲁沙神庙进行净化仪式。第二天，祖先和神灵被邀请返回村庄。

【149】

"国家，"黑格尔写道，"必须被视为一个伟大的建筑结构，一个理性的符号，在现实中显现出来。"他蔑视那些没有认识到政治制度仅仅是一个社会在特定历史时刻的意识的反映的理论家："思想只有在它知道自己是什么时才是真实的，而国家，作为一个民族的精神，既是渗透在国家内部一切关系中的法律，同时也是公民的行为和意识。因此，任何一个国家的宪法一般都取决于它的自我意识的性质和发展。"①

黑格尔认为，雅典的民主之所以失败，是因为它缺乏一个解决办法，无法将"利弊权衡"转化为果断行动。由于没有办法将"所有人的意志"（la volonté des tous）转变为"普遍意志"（la votonté general），当每个成员阐明自己的利益时，民主议会将"让自己永远摇摆不定，时而这样，时而那样"。当需要做出决定的时候，希腊人不得不求助于神谕和自然符号，因为他们缺乏体现（"客观化"）社会普遍利益的制度。虽然他没有详细论述这一点，但很明显，对黑格尔来说，随着政治意识的成熟，公民自觉参与的必要性降低，因为国家的普遍性被动地体现在这种制度结构中。政治成熟的过程在君主立宪时达到顶峰，他成为最杰出的"理性符号"，因为他代表并能为国家行动，所以不再需要神谕。

【150】

这种观点或多或少地构成了后来西方政治哲学的基础，与此相反，苏巴克民主的概念基础却形成了鲜明的对比。在黑格尔看来，历史的流动导致了人类制度的完善和思想的胜利，但在巴厘人看来，时间不是盟友，制度的存在是为了促进其成员在圣加拉（混乱）的斗争中的主动意识。像水神庙这样的巴厘机构只不过是空壳，是培养智慧的地方，而不是稳定积累智慧的遗址。如果一个人试图用语言来概括这种智慧，那就好比一个命题：要掌握自己的欲望，就必须发现它们的普遍性。这种意识作为超越个体的社会存在形式的基础可以培养。在这里，我们看到了水神庙祭礼的关键创新，以及它与王室祭礼的不同之处。在婆罗门教的传统中，国家是由一位掌握了布塔卡拉

---

① G.W.F. Hegel, *Hegel's Philosophy of Right*, translated by T. M. Knox, London: Oxford University Press, 1967, p.179.

的个人控制权力的宇宙君主创造的。相比之下，水神庙的民主制放弃了发展超能力的目标，而是专注于培养对普遍要素的认识，这些要素是人类共同的经验，反映了自然世界。法论（Dharmasastric）中的国王必须不断与敌人较量以检验自己的力量，王国就灭亡了。但水神庙的民主制度预计会失败，因为它是建立在试图调动一个容易犯错的人类社会资源的基础上的。在婆罗门教传统和寺庙崇拜中，核心教义都强调自我发现的过程，在这一过程中，未经训练的心灵所体验到的独特的自我的各个方面都被客体化，并被证明是普遍的。但随后，这两种传统产生了分歧。婆罗门和君主被教导要通过苦行来强化心智，以得到英勇行动的能力。寺庙崇拜并不为这种孤独的斗争提供指导，相反，它为解决不可避免的失败提供了解决方案。掌握布塔卡拉的任务从英雄个体转移到整个群体，这个群体构成了统一而强大的社会存在。如果这是成功的，那些被证明超出了普通人能力范围的问题——鼠疫、凶残的配偶、水的短缺，或者个人的弱点——都可以通过集体的力量得到控制。每年年度仪式的循环是以这样一个前提为基础的：这种失败必然会积累，而且它们会以一种可预见的模式积累。通过提醒人们注意这种可预见性，仪式的表现提高了参与者对集体力量的意识，使他们认识到集体能够驯服和化解威胁【151】其安全的危险。①

从西方政治哲学的角度来看，巴厘巫术信仰与民主的概念基础密切相关。现代欧洲早期的历史学家经常把巫术作为理性的对立面，作为在民主思想回归西方之前必须击败的敌人。查尔斯·泰勒明确地将巫术的衰落与现代

---

① 布莱恩·普法芬伯格（Bryan Pfaffenberger）为斯里兰卡的泰米尔农民社区提出了类似的论点："婆罗门通过将自己与这个世界分离所取得的成就是很容易的，而维拉斯（Vellalars）所取得的成就即使不是不可能的，也被认为是困难的，他们带着对世俗的深深渴望投入这个世界：为了土地，为了农耕，为了赢得名声。但同时，他们实现了一种超越——不是对个人的超越，而是对社会集体的超越，在社会集体的秩序范围内，永恒的生命得以繁荣。" Bryan Pfaffenberger, *Caste in Tamil Culture: The Religious Foundations of Sudra Domination in Tamil Sri Lanka*, Syracuse, N.Y.: Foereign and Comparative Studies/South Asia Series, No. 7, 1982, p.225.

西方个人主义意识的起源联系起来："对世界的新的道德/精神立场推动并与之联系在一起……我们所看到正在出现的是一种新的自由和内在的观念。"林德尔·罗珀（Lyndal Roper）同样认为"我们19世纪的遗产是一个理性的概念，它将巫术、咒语、恶魔和大众驱逐到社会的边缘"[1]。那么，我们如何看待巴厘人的巫术信仰呢？

让我再一次试着反过来来回答这个问题。即使在近代欧洲的早期，人们也只需要想想莎士比亚戏剧《暴风雨》中的艾瑞尔和卡利班（Ariel and Caliban），就可以认识到，女巫和超自然的概念有时一定有助于泰勒意义上的"灵性内在性"——丰富主观经验和自我意识。但有一个关键的区别：欧洲传统缺乏巴厘人用来将主观现实与社会制度表征联系起来的曼荼罗式的"理性象形文字"。在没有这种明确的联系的情况下，人们就只能自己去发现，戏剧中的生物是如何告诉他们自己的思想活动的。欧洲人并不缺乏情感的物化表现，包括那些威胁到社会秩序的情感，但他们没有可将他们关于自我的发现与人类共性联系起来的哲学和宗教手段。

在巴厘，这一机制可以说运转得太好了。可信的女巫是必要的，以证明每年的仪式周期、朝圣和净化之合理性。这就创造了一个环境，在这个背景下，普通的家庭争吵可能会被放大，并带有神话甚至宇宙论色彩。虽然杜尔迦神话的教训与培养个人对负面情绪起源的洞察力有关，但仪式周期有其自身的必要性，并容易将现实中的人描绘成邪恶的化身。当仪式和表演如此成功，以至于它们创造了一种可能被称为过度刺激想象力的东西时，它们的作用可能不是减轻心理压力，而是增加。在年末，当杜尔迦的神话是如此令人信服地演绎时，人们不仅经常谈论女巫的存在，甚至常常相信自己真的能看到她们。

---

[1] Lyndal Roper, *Oedipus and the Devil*: *Witchcraft, Sexuality and Religion in Early Modern Europe*, London: Routledge, 1994, p.21.

但如果寺庙祭祀的仪式和表演能以这种方式加剧人际关系紧张，它们也提供了一种补救办法。如果社会认为自己受到拥有过分权力的个人的威胁而造成伤害，它就必须加强自己的权力才能获胜。这样，将感知到的威胁戏剧化，可以增加人们对仪式的投入意愿，承诺增强集体的力量。一场盛大的寺庙仪式以一种特别令人满意的方式展示这些力量，赋予社区自我意识以神话般的地位，但伴随着庄严而来的是另一种危险。

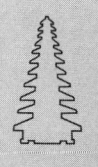

第六章

最高的神明

位于巴图尔山边缘，俯瞰火山口湖的最高水神庙，乌伦·达努·巴图 【153】
尔（Ulun Danu Batur）神庙是一个嵌入的石头庭院，周身围绕着一系列高耸
的神殿和亭子，供奉着45位神灵，其中最重要的是湖神，据说，湖神能使
河流流动，给大地带来繁荣。从建筑的角度来看，这座寺庙似乎永恒而宁
静，但在过去的半个世纪里，这里几乎是一个持续动荡的地方。我认为，造
成这种不稳定的原因，与水神庙崇拜的内在张力有关。在乌伦·达努·巴图
尔神庙，两种截然不同的符号系统会聚在一起，但并不完全重叠。其中一处
将火山与宇宙山联系起来，而另一处则将神庙置于水神庙层次的顶点。其中
第一个想法——将神殿与宇宙之山和伟大的女神联系起来——赋予它的重要
性远远超出了它作为水神庙的意义。乌伦·达努·巴图尔神庙是唯一的水神
庙，其仪式经常有许多巴厘皇室的代表参加。对他们来说，它作为水神庙的
作用几乎无关紧要，相反，它被认为是与巴厘的两个最高神有关的一对寺庙
之一。据传说，古代居住在须弥山上的至高之神将山顶击碎，将碎片送到巴
厘，作为他儿子和女儿的住所。① 他的儿子成为巴厘的第一位男性神，并在
较大的碎片上定居下来，也就是阿贡火山。较小的碎片，也就是后来的巴图

---

① 这个故事的早期版本出现在古爪哇的《坦图·潘格勒兰》（*Tantu Panggelaran*）中。根据这个故事，
须弥山被运到了爪哇。在旅途中，那座山开始崩塌。碎片落在地上，形成了一连串的火山山峰。
山脚变成了爪哇最高的山——须弥山，而山顶——帕威特拉（Pawitra）山则坐落在泗水南部的
平原上。

【155】尔火山，包含一个巨大而深的火山口湖。在湖底，至高神的女儿建造了一座宫殿，并取名为杜伊·达努（Dewi Danu），即湖之女神。乌伦·达努·巴图尔神庙成为女神的神庙，她在阿贡山的山坡上建造了一座更大的神庙，名叫贝沙基（Besakih），以供奉她的兄弟。

虽然这两座寺庙通常被视为一对，但它们之间有着重要的区别。贝沙基神庙与克隆孔王朝有关，克隆孔王朝的统治者认为自己是男性神的遥远后裔，精神上，对巴厘的所有王国和君主来说都有至高无上地位。在这座寺庙的事务中，农民只起很小的作用。相比之下，乌伦·达努·巴图尔神庙并不是由一个皇室王朝支持，而是由其庞大的苏巴克集会贡献的。乌伦·达努·巴图尔神庙的祭司是来自巴图尔村的平民，他们被认为是由女神本人或供奉在她神庙里的其他神灵挑选出来的。当祭司中的一个成员死亡时，出神状态的灵媒被召唤，这样众神就可以拥有他们的声音，并为他们选择的继承人命名。以这种方式被召选出的祭司享有其他寺庙祭司所不知道的地位，他们努力限制贵族在寺庙中的作用。因此，婆罗门祭司被排除在寺庙的大多数仪式之外。一些巴厘皇室家族的祖先王朝的神殿被包括在神殿的万神殿中，但它们隶属于湖女神的神殿，而湖女神不被认为是他们的祖先。祭司们还禁止巴图尔人民表达种姓差别。

在某种程度上，神庙的领导成功地压制了贵族对乌伦·达努·巴图尔神庙的要求，它作为水神庙的第二重身份就凸显出来了。这种认同不仅与火山有关，也与火山口湖有关。寺庙的至高无上在一定程度上是由于水神庙的结构逻辑。一般来说，水神庙的会众是由所有分享特定水源（如水坝或泉水）的农民组成的。同样的逻辑也适用于多苏巴克寺庙，比如马塞·提帕莫斯，它的会众由14个苏巴克组成，这些苏巴克共享来自邻近一系列水坝和泉眼的水。由于火山口湖被认为是每一个泉水和河流的最终发源地，因此它的聚集范围适当地包括了所有的苏巴克。作为一座水神庙，乌伦·达努·巴图尔神庙被赋予了独特的属性：它同时是最普遍的苏巴克神庙，是宇宙之山的神圣顶峰，是最强大的圣水的唯一来源，也是唯一一个由众神自己选择祭司的神殿。这些令人印象深刻的象征性联想与它在火山口边缘的壮观位置相结【156】合，赋予寺庙一种超凡脱俗的氛围，尤其是在它最珍贵的宝藏——一个古老的甘美兰管弦乐队（gamelan orchestra）演奏庄严的音乐的日子里，寺庙广阔的庭院里铺满了成千上万的朝拜者留下的鲜花。在这样的时刻，正如一位祭司曾经告诉我的那样，我们不难相信，如果你仔细观察火山口湖上空的空气，就会发现神灵的存在。

乌伦·达努·巴图尔神庙在我的论证中起着至关重要的作用，原因有几个。在前几章中，我认为水神庙崇拜对种姓和王权的意识形态构成了潜在的挑战。这一挑战在乌伦·达努·巴图尔神庙变得很明显。据说，神灵在巴厘定居后，男神开始逼迫他的妹妹嫁给他。她拒绝了他的求爱，解释说这样的婚姻是乱伦，并且拒绝服从她哥哥的权威。在她的领地内，包括巴图尔山的顶峰、湖泊和依赖于她的苏巴克，她声称自己是至高无上的。在乌伦·达努·巴图尔神庙，女神通过一个简单的象征性联想来代表苏巴克，因此她对自治的渴望与苏巴克一致。但与她哥哥不同的是，她不主张普遍权威，相反，她坚持二元论原则，基于男性和女性宇宙论原则的互补性。这成为圣殿的权威和自治的基础。虽然种姓制度在贝沙基神庙统治地位不受挑战，但在巴图尔，祭司们努力压制它，以便推进女神的二元宇宙论。

但这项努力只取得了部分成功，其失败暴露了苏巴克力量的某些局限。作为一座水神庙，乌伦·达努神庙是不完整的。所有其他的水神庙都与一些生产性物质资源的控制有关，如一个灌溉系统或一块梯田。正如我们所看到的，苏巴克的合作和平等主义传统起源于管理这些资源的会议。但是火山口湖没有出口，它的水慢慢渗入多孔的火山土壤，成为地下水系统的一部分。由于没有水源可供管理，乌伦·达努神庙没有苏巴克会议。取而代之的是，苏巴克成员来此朝拜，寺庙由巴图尔村的祭司和人民管理。对他们来说，寺庙实际上并没有控制灌溉系统，但这并不是很大的困难，因为寺庙本身是财富和威望的重要来源。但这个高地村庄没有苏巴克，村民们靠旱作和贸易养活自己。因此，最大和最重要的水神庙不是由苏巴克的集合管理，而是由一个村庄的成员管理，在那里，与苏巴克系统相关的仪式和机构并不存在。这个村庄被激烈的派系斗争的历史困扰；从1948年到1977年，它分为两个、三个、四个独立的社区。

【157】

这一章有两个故事要讲：第一个是关于寺庙，第二个是巴图尔村管理寺庙的斗争，或者应该说是管理他们自己的斗争。但在开始之前，解释一下为什么我希望用一整章的篇幅来介绍一座水神庙，可能会有所帮助。这种解释与乌伦·达努·巴图尔神庙在界定水神庙祭祀中所起的独特作用有关。虽然其他所有的水神庙都直接参与稻米生产的某些方面，但乌伦·达努神庙却有着不同的任务。从某种意义上说，它的主要任务是定义自己，表达一种宇宙观，在这个宇宙观中，女神和她的神庙应该在巴厘世界占据中心地位。虽然其他水神庙的出席者仅限于他们的苏巴克会众，但乌伦·达努神庙试图吸引尽可能多的人群到它的主要仪式。寺庙根据传说中的古代文献来宣称至高无上的地位，但如果不是祭司们成功地将这些段落翻译成与女神每年探访有关的戏剧性的公共仪式，这些说法就不会有什么显著意义。在这些场合，村里的大多数男性居民会成为寺庙的全职服务人员，如组织者、祭司、音乐家、厨师、舞者或劳工。在人们认为女神居住的十天里，神殿变成了一个巨大的再分配中心，在那里，苏巴克贡献的成吨的大米和其他食物每天被用来养活数百人。但这只占苏巴克贡献价值的一小部分，其余的则用于寺庙本身及其仪式。

这种强调仪式周期的戏剧化的做法，是由祭司们为了崇拜者群体的利益而表演的，这与其他的水神庙节日截然不同。但它与皇家祭仪的大型公共仪式有着惊人的相似之处。在殖民时期以前的巴厘，农民们被他们的君主征税，其中相当大的一部分被用于王室的成人仪式，如婚礼和葬礼。克利福德·格尔茨认为，这样的表演是为了一种工具性目的；他认为，这些表演不仅是炫耀财富，而且是君主合法性的主要来源。根据格尔茨的说法，"如果一个国家是通过建立一个国王来建立的，那么国王就是通过建立一个神灵来创立的……国王都是无与伦比的，但有些国王比其他国王更无与伦比，正是他们的宗教信仰的规模造成了这种差异"[①]。因此，"剧场国家"绝对华丽【158】的盛大仪式证实君主对统治权的要求。同样，乌伦·达努神庙每年举行仪式的规模也反映了其万神殿的宏伟，从而提高了它的认可度。因此，祭司们非常重视如何组织农民贡献的问题，他们使用的是一种类似于古代皇室宫廷的制度。苏巴克每年都会收到来自寺庙大祭司的正式棕榈叶信（lontar-palm）——提醒他们应该提供哪些具体的供品。当苏巴克成员们到达寺庙时，这些货物被仔细地列成表格。这样，苏巴克就成了寺庙的"赞助人"彭加雅（pengayah），就像以前他们是统治者的支持者一样。通过提供这样的支持，农民获得了在寺庙或宫殿的角色，作为回报，他们可以期望从他们的神或国王那里获得回报。

但是，当我们考虑到在水神庙举行仪式的起源和目的时，与皇家崇拜的相似之处就不成立了。王权仪式借鉴了古代先例，如我们所见，它们与种姓制度和印度教王国紧密相连。但是对于宇宙山上的一座水神庙，作为唯一的此类机构，特别是如果寺庙不控制流动的水，也不是由苏巴克管理，有什么先例可循呢？总而言之，女神的祭司们被迫即兴表演。这涉及一些相当微妙精巧的协商。这座寺庙是由巴图尔村的人们通过几个机构来管理的，这些机构不仅包括祭司，还包括一群出神的灵媒和村里的长老阶层。这些机构有部分重叠的责任，往往会屈服于相互竞争的诱惑，通过强调仪式的重要性来强

---

① Clifford Geertz, *Negara: The Theatre State in Nineteenth-Century Bali*, Princeton, N.J.: Princeton University Press, 1980, p.125.

调它们自身的重要性。在没有一个稳定的权力结构的情况下，一个群体可能会敦促大祭司履行神圣王权阿比塞卡·拉图，而另一些群体可能希望通过强调不同的仪式顺序来提升自己的地位。对于出神的灵媒来说，有一些特殊的仪式，而另一些则将双胞胎的诞生与女神的神话联系起来，甚至在某些时候，活人祭祀的一个版本也成为寺庙剧目的一部分。怀疑论者可能会得出这样的结论：这些观点的共同点仅仅在于，它们都可以用来美化对地位提升的要求。事实上，这座寺庙为巴图尔人提供了一个诱人的机会：让他们把自己装扮成与寺庙有关的具有传奇色彩的人物。但我认为，仪式的选择是受到限制的，因为需要确保它们与帮助乌伦·达努·巴图尔神庙成为最高水神庙的基本原则产生共鸣：宇宙山、女神和圣水的象征意义。

【159】 我被告知，关于对这座寺庙每年举行一次的仪式有两种说法：第一，他们对水神庙祭祀的意义传播了一种似乎是统一的看法；第二，这种看法是在各个派别之间不断进行的相互让步的历史进程中产生的，既受到政治现实的制约，也受到某些结构性要求的制约。这一观点的出现和阐明是本章的主题。

人类学家最近开始互相指责对方过分强调他们研究课题的异国元素。但虽然竭尽所能，我都无法认为乌伦·达努·巴图尔神庙为平淡无奇。因此，我决定放弃这场斗争，从寺庙治理的一个最奇特的方面开始这一章：一群处于半梦半醒的迷离状态的特殊男女们被赋予的责任。

2002年7月的一个晚上，大约8点，6名来自乌伦·达努神庙的出神灵媒聚集在一位已婚妇女的家中，她一直饱受抑郁症和痛苦的梦境之困。另外两位女性也加入了这一行列，她们也好奇成为一个灵媒（预备的）是否可以让她们从身体和精神上的各种痛苦中解脱出来。人们专门为她们准备了一个有屋顶的竹制平台，提供了一个坐的地方，沿着平台的一边放着45个椰子壳，这些椰子壳放在银色的盘子上，代表着寺庙的45位神灵。每一个椰子里都有一些小东西，如五颜六色的米粒和象征布塔的金属碎片。在火葬完的最后仪式中，有类似的物品被用来将死者的骨灰运到海里。但在这里，她们的目的是帮助灵媒将自己的内心世界与特定神的内心世界结合起来。通常，精神上的疾病可以追溯到悲伤的情绪，这6种破坏性的情绪如愤怒、悲伤和嫉妒等。如果一个孩子是在父母中的一方被这种情绪控制的时候怀上的，这种不平衡可能会持续存在于其自身的内心世界，并成为一种永久性的障碍。在这种情况下，成为一个灵媒可能会带来解脱。仪式开始时，人们用祈祷和熏香邀请众神出现，然后在灵媒和三位候选人面前摆上装满燃烧木炭的陶瓷盘。祈祷继续，灵媒们一个接一个地进入出神状态。一名男子开始喊出毫无意义的音节，旁观者将其解释为一种"中国方言"，这表明他被寺庙里的一位神灵附体了。他越来越激动，来回摇晃，把手伸进木炭里。过了一会儿，他抓起几块正在燃烧的木炭，把它们揉进头发里。几秒钟后，他失去了【160】知觉，瘫倒在地，旁观者纷纷赶来灭火。其他的灵媒是女性，她们的出神状态不那么激烈，但很快，她们所有人在处理燃烧的余烬时都发出大声的呼喊和断断续续的祷告。三位候选人中有两位似乎陷入了更温和的出神状态，而第三位仍然一动不动，继续闭着眼睛静静地祈祷。这个仪式又重复了三个晚上，在下一个重要的庙会上，两位表现出温和出神状态的候选人受到欢迎，成为神庙的预备成员。从此以后，他们每年都要到选择他们的神的圣殿里献祭。这些灵媒被称为培嫩吞（penuntun），即引导者，他们赋予祭司一种不容挑战的权威。

  出神占卜在巴厘很常见。一些灵媒成为专业的占卜师，称为巴里安·克塔克森（balian ketakson），当人们想要接触死者以发现疾病或不幸的原因时，他们会咨询克塔克森。但是乌伦·达努·巴图尔神庙的通灵师并不试图联系祖先，他们唯一的作用是作为选择他们的神的媒介。出神仪式发生在每年女神在10月的莅临之后，在某些特定的时间。灵媒们聚集在寺庙的前院，进入恍惚的出神状态，这样他们就可以跳舞和操纵火来证明他们的附身是真实的，只有这样，祭司才会听从他们。在这种情况下，每一种灵媒都代表他或她自己的神，但是当必须选择一个孩子来代替一个祭司时，灵媒就必须在仍然处于出神状态时达成共识。乌伦·达努神庙的独特之处在于，出神占卜被用来选择统治的祭司，并保持祭司和神之间的完整关系不受破坏。这个过程类似于藏传佛教发现转世喇嘛的过程，但有重要的区别。就像在中国的西藏一样，以这种方式显现的人类与神圣领域之间的直接联系是现世力量的源泉。但在乌伦·达努·巴图尔神庙的案例中，目标不是发现一个单独的人，比如一个转世的高级喇嘛。取而代之的是，众神的神殿必须不断地为他们的人类随从寻找替代者。这与上一章所描述的水神庙的仪式有很大的不同，在水神庙的仪式中，所有的会众都有相同的责任去尊敬寺庙里的所有神灵，并思考他们自己的主观经验或内心世界的普遍性。在乌伦·达努·巴图尔神庙，重点同样在于宇宙的普遍性，但它是通过不同的途径认识到的。每个祭司都与选择他们的神有关，并被一个永恒的仪式循环占据，每个神和每个祭司都有特定的责任。

【161】　　通过这种方式，寺庙的治理部分地被交给了一种集体无意识；似乎重要的是，灵媒们的最重要决定必须建立在协商一致的共识基础上。很明显，这有一定的好处：这是对祭司和长老权力的制衡，为村民的关切发声。同时，它通过把管理寺庙的最终责任转移给出神的灵媒和他们所代表的神，从而使祭司和长老免受批评。但对于神来说，这些灵媒不仅仅是沉闷的媒介，值得注意的是，最杰出的灵媒通常是一对异性双胞胎。当这对双胞胎被村妇生出来后，整个村庄都必须进行净化仪式，预计这对双胞胎最终会成为寺庙的灵

媒。从他们出生的那一刻起，他们就被认为是结了婚的，这些已婚的兄弟姐妹成为对性、污染和超自然的焦虑的焦点，这些焦虑与以性别为基础的宇宙二元论有关，这种二元论弥漫在寺庙的象征中。正如我们将看到的，它们在身体上体现了平衡男性和女性力量所涉及的情感张力，并将这种神秘感与恍惚的出神状态在神殿和众神之间架起一座桥梁的时刻联系起来。

孪生姐妹与女神和神庙之间的联系，在一定程度上可用一个描述女神来到湖边的众多传说之一来解释。这些故事构成了寺庙古鲁的保留节目，他们是一群博学的人，在村里的长老等级中享有崇高地位，当出现有关历史先例或寺庙活动契约等问题时，他们会被咨询。这些故事往往为同一事件提供了另一种解释，这只会困扰咬文嚼字的提问者。在这个版本中，须弥山的至高神拜访了他的妻子，她居住在爪哇的须弥山（Sumeru）上。他们有三个孩子，孩子们向母亲表达了想在巴厘拥有自己的山脉的愿望。一到巴厘，他们就开始寻找最高的山峰，父亲告诉他们，"这附近是你们王权的福地"。他们回答说，"让我们请母亲给我们一个向导，她知道在什么地方建造住宅最好"。他同意了，并询问他的妻子。他的妻子派来了一位名叫艾达·达勒姆·马苏拉－马苏利（Ida Dalem Masula–Masuli）的人类向导。马苏拉-马苏利推荐在三个相邻的火山的位置，然后敦促众神向他们的母亲寻求帮助来建造他们的宫殿。她派蛇神为三座宫殿打造地基，后来又派人类到岛上居住。

在将巴厘诸神与爪哇山区女神母亲联系起来之后，艾达·达勒姆·马苏拉-马苏利就在从故事中消失了。但在今天，当一个村妇生下一对异性双胞胎时，人们认为他们代表了马苏拉－马苏利精神的再现。这个事件是好【162】是坏，取决于婴儿出现的顺序。如果男性先出现，就被认为是吉祥的，预示着繁荣。尽管如此，人们认为孩子们在子宫内就变得亲密了，整个村庄必须进行一个月零七天的净化仪式，然后按照前一章的描述，在凯拉玛斯（Keramas）组织一支队伍，前往大海寻求圣水净化。但如果女孩先出现，就会被称为萨拉·瓦迪（salah wadi），这是一个危险的迹象，表明杜尔迦在她的寺庙里坐立不安。为了避免让她愤怒，村庄必须寻找蒂尔莎·卡曼达鲁，并在她的寺庙进行净化，这里的故事与杜尔迦希望返回湿婆的神话有关。在这两种情况下，父母的房子必须被摧毁，他们和孩子必须在净化仪式中居住在村子外面，在一个叫塔苏（Tasu）的小社区里，这个社区是为这些临时流亡者提供避难所而建立的。同性双胞胎的出生也是一种玷污，尽管事实并非如此，在净化过程中，父母还是必须住在流放地。有趣的是，三个或更多的同性孩子的父母也被放逐到塔苏，直到他们的一个异性孩子出生，并恢复适当的平衡。这些信仰不仅仅是假想：在村子里，不时有双胞胎和三胞胎出生，房屋被烧毁，游行队伍被送往海边，家庭被重新安置到塔苏。

所有这些都有助于保持性别二元论的平衡，这一理想被描绘为寺庙和村庄组织的基础。祭司和村里长者的等级分为两类。其中一个是西方（bedauhan），并与女性原则普拉达纳（pradana）联系在一起。相反的是在东方（bedanginan），它被认为是男性普鲁沙。每月的祭祀周期也按月相分为男性和女性，东方的祭司官员负责新月开始的阶段，而西方的职责始于满月。东西方关系是建立在互补性的基础上的。例如，在15天的时间里，东方的祭司要进行定期的寺庙仪式，同时也要参加访客要求的仪式，而西方的祭司则负责准备必要的祭品。

然而，尽管寺庙的活动是围绕着男性和女性之间平衡和谐的理想来组织的，但人们想当然地认为，这种完美是很难实现的。在巴图尔的结婚典礼上，人们可以清楚地看到这一点。村里的民间智慧认为，婚姻的前景对双方都是破坏性的和"令人困惑的"。一种补救办法是在仪式快结束时，让新人【163】将一对鸡放在头顶上。这对夫妇被要求祈祷，他们对婚姻的所有负面想法都转移到鸡身上，鸡会被迅速烤熟。婚姻，就像双胞胎一样，代表着平衡男性和女性原则问题的潜在解决方案。当人类学家们遇到似乎能将自己组织得井井有条的信仰体系时,有一种众所周知的诱惑力来推动这一论点,因此,像【165】对立的男性和女性原则这样的二分法似乎就会渗透到整个思想体系中。但在这种情况下,我认为是巴图尔人,而不是人类学家,努力强调这一思想的中心地位。婚姻和孪生的神秘感在他们心中的影响程度,可以从村里四位最年长的男性长者参加的另一系列仪式中得到证明。这些男人被期望参加一系列的仪式,最终以两对老男人的婚姻而告终,因此,他们被认为是在某种意义上的"成双"(pabuncing)。这些仪式的完成极大地增强了他们的权威,使整个村庄与二元宇宙相一致。因为村里非常重视这些仪式,所以值得注意一些细节。

巴图尔村和其他巴厘阿加山村一样,由长老阶层统治,他们每月在村庙聚会一次。等级制度是以资历为基础的,所以随着时间的推移,资历最老的人死了,年轻的人就会得到升迁。类似或相同的等级制度出现在数千年历史的皇家碑文中,这些碑文是写给该地区村庄的,至今仍然存在。但在巴图尔,长老阶层巴拉伊·拉玛(balai rama)不仅关注村庄的治理,而且关注大寺庙及其附属建筑的治理。长老们每月在村庙会面几次,村庙是一个由神殿和座位凉亭组成的建筑群,毗邻乌伦·达努水神庙。这个村庄的寺庙由两个长方形屋顶的长亭为主,高高耸立在地面上,一端是入口,另一端指向乌伦·达努水神庙的一排神殿。满月之际,八对男性长者在这些亭子里就座,面朝神灵。每个席位都与一个头衔和某些职责相关,地位最低的长老是信使,而地位最高的是村长。

在两个长亭和神殿之间,有一个较小的方形座位亭,甚至比地面还要高。现在这个亭子仍然空荡荡的,等待着"异性双生之地"(I Ratu Ayu Karang Buncing)的出色的国王到来。最老的两位长者有资格成为出色的国王,但要获得这一头衔并在正方形的亭子里入座,他们必须经历一系列令人生畏的极其昂贵的仪式,其中包括供养整个村庄 45 天,同时还要进行许多仪式，这些仪式通常是婆罗门成为大祭司所必需的。这些活动在一场婚礼中达到高潮，两位来自东方的将要成为出色的国王与来自西方的异性结婚。显【166】然，这四个老人的婚姻没有家庭或性方面的含义，相反，他们被视为实现了一个村庄的典范，一个秩序井然的家庭。仪式完成后，西方的两位长老被认为是出色的国王的妻子，四个男人都搬到了正方形的亭子。另外 14 位长者晋升两个职位，4 位新成员被吸收到层级的最底层，使长者的总数达到 20。为了避免对这些仪式的广泛意义产生任何怀疑，最高级别的出色国王也获得了杰洛·佩丁吉（"至高者"）的头衔。从此以后，两位国王有权发布命令，由他们的"妻子"传达给其他长老。任何三次拒绝这样的命令的长者将被流放。但他们被立为出色的国王，据说这些长老的权威将与殿里的两个大祭司相匹敌。但是举行所有这些仪式的费用非常昂贵，而且苏巴克流入寺庙的收入主要由大祭司控制。令长者懊恼的是，在过去的一个世纪里，正方形的亭子一直是空的。

二元论也是寺庙高级祭司权威的核心，但它有不同的来源，就婚姻的象征意义产生矛盾。出色的国王的仪式，通过平衡男性和女性的原则，建议将婚姻作为实现完美秩序问题的解决方案。但寺庙的大祭司具有女神拒绝接受婚姻且拒绝从属于她的兄弟的象征意义。根据神话，当女神在巴图尔山建立一个新的万神殿时，她将自己的角色定义为巴厘神灵，在那里她可以保持独立。这个万神殿是由每一个新一代的寺庙祭司在一个完整的转世轮回链条上复制的。因此，当寺庙的大祭司耶罗·格德（Jero Gde Duuran）去世，一个童贞男孩被选为他的继承人，孩子被教导要崇拜以前的大祭司，就像他自己的祖先一样。

在神庙万神殿的顶端是女神本人，由大祭司代表。其次是次级大祭司，她和她的兄弟（阿贡山的男性神）是同一身份的。与神庙其他43位神明的联系，被灵媒分配给剩下的20位神殿祭司，所有这些祭司都被认为拥有平等的地位。因此，万神殿由代表巴厘山神的两位大祭司统治。女神在山顶上统治至高无上的说法是针对整个巴厘社会的，与巴图尔村的统治也不无关【167】系。正如女神否定她的兄弟至高无上的地位一样，她在人间的代表，更大的大祭司，拒绝服从国王或婆罗门。事实上，正是通过重申这种拒绝，祭司们才证明了寺庙的独特地位。每一个参观寺庙的人很快就会知道，大祭司代表的是拒绝与她的兄弟乱伦婚姻的女神。次级大祭司对大祭司的明显从属戏剧化了这种关系，他们的关系为神殿存在提供了一个解释，女神不愿意接受对男性权威的从属。这一主题与长辈对婚姻的理想化背道而驰，使婚姻本身成为寺庙争论的焦点。因为当祭司们从女神对婚姻的原则性拒绝中获得合法性时，长老们渴望美丽国王的婚礼，而孪生的出神灵媒体现了对性和婚姻的矛盾心理，在婚礼仪式中显而易见。

这场竞赛似乎有可能通过几种不同的结果来解决。例如，目前，代表马苏拉-马苏利国王的异性双胞胎在寺庙的地位等级中占据相对较低的地位，但不难想象他们是潜在的出色的国王，占据了现在两位大祭司所占据的地位。我怀疑这种可能性是被排除的，因为很难否认双胞胎中的女孩的优越地位，这肯定会激怒长辈。相反，作为一个灵媒，她被降级为一个中间人的角色，帮助确认选择一个童贞男孩来代表女神。

这种神秘的安排（选定灵媒来选择代表万神殿的祭司）确保了女神的人类代表是来自巴图尔村的男性。但从长者的角度来看，这并不是一个完美的解决方案。一旦祭司被选中，作为神的受膏者的代表，他们就有可能脱离人类的控制。恍惚状态的出神灵媒提供了一种对祭司权力的检查，但这取决于他们在出神状态下所发表的变幻莫测的声明。一种更强大的控制手段是赋予古鲁们（他们都是长老）解释神话的权力，这些神话定义了寺庙活动的性质和范围。神话之所以具有根本的重要性，是因为人们相信每一代新祭司都是原始祭司身份的复制品，所以他们的角色在神殿创建时就被一劳永逸地定义了。碰巧有很多神话和传说，但并非都以书面形式存在。因此，大师们在解释中享有某种关联。最详细的故事为所有附属寺庙的起源以及寺庙的管弦乐队、舞蹈和仪式提供了解释。其他版本更简洁。我所听到的最简单的解释是，在湖边的火山形成之前，有 18 个人住在一个社区里，后来这个社区变成了巴图尔村。因为他们在知识和权力上是平等的，所以他们常常吵架。因此，巴厘的最高国王达勒姆·巴图连贡（Dalem Baturenggong）派遣了四位已婚贵族来统治他们。每对夫妇都试图统治这个村庄，但都失败了，因为人们拒绝接受他们的权威。经过几代人的争斗，六个原始居民的后裔来到爪哇的满者伯夷帝国寻求帮助。他们带着一份书面的特许和命令回来，接受一位巴厘蒙威（Mengwi）国王的后裔为他们的大祭司和统治者，另一位庞里（Bangli）国王的后裔为次级祭司，其他人都将享有同等的地位。所有的出神灵媒都是第一次被召唤，他们认出了两个童贞男是两个国王的后裔。我们将看到，这个故事与最近的历史事件很相似。

多种书面文本，包括《芭芭德·帕提索拉》（*Babad Patisora*）和一位长者最近编撰的神话和故事，讲述了更复杂的故事。例如，在一个版本中，女神的哥哥对妹妹拒绝嫁给他而生气，并烧毁了她在阿贡山上的宫殿。他们的父亲建议她搬到火山口湖去，这样就结束了争吵。父亲派了一位圣人，恩普·普坎甘（Empu Pucangan），来帮助女神踏上旅程。当他们到达巴图尔山时，她指向四个主要方向，告诉圣人用鞭子击打火山口湖四次。她在湖的分水岭上建造宫殿，而圣人在附近为自己建造了一个隐居之所。女神的母亲从爪哇派了六个人来侍奉她，他们住在湖边，女神赠予他们一个管弦乐队。随着时间的推移，村子里有了七十户人家；他们为女神建造了一座庙宇，这个村庄被分为东西两部分。因陀罗（Indra）神造访巴厘，将统治巴厘的权力授予女神和她的兄弟。因陀罗还下令，在庙里要举行各种仪式性的舞蹈，这些舞蹈仍在表演。女神要求因陀罗每年在一个叫佩杰维西（pagerwesi）的日子回到巴厘，并宣布她打算用流水作为礼物使这个岛肥沃起来。因陀罗走后，女神从村子里挑选了六个人，三男三女，成为出神的灵媒，然后由灵媒选出第一批寺庙祭司。

祭司的角色在另一个版本中有更详细的描述。在这个叙述中，巴图尔村是由达勒姆·巴图连贡国王从坦普尔亨、西纳拉塔、古农勒巴和萨普拉（Tampurhyang, Sinarata, Gunung Lebah, and Sapura）四个村庄的居民在恩普·普坎甘（Empu Pucangan）的隐居地创建的。16位长老和两位大祭司，都是用出神的灵媒选出的。第一位大祭司是平民家族帕塞克·卡尤·塞莱姆（Pasek Kayu Selem）的成员，他发现自己也是蒙威国王的后裔。蒙威国王的称呼很多，有雅利娅·穆提、古斯蒂·阿贡·孟维和德瓦·格德·本琴加（Arya Murti, Gusti Agung Mengwi, and Dewa Gde Bencengah）。从此以后，所有的大祭司都被认为是这位国王的后裔。

【169】

从苏巴克的观点来看，这些信仰的最重要后果，就是赋予了神庙的两个大祭司相当分散的权力。人们的注意力主要集中在大祭司死后挑选继任者的仪式上。在已故祭司的骨灰被放置在他们的女神庙后的几个星期或几个月，村民聚集在寺庙里。在村里每个成年成员的注视下，这对异性双胞胎带领着神庙的灵媒们举行了一场出神仪式，再现了马苏拉-马苏利在女神第一次来到巴厘时所扮演的向导角色。当灵媒达成共识（仍处于恍惚的出神状态）后，祭司带领一个游行队伍前往被选中孩子的家，并将他带到寺庙最深处的女神庙，他将登上女神庙。从此，两位大祭司就成了这对神圣兄弟姐妹的化身。他们之间的关系有一个模棱两可之处，很有趣：在大祭司面前，小祭司象征着阿贡山的神。但是这个神在女神的山上没有任何作用，所以他的祭司在仪式日历上占据了一个几乎空白的位置。当大祭司不在时，小祭司以女神代表的身份出现。

由于这些原因，授予最高权力的仪式，如神圣王权的仪式阿比塞卡·拉图，仅限于大祭司主持。大祭司在幼年被选中之后，他的家人搬到了寺庙附近的住所，在他的余生里，他的生活费都由寺庙承担。在较小规模的仪式中，寺庙也会为同意执行祭司葬礼仪式的未婚男女提供经济支持。这对未婚男女必须在余生中保持贞洁。据说，在过去，女子会因成了寡妇而被要求作为萨蒂在大祭司的火葬堆中自焚献祭。如今，她只需要从祭司的遗体中收集"尸水"，并把遗体送到杜尔迦神庙附近的一个小女神那里，祭司的骨灰将被安放在那里。男性的主要任务是烤公牛的头。这些模仿国王的葬礼仪式，在把祭司的尸体运到火葬场时达到高潮，火葬场位于一座宏伟的塔上，大祭司【170】有11层塔楼，小祭司有9层塔楼。村子里的所有其他居民，包括其他寺庙的祭司和长老，都只被允许使用一层楼高的塔，这意味着村子里没有种姓差别。然而，这条规则有一个例外：为大祭司举行死亡仪式的男人和女人不需要任何形式的葬礼，人们认为他们的灵魂已经完全准备好陪伴祭司到来世。目前，这位前一任次等大祭司的遗孀和一名男性矮人时刻准备着进行这些葬礼仪式。

在前面的文章中，我强调了乌伦·达努神庙的长老、祭司和灵媒之间争夺优先地位的幕后竞争，每个群体都喜欢有助于巩固其卓越地位的仪式。人们认为，这可能会导致混乱，但事实上，这些竞争大多对来访者是隐藏的，每个群体所提倡的各种象征和仪式并没有被视为不相容或对立的。相反，它们只是增强了寺庙的震慑力和神秘感，从守卫正门的矮人到与火共舞的灵媒，还有坐在"神圣厨房"里的上师，随时准备把他们关于神话的百科全书式的知识提供给来访者。因此，尽管存在内部冲突，但这座庙宇作为一个有条理的和有凝聚力的机构呈现在世人面前，它是巴厘世界两座最高庙宇之一。

事实上，从一位坐在寺庙库房附近的上师古鲁的视角来看，这个世界似乎是一个非常有序的地方。马塞提·帕莫斯等地方性的水神庙似乎是乌伦·达努神庙的微型复制品，每一座寺庙都有一个女神的神龛和一个与神庙位置相适应的当地万神殿。地方寺庙作为苏巴克的集群，通常也包括女神的神殿。就这样，对水神庙的崇拜似乎集中在女神和火山口湖上。同样，在乌伦·达努神庙举行的盛大仪式周期似乎是在田野神殿和较小的水神庙举行的无数仪式的高潮。从乌伦·达努往下看，整个水神庙的崇拜呈现出一套清晰、连贯、有组织、有系统的制度和信仰。

但不加批判地接受这种观点，就是犯了斯蒂芬·古尔德（Stephen Gould）和理查德·莱温廷（Richard Lewontin）在他们对过分乐观主义解释的著名批判中所指出的那种错误。古尔德和莱温廷以威尼斯圣·马可大教堂的中央大圆顶为例。圆顶的建筑包括四个拱肩（两个圆形拱门相交形成的逐渐变细的锥形三角形空间）。这些拱肩装饰有基督教宇宙图景（事实上，它们描绘了《圣经》中的四条河流：底格里斯河、幼发拉底河、印度河和尼罗河）。根据古尔德和莱温廷的说法，整个设计"是如此的精致、和谐和有目的性，以至于我们倾向于把它作为任何分析的起点，从某种意义上说，是周围建筑的原因。但这将颠覆正确的分析路径"。因为具有四方对称性的拱肩仅仅是圆拱上安装圆顶问题解决方案的副产品。[1] 工匠的天才不在于拱肩的创造，而在于找到方法将其整合成一个连贯的宇宙哲学的设计。

【171】

---

[1] S. J. Gould and R. C. Lewontin, "The Spandrels of San Marco and the Panglossian Paradigm: A Critique of the Adaptationist Program", *Proceedings of the Royal Society London, B*, Vol.205, 1979, pp.581–598.

乌伦·达努神庙是一个有序的水神庙等级体系的顶峰，其仪式周期被视为所有地方和地区生育仪式的顶点。但是这不能使我们相信它的存在，就像其他的水神庙一样，是一群苏巴克（或者确实是一位女神）的计划创造。相反，寺庙的前身更有可能是位于巴图尔村的一个地区的祖先起源寺庙普拉·巴努阿（pura banua），在邻近的高地村庄中，仍有几座此类寺庙。由于它在火山口湖边的偶然位置，普拉·巴努阿可以很容易地接受另一个身份，作为最高的圣水池帕蒂森（patirthan）或圣水的起源地。一旦这种认同发生，神话本身就可以帮助引导一种无计划的、机会主义的意义增值。一座渴望成为最高圣地帕蒂森的寺庙需要为所有包含丰产之神的生育神提供神龛，其潜在的会众在逻辑上将包括每一个苏巴克。但将自己定位在水神庙等级制度的顶端的最强大的动力可能来自先前存在的稻祭仪式的模式。正如我们所看到的，每当一个农民开始一个新的种植周期时，他都会进行一系列针对他自己特定的土地和作物的仪式。这些单独的仪式周期被认为是连在一起的，并在被供奉的苏巴克神庙中被放大。同样的放大过程在区域性的水神庙中再次出现。考虑到这种轮中之轮的扩展仪式周期的模式，一旦一座至高的水神庙出现，它很难抗拒将其仪式定义为主周期的逻辑。从无数农民向控制他们土地里生死的特殊神灵祈祷开始，经过地区水神庙里生育神灵和女神的万神殿，将在最高神庙的生育仪式（出生、生命、死亡：乌特佩蒂、斯蒂蒂、普拉丽娜）（utpeti, stithi, pralina）达到高潮。

黑格尔写道："我们不能说一个建筑物在奠基的时候就算是已经落成了。"[①] 只有经过一个缓慢的无意识的成熟过程，理性的象形文字才会显现出来。一旦地区性的水神庙，如马塞提·帕莫斯神庙出现，寺庙崇拜的节点和集群结构将不可避免地指向与火山口湖相关的最高水神庙。一旦寺庙开始履

---

① G. W. F. Hegel, *The Phenomenology of Mind*, translated by J. B. Baillie, New York: Harper Torch Books, 1967, p.75.

行这一职责，水神庙崇拜将作为一种思想体系（而不仅仅是当地生育仪式的混合体）达到一个新的层次，表达普遍的原则，最终将对苏巴克神庙施加压力，要求它们重新定义自己为湖泊女神祭礼的分支。然而，将自己重新定义为最高的水神庙的山庙将缺乏权威来强制遵守，因此，较小的水神庙将在其仪式和建筑上保留相当大的自由度。但是，从那以后，只要最高圣殿成功地寻求承认，水神庙的普遍等级制度就会成为现实。"一旦观念世界发生了革命，"黑格尔总结道，"那么现实就会招架不住了。"①

我的主张是，最高的水神庙是在水神庙体系形成的最后阶段出现的，因为山村适时地将它的村庙普拉·巴努阿（Pura Bunua）重新定义为一个普遍的最高圣地帕蒂森，或者是一座宇宙山的山顶的火山口的圣水的来源。这一解释的一些证据是历史性的，将在本章后面讨论。但最有力的证据是比较性的：只有几步似乎能把乌伦·达努神庙和其他山的普拉·巴努阿村庙区分开来。甚至还有一位与之竞争最高水神庙职位的候选人。在巴图尔湖北端的松安村，还有一座与该湖相关的重要寺庙。松安的祭司们声称他们的神庙是真正的女神庙，因为与巴图尔的神庙不同，它的实际位置在湖边。在这场竞争中，来自希望向女神致敬的数以百计的苏巴克和村庄的供品正源源不断地流入（正如我们将看到的，乌伦·达努·巴图尔神庙以前也位于湖边，直到1926年的一次火山爆发使得有必要重新安置火山口边缘的神庙和村庄）。在更广泛的意义上，乌伦·达努·巴图尔神庙与整个"普拉·巴努阿"类别的神庙有些惊人的相似之处。像乌伦·达努神庙一样，这些寺庙由数十个村庄支撑，这些村庄为每个月与月相相关的仪式循环提供材料。他们提供供品的义务源于这样一种信念，即每一个普拉·巴努阿村庙代表一个巴努阿或原始人类社会的起源，属于其会众的村庄被认为是其附属定居点。"巴努

【173】

---

① Briefe von und an Hegel I, 253–254, 引用自 Shlomo Avineri, *Hegel's Theory of the Modern State*, Cambridge: Cambridge University Press, 1972, p.68。

阿"(banua)一词来源于古代的南岛语"村落"或"社区"瓦努阿,同源词存在于大多数马来—波利尼西亚语中。其中一个最重要的普拉·巴努阿村庙位于距巴图尔村仅几公里的地方,位于火山口边缘最高峰的山顶。这座名为普拉·普卡·普里桑(Pura Pucak Penulisan)的寺庙由30个小村庄支撑。它不同于乌伦·达努,因为它不声称是女神的创造物。但是和大多数的普拉·巴努阿村庙一样,它没有得到皇室的支持,也没有雇用婆罗门教的祭司来执行它的仪式。

与乌伦·达努·巴图尔神庙更接近的是克亨寺(Pura Kehen),位于庞里王国王宫附近的普拉·巴努阿村庙。与乌伦·达努神庙一样,这座寺庙也具有多种功能;王子和婆罗门在其事务中都扮演着重要的角色。这座庙宇的主神是一位男神,据了解,他是庞里皇室的祖先。王室、强大的婆罗门家族和附近的19个村庄共同支持这座寺庙。克亨寺既是这些村庄的普罗·巴努阿即这些村庄的起源寺庙,也是庞里王朝的皇家起源寺庙。婆罗门的祭司承担起在寺庙里举行主要仪式的责任,以此来证明他们对王国和巴努阿的重要性。还有一个由16个非婆罗门的世袭寺庙祭司组成的等级制度。在乌伦·达努神庙,这些祭司分为男性和女性(称为左右)。右边最年长的祭司(男性)有着大祭司耶罗·格德的头衔,就像巴图尔的两位大祭司一样,有资格被抬到一座有11层塔楼的高塔里火化。但与巴图尔的大祭司不同,他可能不会期待神圣王权的仪式阿比塞卡·拉图,因为庞里已经有了国王。因此,克亨寺的领导层与乌伦·达努神庙的大多数成员一样,但他们的配置方式不会对王公贵族和婆罗门的权威构成挑战。

巴图尔村和乌伦·达努神庙位于前庞里王国境内。如果乌伦·达努神庙被国王控制,庞里的王公大概会履行这个角色。他没有做出这样的声明,这一事实可以用另一个神话来解释。据乌伦·达努神庙的上师说,克亨寺的男神也曾是湖中女神不成功的追求者。她拒绝了他,并逃到湖边。从此以后,

她拒绝到他的庙里去。她拒绝服从他的权威,这在每次乌伦·达努神庙的祭 【174】
司们前往大海的途中经过庞里时都会被回忆起来,这是为了获得圣水而经常
发生的事情。在这种情况下,女神和她的随从并没有在他的庙里停留,而是
向克亨寺支付罚款。古鲁上师们说,如果女神软弱并接受一个王朝的山神作
为她的追求者,她将从属于他的权威,男尊女卑的种姓原则会在巴图尔重新
获得突出地位。

但是乌伦·达努神庙的领袖们似乎并不担心这种可能性,他们相信他们
的女神;他们更担心的是潜在的竞争对手,比如松安湖神庙。如果苏巴克成
员开始动摇他们的信念,认为乌伦·达努·巴图尔神庙是女神的首选神庙,
那么松安的祭司会很乐意接受他们的供品。这就引出了关于乌伦·达努在水
神庙系统中的功能作用的最后一个问题。另一位人类学家布里吉塔·豪泽-
沙布林（Brigitta Hauser-Schäublin）认为,乌伦·达努神庙"毫无疑问是一
座皇家寺庙",它通过提供协调灌溉组织的手段,展示了神圣的王权。她认
为大祭司的崇高地位源自格格尔时代（14世纪）蒙威国王的祖先,认为他
是蒙威国王或克隆孔国王的代表。[1] 她对这一观点的证据相当于对本章前面
提到的一些神话的文字解释。但她提出这一论点的动力来自这样一个假设,
即最高的水神庙必须在灌溉管理中发挥核心作用,国王们肯定已经设法保持
对这一重要权力来源的控制。我在这里援引她的论点,部分是为了告诉读
者,我对这个问题的看法并不是没有争议的,但也要强调我的解释与这个观
点有多么不同。[2] 到目前为止,我所提出的论点中隐含着这样一个假设,在

---

[1] Brigitta Hauser-Schäublin, "The Precolonial Balinese State Reconsidered: A Critical Evaluation of Theory Construction on the Irrigation, the State, and Ritual", *Current An Thropology*, Vol.44, No.2, April 2003, p.42.
[2] 布里吉塔·豪泽-沙布林还批评了我强调的乌伦·达努女神的卓越地位,她观察到许多其他的神被包括在神庙的仪式日历中。但是苏巴克把他们的供品带到乌伦·达努神庙,因为他们希望向"使河流流动"的女神致敬。每年的最高仪式由大祭司在女神殿举行。事实上,在巴图尔神庙祭司的等级制度中,大祭司的至高无上源于他与女神的联系。

水神庙系统形成的最后阶段，一座村落神庙普拉·巴努阿转变为最高的水神庙。我现在想把这一论点再推进一步，并提出其在灌溉管理中的作用是确保该寺庙作为最重要的圣水池的附带产物。换句话说，寺庙在灌溉系统中的角色可能是其次要功能，而其核心目的是通过作为神圣的水源和净化场所来巩固其宗教和政治地位。这种神圣的水源不仅具有宗教意义，还可能被用来象征王权的神圣性和合法性，从而进一步强化寺庙作为宗教和政治中心的重要性。

【175】

在之前的一本书中，我描述了寺庙的大祭司参与灌溉管理的两种情况。第一种情况发生在苏巴克或苏巴克集团卷入水权纠纷时。这些案件往往由争端的一方当事人带到寺庙，而且相当多的情况下，一个或两个大祭司同意参与。上师们不能为这种介入提供任何神话或历史先例，但祭司作为女神所选代表的权威，在无法解决的争端中，让他们成为诚实的中间人是显而易见的选择。通常的程序是派遣有经验的寺庙信使西诺曼（sinoman）当场了解事实，然后安排苏巴克成员聚集在一座水神庙，接受大祭司的仪式性访问。应当强调的是，乌伦·达努神庙的祭司在这种情况下不能为自己援引任何具体的法律依据，但他们提出的妥协方案因其权威性而具有相当大的分量。现在的地位较低的祭司喜欢指出，所有流动的水应该被视为女神的礼物，提醒他的听众，众所周知，泉水已经干涸。

第二种情况，一群农民想要获取新的水源，或者增加他们现有的供应，或者建造一个全新的苏巴克。在历史的记忆中，几十个新的苏巴克被创造出来，其中许多位于巴图尔湖附近的高海拔地区。乌伦·达努神庙的祭司们似乎拥有默认的权力，如果认为这样做会对下游现有的苏巴克产生不利影响，他们将不允许修建新的灌溉工程。但是，如果得到允许，祭司们会提供帮助来规划新的寺庙和神殿，这是使苏巴克存在的必要条件。我的电影《女神和电脑》就展示了这种苏巴克的创造。

乌伦·达努神庙祭司的这两种干预都是应苏巴克或农民的要求而进行的，他们并不主动尝试管理灌溉系统或寺庙网络。换句话说，寺庙在灌溉中的作用似乎是偶然的和机会主义的。这一角色不是由上而下强加的，而是自下而上产生的：有时争端会出现在不属于同一寺庙团体的苏巴克之间，而当这种情况发生时，最高寺庙的大祭司就处于有利地位，能够促成有说服力的妥协。成功地调解争端和建立新的苏巴克，为寺庙的超自然权威提供了切实【176】的证据。这不是管理灌溉，而是寺庙祭司的目的。

在本章的第二部分，我将讲述巴图尔村如何努力控制其主导的大寺庙所产生的嫉妒和宗教狂热的冲突。我在早些时候的一本书中总结了欧洲游客对这座寺庙作用的历史观察。我将这些证据解释为，在19世纪早期，乌伦·达努·巴图尔神庙已经成为巴厘中部的最高水神庙，每年都有许多苏巴克成员前来朝拜和献祭。似乎没有必要在这里再重复一遍那些资料。相反，我希望进入证据更充分的20世纪，并将重点放在两个问题上：寺庙在水神庙祭礼方面的角色性质，以及村庄内部为管理自身和大寺庙而进行的斗争。

1917年，一场大地震摧毁了巴厘的许多寺庙和宫殿。几个月后，荷兰著名建筑师穆扬（P. A. J. Moojen）被雇为"荷属东印度群岛总督"，对新占领的南巴厘的主要寺庙进行了首次考察。乌伦·达努·巴图尔神庙是地震中受损严重的寺庙之一。在他提交给总督的第一份报告中，穆扬写道：

> 这里有六座寺庙，它们的地位高于许多村庄寺庙，这些寺庙对巴厘人来说是最神圣的，并且在它们所在的小王国的边界之外也受到尊

敬。写巴厘的几位作者给这六座寺庙起了不同的名字，弗雷德里克（Frederich）提到，在《巴厘的习俗》（Oesana）中，有不同的寺庙。不过，可以肯定的是，贝沙基（Besakih）神庙是最神圣的，其次是巴图尔神庙，也称为勒巴（Lebah）山神庙。报道人提供给我的进一步信息也指出了这一点，我甚至收到一份书面请求，要求尽快开始修复巴图尔神庙。①

幸运的是，他在这篇文章中提到的敦促立即修复巴图尔的真正信件，被【178】保存在位于莱顿的皇家人类学和语言学研究所的档案中。这封信于1918年11月27日由克隆孔王国的皇家税务师赛德汉·阿贡（Sedahan Agung）写给庞里的一位巴厘法庭官员和克隆孔的荷兰控制者。这封信是用马来语写的，反映了赛德汉·阿贡向外国官员传达乌伦·达努·巴图尔神庙重要性的声音。有趣的是，他对寺庙重要性的解释与上述神话主题相呼应。关键段落如下：

> 我希望你能建议庞里的（荷兰）统治者，让他协助修复巴图尔的乌伦·达努·巴图尔神庙，这座寺庙是被称为"湖之女神"的神灵的居所，她有控制水的能力，男性神有控制火的能力，这在巴厘宗教习俗中是非常重要的，因为巴图尔山和阿贡山的神是须弥山神的孩子，须弥山神被赋予了控制巴厘的权力……因此，按照你的工作人员早些时候在巴东的建议，巴图尔山和阿贡山接受敬拜是极其重要的：在巴图尔，如果

---

① P.A.J. Moojen, letter of 21 January 1919, pp.19–20. Archives of de Koninklijk Instituut voor Taal-, Land-en Volkenkunde（KITLV）, Leiden: Stukken ajkomstig van P.A.J. Moojen（architect,kunstschilder）, "Kultuurprobleme", stukken voornamelijk betreffende de restauratie van tempels op Bali, met platte gronded. Ca. 1930. 1 bundel. H 1169: 17.

人们得到他们父亲的帮助，事情就很容易解决。

穆扬热情地写道："神圣的名声，来自这座寺庙，巴图尔火山在1905年最后一次喷发后，便以神奇的方式从彻底的毁灭中被拯救出来，甚至更甚。炽热的熔岩流在正门入口处莫名其妙地停住了！"①

这一描述得到了尼乌温胡斯（Nieuwenhuis）画的草图的证实，他在火山爆发后不久参观了这座寺庙。穆扬估计，修复巴图尔神庙的费用为3万荷兰盾（gulden），这在1918年是一笔不小的财富——包括一笔可观的劳动力预算。巴图尔是唯一一座穆扬要求为劳工提供资金的寺庙，原因非常有趣。正如他在报告中所解释的，"（其他寺庙）无劳动力工资预算，但有一个预算我却破例了，那就是巴图尔神庙……（与贝沙基寺一样），巴图尔寺对整个巴厘的人口都很重要，岛上几乎所有地方都在那里建造或出资建造了较小或较大的神殿"②。

因此，根据穆扬的报告，巴图尔的重要性超越了以前王国的边界。与其他寺庙不同的是，对巴图尔的支持不仅来自附近的村庄，还来自全岛。这些报告支持这样一种观点，即在殖民时代之前，巴图尔寺的作用和今天一样，是最高的水神庙，既不是庞里王朝的皇家神庙，也不是普通的普拉·巴努阿村庙。在穆扬的报告发表几年后，另一次大型火山喷发，这座寺庙再次引起了在巴厘的荷兰高级官员的注意：

【179】

巴图尔村位于1926年8月之前的巴图尔火山下。这是一个整洁、

---

① "1905年巴图尔火山最后一次喷发后，这座寺庙的圣洁呼声大大增强，因为奇迹般地，它没有被完全摧毁。毕竟，那炽热的熔岩流就停在了大门前！" P. A. J. Moojen, letter of 21 January 1919, p.38.

② P. A. J. Moojen, letter of 21 January 1919, p.38.

保存完好的村庄，从火山口可以清楚地看到……

1926年8月3日凌晨1时，巴图尔山开始喷发。沿着西北坡出现了一条长长的裂缝，伴随着很大的响声和雷声，大火和许多熔岩喷涌而出。我得知这件事，就去了巴图尔村的金塔马尼（Kintamani）。要对这里的情况全面了解是不可能的：这里的居民并不担心，他们相信神的力量和意志，相信那座曾经使熔岩流停止的神庙。从上面你可以看到熔岩流并没有向村庄移动。然而，在我看来，持续不断的火山喷发最终会填满这个村庄所在的山谷。第一天下午，在离村子1200米的地方形成了一个新的熔岩源。伴随着柴油机的声音，它定期地喷出大量血红色的炽热熔岩。一条熔岩流开始向村庄移动……

在这一切之上，天空是血红色的，被21个熔岩泉染红了，熔岩怒目而视，喷涌而出。巨大的爆炸声震耳欲聋；回声在火山口边缘久久不息。[①]

这篇报道接着描述了这个村庄和寺庙的废弃，它们被慢慢地埋葬在巨大的熔岩潮中。巴图尔人有时间收集他们的财产，包括存放在寺庙里的管弦乐队和仪式用具，并爬到火山口边缘，在那里他们被邀请到附近的巴永·格德（Bayung Gde）村避难，作为客人待了三年。他们到达后不久，就开始向殖民地政府争取土地和财政支持，以便重建寺庙和火山口边缘的村庄。这引发了殖民当局对这座寺庙重要性的又一次评估。行政官哈尔（Haar）在1927年的一份报告中描述了从巴厘全体人民为重建寺庙而动员资金和劳力的情况：

[①] "Memorie van Overgave der onderafdeeling Kloengkoeng", door Controleur J.C.C. Haar, 27 May 1926–3 February 1930, pp.22–24, Leiden: Archives of the Koniinklijk Instituut voor Taal-, Land-en Volkenkunde.

此刻，巴图尔村的村民们正忙着为新寺庙准备场地。已经要求巴厘【180】全境通过捐助的方式为参与这一新的建设做出贡献，但稍后将由庞里的阿纳克·阿古翁（统治者）更密切地准备并再次提出建议。据估计，每个家庭户主要缴纳 5 美分。如果你计算大约 100 万的人数（1920 年，人口普查显示大多数家庭由 5 人组成），那么大约 20 万人会带来 1 万荷兰盾。

寺庙及其附属建筑的重建直到 1935 年才完成。同时，不久之后搬到临时住所的巴永·格德村，大祭司耶罗·格德（Greater Jero Gde）死亡，举行了盛大的葬礼。荷兰殖民政府为巴图尔的人民分配了房屋和寺庙用地，并安排对位于主要的南北公路上的一个重要的当地市场征收交易税，以帮助支撑寺庙。1935 年举行了一个仪式"卡亚·梅拉斯帕斯"（karya melaspas）来庆祝寺庙的完成和村庄的重建。

几年后，荷兰人被日本海军驱逐出巴厘。这一事件被古鲁上师们视为该村历史上的一个转折点，一个持续到 20 世纪 80 年代的派系纷争时代的开始。最初，日本政府几乎没有给巴图尔人民施加什么负担。1942 年，几个新的萨迪克通灵者（sadeg）被任命，随后在他们的帮助下，一个大祭司耶罗·格德的继任者被确定并任命。但在那一年的晚些时候，日本人派了他们的一个宠臣，一个来自庞里的贵族，去了巴图尔，目的是获得一份该村无地家庭的名单。日本人提议把这些人作为强制劳工送到西里伯斯岛。当这一要求传达给村长潘·马德里（Pan Madri）时，他召集了村里的一次大会，说明情况并提出计划。在那时，日本人已经变得不受欢迎了，因为他们强迫劳动，蔑视巴厘人。马德里建议村里对这一要求采取统一的立场，并敦促所有拥有土地的人以极低的价格向无地者出售少量土地："如果有人必须去，那就让我们都去，让全村变空！"这个计划被接受了，最后没有人被流放到西里伯斯。在后来的几年里，马德里成为众所周知的抗日英雄。但1945年日本战败后，荷兰人重返巴厘引发了政治危机。随着反殖民主义者和游击队员寻求村民的支持，城市中民族主义运动的兴起逐渐影响到农村。1945年，【181】四个民族主义者找到并联系了马德里。他同意加入民族主义事业，并帮助动员巴图尔的支持。这一决定产生了多重影响，最终导致了村庄的分裂和9年后对马德里本人的谋杀。

第一次危机发生在几个月后的巴图尔，当时五辆吉普车载着全副武装的殖民警察，一群坐在路边食品摊上的人被吓了一跳，其中包括三名疑似民族主义者。当这些人准备逃跑时，士兵们准备开枪，但是旁观者喊着"不要跑"，这三个人被带到庞里接受审讯。两个月,后他们安然无恙地回来了。但他们的被捕引发了该村的两极分化，形成了支持和反对民族主义的派系，马德里领导着民族主义者。反民族主义者由庞里的王公领导，他敦促每个人戴上头巾，表明他们是亲荷兰的。作为回应，民族主义者的同情者们在森林里组织了一次秘密会议，会议建议所有的民族主义者宣誓并在名单上留下自己的指纹。这项计划被普遍认为是危险的，马德里提出了另一种选择。他把村民召集在大庙里，要求每个人都发誓，虽然他们表面上服从殖民政府，但在内心深处，他们是一个民族主义者。有了这个无形但有约束力的誓言，巴厘政治的微妙之处将战胜荷兰人，而不再是一份可以被窃取或复制的文件。但在一些村民中，亲荷兰的情绪依然强烈，他们对马德里试图让所有人都参与民族主义事业感到不满。1947年，这种不满情绪集中体现在一项创建村镇银行的计划上。

这项计划起源于殖民政府，得到了该村主要长老之一潘·桑蒂（Pan Santi）的支持，潘·桑蒂的支持被认为是亲荷兰派的非官方领袖。他们的想法是要求全村公民向银行缴纳一小笔初始捐款，然后银行将贷款给村民，由村里管理。但有7人拒绝为银行的成立出资，并谴责这是殖民地的政治策略。银行的问题因此成为支持和反对殖民主义的一个焦点。潘·桑蒂成为民族主义者眼中亲荷兰的人物，并成为可能被暗杀的目标。1948 年，马德里在外神庙召开了另一次会议，宣布所有支持银行的人都应该站起来，一起站在北端。这个团体立即决定脱离这个村庄，建立一个新的村庄，"北巴图尔"。这个决定很快得到了省政府的批准。作为报复，马德里禁止北巴图尔人进入最高水神庙（乌伦·达努·巴图尔神庙）。与北巴图尔的普通公民一样，这项禁令也适用于 6 名寺庙祭司，他们因此无法在寺庙行使职权。灵媒【182】从南巴图尔的年轻人中挑选了 6 名新祭司来接替他们的位置。

潘·桑蒂成为北巴图尔的村长，并在庞里的反民族主义政客中寻求盟友。庞里的高种姓精英阶层中很少有人支持民族主义事业，荷兰人的失败使他们处于尴尬的境地。但是到了 1950 年，新政党的形成给了他们一个机会来重新定义自己在新政治气候中角色的机会。潘·桑蒂利用庞里宫廷精英的支持，在法庭上提出了农地所有权的问题。火山爆发造成了一些混乱，原来属于寺庙的土地现在被来自南巴图尔的人耕种，他们认为没有理由让宝贵的土地无限期地休耕。像筹码一样，这成了一个两极分化的问题，潘·桑蒂利用他在庞里的关系，在法庭上追究这件事，令马德里感到不安。

南北派系之间关系的紧张在 1953 年达到了顶点，当时马德里反对在北巴图尔的妹夫对待他妹妹的方式，并把她带到他身边。1953 年 10 月，马德里被匿名刺客开枪击中，但幸免于难。但 1954 年 3 月 15 日的早晨，在去寺庙的路上，他被两名男子开枪打死，这两名男子后来被审判，并被判为职业杀手。其中一名杀手的身份是从一块手帕上确定的，手帕上印着他的名字，他把手帕掉在谋杀现场。凶手分别被判处 10 年和 15 年，在对他们的审判中，第三名来自北巴图尔的男子被认为是谋杀的煽动者。这个当地人只被判了 2 年监禁。谋杀本身和对杀人者的从轻判决激怒了马德里在南巴图尔的支持者，特别是考虑到马德里作为抵抗日本和荷兰的民族主义英雄的地位。几个月后，马德里的儿子西耶姆（Siyem）被选为南部巴图尔的村长。不久之后，北巴图尔的几名男子被指控为荷兰人进行间谍活动，遭到报复性杀害。

20世纪50年代初，派系之间的竞争被新政党的身份掩盖。颇具讽刺意味的是，北巴图尔支持印尼民族党（PNI），而南巴图尔支持"更进步的"团结党（PSI）。这样，杀害马德里的事件就与民族党有关。随着两个村庄之间的竞争加剧，北巴图尔的14个家庭决定在这场争吵中采取中立立场，并在1955年请求地方政府允许成立一个新村庄："中巴图尔"。他们得到了许可，【183】但这一计划并没有大获成功：村民们在北巴图尔的前盟友们被惹恼了，而南巴图尔派拒绝让他们返回寺庙做礼拜，除非他们重新加入南巴图尔。

相反，中间派巴图尔决定保持独立，并逐渐开始履行其作为调解人的承诺。1957年，次级大祭司去世，南巴图尔村为他举行了精心准备的葬礼。灵媒选择了他的一个侄子——一个来自中巴图尔的年轻人作为他的继任者。[①] 这个年轻人不仅在寺庙，而且在三个村庄之间的政治斗争中很快就开始发挥重要作用。20世纪60年代，共产党开始在北巴图尔站稳脚跟。当时的经济条件很糟糕，土地改革和财富再分配的承诺吸引了穷人。潘·桑蒂（后来成为北巴图尔派系的领导人）发现自己被边缘化了，随着他的支持被削弱，他与马德里的儿子、南巴图尔的村长西耶姆建立了新的联盟。据我的报道人说，到那时，潘·桑蒂与印尼民族党的联系使他与北巴图尔的共产主义派系产生了冲突。他被允许重新加入南巴图尔，这是对他的政治技能的赞扬，他很快在村里的领导层中重新获得了显赫地位。到了20世纪60年代初，南巴图尔和最高水神庙由四个有权势的人组成的联盟控制：西耶姆（被谋杀的马德里的儿子和继承人）、潘·桑蒂和两位长老，巴东大师和苏玛大

[①] 当老祭司奄奄一息的时候，有人问他如何处理他收藏的大量手稿。他轻蔑地回答说，既然没有别的人能解释，那就干脆把它们烧了吧。不幸的是，他的愿望实现了。他的小侄子（现在的次级大祭司）参与了焚烧，他现在认为这是一个灾难性的错误。

师。这个团体竭力保持对寺庙的控制，这就意味着把年轻的次级大祭司置于他们的控制之下。当次级大祭司的父亲去世后，巴东娶其父亲的遗孀为妻，将年轻的大祭司置于其父权控制之下。

到1963年，潘·桑蒂重新成为村里和乌伦·达努神庙的第二号人物，仅次于村长西耶姆。那一年，他得以推进一项雄心勃勃的计划，为南巴图尔建造一座新村庙。但是，1965年开始杀害共产党员嫌疑人时，潘·桑蒂因为曾与北巴图尔的共产党员有联系而受到怀疑。来自北巴图尔的7名男子被敢死队屠杀，潘·桑蒂躲藏起来。村长西耶姆把潘·桑蒂置于他的保护之下，这样做被认为是挽救了他的生命。这使得西耶姆成为乌兰·达努神庙和村庄无可争议的首领。然而，大屠杀结束后不久，按捺不住的潘·桑蒂开始【184】恢复与西耶姆的竞争。1967年，潘·桑蒂召集了一批追随者，创建了第四个村庄即"第四巴图尔"（Batur Catur）。潘·桑蒂再次向当地政府提出对新村的法律承认，但这次被拒绝。

潘·桑蒂被暂时免职后，西耶姆作为村长所面临的唯一潜在对手是次级大祭司，他开始就自己在寺庙的权力范围提出令人不安的问题。当时，像大多数巴图尔的平民一样，年轻的祭司和他的兄弟生活在贫困中。看到自己改善境况的希望渺茫，这位年轻祭司开始考虑自愿参加一个政府项目（"移民计划"），他将被重新安置到苏拉威西岛，在那里他将得到土地耕种。巴图尔的几个家庭已经自愿参加了这个项目。当他下定决心后，祭司走到湖边的普拉·贾蒂神庙向众神宣布他的意图。但在从寺庙回家的路上，他被一辆车撞了，醒来后发现自己躺在医院的床上。他的朋友和支持者在他康复期间看望他。有几个人建议他把这次事故解释为他不应该离开的信号，相反，他应该待在巴图尔，在神庙里找到自己的位置。这位祭司被这个论点说服了，当他从伤病中恢复过来后，他回到了巴图尔，开始与四个村庄的领导人会面，讨论向巴图尔所有人开放寺庙的可能性。西耶姆（南巴图尔的村长）对此的回应是，对这个祭司发出一种诅咒，禁止所有南巴图尔的居民和他说话。作为回应，祭司开始了到岛上其他寺庙的朝圣之旅，向众神祈祷并寻求指引。与此同时，不仅在南巴图尔，而且在其他村庄，他的支持者也在增加。人们还记得 20 世纪 70 年代时，四个派别的成员经常被召集到街上用拳头、石头和棍棒打架。愤怒的地方官员和行政人员经常把这三个被认可的村庄的村长召集到庞里，告诫他们和平解决问题。当他完成朝圣后，这位年轻的祭司在湖边寺庙秘密会见了来自四个派别的领导人，并提出了一个折中方案：这三个村庄将作为行政单位保持完整，由它们自己选出的代表管理，但巴图尔村将在精神意义上重新统一，所有公民都可以在乌兰·达努神庙自由礼拜。被驱逐出寺庙的祭司和长老将被允许恢复原来的身份。寺庙的管理委员会将成

【185】立，代表由村长选出：南巴图尔因规模较大，有两名代表，北巴图尔和中巴图尔各有一名代表。第四巴图尔（祭司之家）被排除在计划委员会之外，因为它并没有被正式承认。这项计划承诺减少无休止的派系冲突，并允许巴图尔所有人民返回寺庙。这也将有助于恢复祭司在寺庙的显赫地位，同时削弱统治南巴图尔的四个人的权力。

当有人向南巴图尔村的村长西耶姆提出这个计划时，他屈从于不可避免的事实，同意了这个计划，条件是他将保留南巴图尔的全部行政权力，不受两大祭司的干涉。整个巴图尔社区聚集在乌伦·达努神庙，庆祝该村庄的重新统一和北巴图尔被流放的祭司在该寺履行职责。几乎立刻，村里和寺庙里的事情都开始好转。派系之间公开的敌对行动停止了，寺庙开始吸引越来越多的来自苏巴克和王公的支持。重新统一的时机特别合适，因为在 20 世纪 80 年代初，宗教部的政府官员开始了一场运动，以加强他们在巴厘最著名寺庙管理中的作用。这项努力在阿贡山的姐妹寺庙贝沙基寺取得了显著的成功，那里的有效控制权从当地村庄和克隆孔王室转移到了宗教部和类似政府的宗教组织。所有巴图尔派系的领导人都有共同的利益，即保持对他们最高

的水神庙的控制，这意味着他们需要证明他们有能力这样做。与此同时，在 20 世纪 80 年代，大祭司逐渐成熟。他结了婚，当了父亲，开始在寺庙事务中扮演积极的角色，他全身心地虔诚于女神并失去对内部政治斗争的兴趣。大家广泛认为，这被解读为女神明智选择的证据。

￼

我花了这么长时间来完成这本书，最好的缘起是巴图尔及其寺庙故事的复杂性。如果像几位作者所说的那样，在过去的某个时候，巴厘的灌溉是由国王集中管理的，如果修建乌伦·达努·巴图尔神庙是为了维护王室对灌溉的权威，那么这本书中提出的大多数论点都必须重新考虑。因此，必须澄清寺庙的地位，这项任务被证明具有出乎意料的挑战性。我从古鲁上师、长老【186】和祭司那里得到的信息有许多不一致之处。起初，我把这些明显的矛盾归因于 1957 年寺庙的大部分图书馆被毁的悲剧。事实上，几位大师和长老告诉我，许多重要手稿的丢失迫使他们不得不求助于他们容易出错的记忆。但后来我意识到，对立派系的成员们向我提供的不仅是不完整的，而是相互矛盾的事件版本。当我了解到 20 世纪 60 年代对次级大祭司的诅咒时，我才清楚地意识到他们之间的对立之深。显然，对巴图尔的显要人物来说，谈论圣殿往往意味着揭开伤疤。

事情在 1995 年开始变得明朗起来，潘·桑蒂出版了一本长篇专著，讲述了他自己对巴图尔及其神庙历史的看法。那时，这位老人在另一个村庄过着自我放逐的生活。就连他的朋友也认为，他在巴图尔树敌太多，无法继续在那里生活下去。这本专著给了他一个机会，可以说是用最后的话来了结旧账。事实上，他所说的很多东西都是高度党派化的，但这并没有降低这本书对我的价值。相反，这为他提供了一个机会，让他可以与以前的竞争对手谈论他们对村里发生的事情的记忆。更妙的是，有一天，两位大祭司决定，为了大家的利益，我应该做出一个准确、公正的解释。为此目的，他们提出把原来老派系中尚存的主要人物召集起来回答我的问题。

这样的聚会有三次，都是在内殿里举行的，在那里（次级大祭司提醒大家）说谎是不可取的。潘·桑蒂没有受到邀请，但迟早这些人要包括四个村庄的所有领袖，包括古鲁、长老和祭司。在第一次会议上，我有点犹豫，不想提出尖锐的问题，但很快我就发现，大多数老人现在都愿意坦率地谈论过去。他们中有几个人一开始就表示，对街头斗殴的时代已经结束表示宽慰，并赞扬次级大祭司使村庄重新团结起来。尽管如此，双方还是进行了几次激烈的交流，我同意不发表有争议的声明或言论。这些会议不仅使我有机会修正感想和收集新的信息，而且就我之前得出的结论征求了关键性意见。这个特权大大弥补了我先前的挫折。

【187】即使是最年长的老人，他们的记忆也没有延续到村庄从湖岸转移到火山边缘之前的时间，当然，他们对前殖民时代也没有直接的了解。但是在20世纪，根据他们提供的信息，很明显巴厘的王室在寺庙中并未承担管理作用。相反，他们作为见证人和客人参加寺庙仪式。其他时候，巴图尔的祭司也被邀请参加宫殿里的重要仪式。例如，1965年，寺庙派出了一个由祭司、舞者和音乐家组成的大型代表团，参加为克隆孔君主举行的葬礼仪式。此外，一些古老的王国在庙中仍然保留着实体存在：寺庙里有几个王朝的祖先神的神殿。有一段时间，庞里的国王在寺庙入口附近有保留一座房子，以便随从们来拜访时可以在那里过夜。

然而，这些神龛和互访并不意味着寺庙对国王的从属，而恰恰相反。巴图尔的精英们很自豪，因为他们每年都要在巴厘举行最复杂、最精致的一系列寺庙仪式。国王们在这一仪式周期中并非多余；在仪式高潮时，他们明确地服从于女神。这在一个叫作普拉克蒂（pulakerti）的仪式中最为明显。普拉（pula）的意思是"种植"，而克蒂（kerti）的意思是"善良"，或"美好的事物"。"善良的种植"标志着寺庙仪式的高潮。它发生在两个主要的神殿的脚下：一处是女神的十一顶塔，另一处是她的兄弟，大地之主（巴塔拉·梅杜韦·古米）的九顶塔，他被认为是阿贡山的神，也是克隆孔的最高皇族。普拉克蒂仪式的中心是种植一篮子象征物，这与前一章所述的贝班吉并无不同。但是，虽然贝班吉是由吸引和诱骗布塔卡拉的迷人物体组成的，但克蒂用来代表内在自我和生活世界的不可缺少的组成部分。它包括五种贵金属，108 种野生和驯养动植物的标本，还有 15 个字母符号，可以用来代表所有的单词、音乐、诗歌和魔法符号。除了两个大祭司之外，所有的祭司都以他们所代表的神的名义参加克蒂的集会。

两份普拉克蒂供品被准备好，大的一份是大祭司要献给女神的，小的一份是次级大祭司要献给女神哥哥的。在十月初的仪式开始时，他们被放在主要的祭坛上，当女神下塔时，数十支乡村管弦乐队前来迎接她。在接下来的十天里，克蒂很快就被苏巴克堆在他们周围的祭品包围了。在仪式的最后一天，两位大祭司在两座神龛的底部挖出前一年的普拉克蒂供品的残余，然后埋葬（或"种植"）新祭品。与此同时，祭司们念诵咒语，祈求【188】两位神明赋予克蒂所拥有的一切都充满活力，从而在新的一年里带来增长和繁荣。大祭司还举行了一个称为彭耶杰（pengeieg）的次要仪式。这个有趣的词的意思是"使某物坚固，不会动摇或崩溃"。这个仪式是为了加强克蒂的成长力量。

关于女神和她的祭司在她的领域内统治至高的说法，可以通过一个公认的微妙的区别来明确地表达出来，我与聚集在一起的祭司和长老交谈的主要目的之一是保证我可以正确理解这一点。当大祭司把普拉克蒂献给女神时，他被称为维布萨克蒂（Wibusakti）。同时，次级大祭司获得了普拉布萨克提（Prabusakti）的头衔，因为他把普拉克蒂献给了大地之神。然而，正如祭司和古鲁特别指出的，在阿贡山上的贝沙基皇家寺庙，这些头衔的等级是颠倒的。在贝沙基，大地之主是至高无上的，因此普拉布萨克提高于维布萨克蒂。克蒂种植是在神庙的主要祭坛后面进行的，大多数会众都看不到。但正是这种仪式，特别要敦促巴厘的王室成员见证。根据祭司和长老的说法，它代表着每年一次的仪式周期的高潮，其他所有的仪式都是在为此做准备。他们说，这是为了遏制瓦解和混乱的力量，恢复男性和女性力量的平衡，并使给生命世界带来生命和成长的元素充满活力。我希望进一步推动他们的解释，并认为这些仪式有助于增强了土地、苏巴克和地区水神庙的仪式循环，从而表达了女性生长原则的普遍性，将其扩展到作为苏巴克仪式重点的农作物之外，包括"所有有呼吸的生物"（sarwwa prani hitangkaram），表达了"愿一切众生幸福"的祝福和祈愿。

但我们对巴图尔人的问题还没有完全结束。他们成功地举办了这些盛大的成长与和谐庆祝活动，只会加深一个谜团：为什么他们似乎觉得很难把自己的想法记在心里，为什么这个村子里的派系斗争如此激烈？与苏巴克的比较或许能提供一个答案。当巴图尔的一个孩子被选为神在尘世的代表时，神界和世俗之间的界限变得有点模糊。村子里几乎每个人都有某种特殊的服装，表明他或她在寺庙里的角色，即使只是一条红色或绿色的头巾，以表明一个人是否在满月或新月的开始服务于神。这些象征当然是他们自豪感的来【189】源。大多数的祭司和长老多选择长久穿着寺庙服装，大祭司自被拣选的日子以来，就再没有穿过寻常的衣服。在这种对神圣世界的认同中，他们更像是重生的王公和婆罗门，而不是普通的农民，他们从苏巴克的仪式中学到了截然不同的一课：他们共同的人性，以及在向神明祈求时相互依赖的需要。

第七章

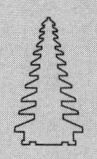

实现完美的秩序

推动研究这本书的最初动力，是发现巴厘水神庙网络的计算机模拟会自【190】动组织起来，前提是网络的每个节点都具有适应其当地环境的能力。随着模拟网络的结合，它们解决问题的能力从单个节点扩展到整个网络。这样，整体就变得比所有部分的总和更有意义，这是亚里士多德注意到的现象。[1] 从这个角度来看待水神庙，提供了一个利用数学工具来研究适应性网络的机会。但是数学的有效性取决于真实的水神庙网络与模拟模型的相似程度。

我和我的同事为回答这个问题所进行的田野调查，最终引导我们从另一个角度来思考涌现过程（这个角度源于黑格尔，而不是亚里士多德），作为理性在制度中的逐步体现。虽然这两种方法有很大的不同，但最终是为了理解变化变得不连续的时刻：当变化不仅是量的增加，还导致一些真正不同的质的飞跃。到目前为止，我们一直将这两条线索作为独立的主题进行研究。在最后一章中，我将重温已经讨论过的每一个问题，然后继续讨论它们之间的关系。

第一个问题是，将水庙网络视为复杂适应系统是否能够有所收获。为了回答这个问题，有必要考虑它们的起源。在巴厘大地种植水稻可能是不可避免的。第一批南岛语族殖民者可能已经将水稻引入巴厘的沿海定居点，无论如何，到了公元后的第一个千年，爪哇岛等邻近岛屿上的农民开始种植水【191】

---

[1] Aristototle, *Metaphysics*, Book H, 1045, pp.8–10.

稻，巴厘人通过贸易网络与这些岛屿保持联系。但是，水稻种植是否会扩展到岛上陡峭的内陆地区，这一点也不能确定。为了实现这一目标，古代的巴厘农民必须设法将水从绵延数公里的坚硬岩石中输送出去，并说服自己相信，在山上修建灌溉系统的潜在好处超过了付出的成本。那些选择进行这种冒险项目的人无疑希望获得丰厚的回报。早期的皇家铭文表明，在早期王国，稻田被视为私有财产，不同于由村庄控制的公共土地。

铭文也让我们得以窥见苏巴克和水神庙的起源。内地崎岖的地形需要能够管理灌溉工程的机构，而灌溉工程不在单个村庄的领土内。苏巴克出现在11世纪的皇家铭文中。今天仍然是这样，最初的苏巴克是由一群农民组成的，他们共享一个灌溉水源。但随着种植面积的扩大，农民最终面临着更大规模的灌溉协调问题。没有出现明显适合的解决方案来扩大苏巴克的大小和范围。相反，苏巴克群体通过水神庙进行互动与协调。

水神庙网络的形成是由帕蒂森的概念演变而来的，它从一个神圣的水池演变成了象征着神明祝福的圣水来源。每一处流动的水源被使用它的农民视为上天的馈赠。通过向水源地的圣地请求蒂尔莎，他们可能会得到寺庙神灵的祝福。因此，灌溉系统中每一股水流的源头都需要一个神殿或寺庙。这样，水神庙网络绘制出一个物理灌溉系统的地图。通过将自己定位在不同的节点上，农民可以对一块田地到整个流域的任何一点施加控制。

在古老的巴厘，当地在几个苏巴克之间协调灌溉的实践可能会产生小的网络。随着灌溉规模的扩大，这些网络将逐渐融合，正是在这一点上，复杂自适应系统的概念变得相关。以这种方式观察水神庙，可以得出以下几个结论：

网络可以解决问题

在水神庙网络中对种植模式的选择进行建模，能够快速生成一个解决方案，可以非常准确地预测实际的同步种植模式。这种自我组织过程优化了环境参数，提高了作物的平均产量，减少了产量的差异。[①]

从局部到全局解决方案有一个发展过程

随着模拟的进行，同步种植的区域逐渐扩大，通过减少虫害来提高作物产量。后来，随着水量分配的调整，小块地的边缘地带也发生了变化，从而进一步提高了产量。最终，整个网络的平均收益率提高，而产量波动减少。

网络结构问题

改变速率常数，如灌溉流量或害虫种群动态，对模型的定性行为没有影响。相反，节点的连接结构和搜索参数 k 有显著的影响。[②]

不需要更高层次的控制

在我们的模拟中，最高的平均水稻产量是由自我组织网络产生的，而不是那些模拟高层次控制的网络。网络对不断变化的环境条件的快速适应能力是产生这种效应的主要原因。在现实世界中，似乎苏巴克组织收集并讨论了有关其当地环境的信息，但没有更高层次、流域规模的尝试来计划灌溉或种植模式。

这种动态与巴厘的特殊性无关

这是一个惊喜。我们的数学分析表明，关键的创新是网络的自我组织能力。这种能力不依赖于我们研究的河流的具体水文特征，也不依赖于水稻和水稻害虫的生物学。如果苏巴克种植玫瑰并管理蚜虫，某种形

[①] 我们在1999年发表了一篇关于这个过程的数学分析的论文。J. S. Lamsing, J. N. Ktremer, and B. B. Smuts, "System-Dependent Selection, Ecological Feedback and the Emergence of Functional Structure in Ecosystems", *Journal of Theoretical Biology*, Vol. 192, 1999, pp.377–391.
[②] 兰星、克莱默和斯慕茨对这个主题进行了深入讨论。J. S. Lamsing, J. N. Ktremer, and B. B. Smuts, "System-Dependent Selection, Ecological Feedback and the Emergence of Functional Structure in Ecosystems", *Journal of Theoretical Biology*, Vol. 192, 1999, pp.377–391.

式的网络结构仍然会出现。类似的自我组织网络可能存在于其他地方，但是没有被识别出来，因为在过去我们缺乏一个自下而上的控制网络的概念模型。

这些抽象的网络行为模型能告诉我们多少关于巴厘水稻梯田管理的信息？我们的第一个乌斯河和佩塔努河模型显示，同步种植的规模对水稻产量有很大的影响，因为它影响了水资源的分配和害虫种群的动态，这些结果通过模型预测与收获数据的比较得到了证实。通过抽样调查，我们也证实了农【193】民对同步种植和病虫害控制之间的关系有很好的理解。此外，我们对苏巴克会议的记录显示，他们根据不断变化的环境条件调整了同步种植的规模，并努力确保所有成员执行灌溉计划。但是，绿色革命的经验是最好的证据，证明水神庙网络作为复杂的自我适应系统发挥作用。当农民被告知要尽可能多地种植并放弃模板化的调度系统时，这就像反向运行我们的网络模型，并导致类似的混乱结果。

总的来说，水神庙的功能就像网络中的节点，使苏巴克能够适应不断的条件变化，从而最大限度地提高水稻产量。但是为了实现这种可能性，农民必须在几个层面上进行有效的合作：不仅是在苏巴克内部，而且是在多苏巴克群体中。阻碍这种合作的是"公地悲剧"问题。因为，从长远来看，公平地分配可用的水最符合每个人的利益，但短期来看，任何一个农民都可以得到比公平份额更多的水，减少对灌溉工程的维护贡献，从而获得更好的收益。

我们用博弈论的抽象语言阐述了这个问题，并提出了一个可能的解决方案。控制灌溉流量的能力并非对所有苏巴克成员都一样。上游的农民掌握着水流的开关，而下游的农民没有这种控制权。但是下游的农民可以选择一种可以影响水稻害虫迁移到上游邻居田地的种植方式。这给了他们在灌溉问题上讨价还价的筹码，使合作也成为上游农民的最佳策略。10 个苏巴克的抽样调查表明，农民的态度与该模型的预测一致：上游农民担心虫害，而下游农民更担心可能出现水资源短缺。

这一观点为寺庙网络合作的出现提供了一个合乎逻辑的解释。虽然没那么正式，但农民们显然充分意识到合作的实际好处。然而，尽管如此，我们对帕莫斯水神庙网络中的 14 个苏巴克的观察表明，苏巴克是非常脆弱的机构。特别是，他们很容易受到自私或野心勃勃的人的干扰。部分源自物理灌溉系统的性质，但更重要的是来自维持合作的社会框架的脆弱性。在物质基础设施方面，巴厘山区的灌溉系统一般由细长的运河系统组成，因此偷水或维护不善的运河可能对下游造成灾难性后果。但是，如果系统作为一个整体【194】得到良好管理，这种中断通常会很快被发现并得到修复。更大的危险是农民可能对苏巴克本身失去信心。在大多数苏巴克会议上，主要的任务是就成员们自愿的出资做出集体决定，要么是维护灌溉工程，要么是在水神庙举行仪式。通常有一系列的事件备选，特别是在宗教仪式领域，有许多事可节约开支。积极、民主的苏巴克组织很少决定削减任何一种形式的投资。但当有权势的人开始利用苏巴克为自己谋利时，信任很快就会消失。普通成员越来越不愿意贡献他们的劳动和资源，会议偶尔举行，苏巴克开始动摇甚至失败。

因此，似乎经济学家所称的公共产品的高水平投资——在这里指的是维护运河和在水神庙举行仪式——是苏巴克的典型特征，甚至可能是一种必需品。如果我们把苏巴克和水神庙的功能与另一种经济制度进行比较，这一承诺的重要性就会变得更加明显。水神庙网络最有趣的方面当然是他们在整体范围内优化水稻产量的能力，而不需要集中规划或控制。有趣的是，自亚当·斯密（Adam Smith）以来的经济学家也曾对市场机制提出过类似的主张。正如斯密第一次观察到的，市场上的"看不见的手"可以找到一个全局最优的解决方案，最大化其实用功能，对于所有参与者，买家和卖家都一样。根据经济学家的观点，贪婪是好的，因为如果每个人都追求自己的私利，那么所有人都会达到最大程度的满足。当市场出清时，每个人的效用最大化。与水神庙网络一样，无数的局部互动最终产生了全局最优解，无须集中规划。

在古典经济学家看来，"看不见的手"的魔力不需要对公共产品进行投资，除了市场本身的最小机构。事实上，一些经济学家得出结论，任何额外的投资都可能是对资源的浪费，而这些资源本应更好地用于私营部门。市场的网络结构非常简单：只需要把买卖双方联系起来。添加或删除特定节点，对功能结构没有影响。水神庙网络中的农民则不然。严格意义上的自私和目光短浅的行为，对于苏巴克将是致命的。为了发挥作用，他们必须找到方法来减少这种行为后果带来的脆弱性，必须说服每个人牢记他们对其他苏巴克【195】成员的善意和合作意愿的依赖。他们必须积极参与自治进程，并选择承担对公共产品的高额捐助费用。简而言之，他们需要一种在许多方面与经济人截然不同的心态。

农民对水神庙的崇拜本不应该出现。正如我们所看到的，农民甚至不被允许阅读宗教经文。相反，他们需要缴纳税款，并在"再生族"精英们的戏剧中扮演配角。当水神庙崇拜出现时，它并没有对这种婆罗门的世界观构成明确的挑战，也没有过多地关注作为婆罗门传统核心的个人精神发展问题。相反，它发展了一种丰富的象征来表达生命世界和内在自我之间的联系。自然世界充满了主观意义，而情感的内在世界则变得客观化。一个人的情绪状态成了一个引起强烈兴趣的问题。农民们发现自己不停地用花瓣或鸡蛋触摸脉轮（cakra points），试图控制自己、孩子和社区内的恶魔。他们还说服自己，他们周围的世界不断受到混乱的威胁，需要他们的关注。

然而，所有这一切可能并不像初见时看起来那么奇特。当社会开始尝试自治时，对人类情感运作的强烈兴趣并不罕见。例如，塞内加（Seneca）关于情绪控制和治理问题之间关系的著作在12世纪和13世纪的意大利自治城镇中得到了仔细的研究。在锡耶纳、奥维多和佛罗伦萨（Siena, Orvieto, and Florence）等共和国，新的行会和商业精英也以前所未有的方式投资于市政机构，选择自己承担建造大教堂和市政厅的成本。有趣的是，这发生在如此激烈的派系斗争的时候，敌对集团发现有必要在城墙内建立防御塔。要使公民社会在一个不再受封建贵族和君主控制的世界中发挥作用，显然有必要设法抑制无法控制的野心。到了13世纪，斯多葛学派关于情绪管理的观点在博洛尼亚被编纂为民法，创造了法律历史学家罗伯特·戈登（Robert W. Gordon）所说的"秩序与混乱、美德与邪恶、理性与疯狂的画面"①。这些法【196】律规定了可接受行为的外部界限。每当破坏性的情绪占上风时，国家就必须加以控制，因为"如果每个人都按自己的意志行事，那么人们的生活就会被破坏和完全毁灭"②。

正如我们所看到的，苏巴克采取了更广泛的方法来抑制破坏性或反社会的行为。许多人选择强加给自己一部被称为阿维格–阿维格（Awig-Awig）的成文法典，它规定了对在苏巴克会议上违反礼节以及偷水或不参加苏巴克活动的惩罚。但除了这些规则之外，他们还寻求提高个人控制自己情绪的能力的方法。这是一个更加雄心勃勃的目标，需要一种不同的社会制度。水神庙精心制作的仪式传达了一个强有力的信息：当个体和苏巴克成员成功地控

---

① Robert W. Gordon, "Critical Legal Histories", *Stanford Law Review*, Vol.36, No. 57, January 1984, pp.57–125. 引用在第 109 页。
② 布鲁乃陀·拉蒂尼（1220—1294），但丁的老师，引用自 Quentin Skinner, *The Foundations of Modern Political Thought*, Cambridge: Cambridge University Press, 1978, p.44。

制自己时，世界（或者至少是苏巴克控制的微观世界）变得更加有序。被灌溉的梯田像闪闪发光的宝石，没有害虫的瘟疫，家庭和社区的社会生活是和谐的。另外，当理性被破坏性情绪取代时，其影响很快就体现在家庭争吵、田地混乱、疾病、贫穷和虫害上，这就是我所说的世界主体化的部分含义。农民们开始相信，他们所居住的世界的状态，在很大程度上取决于他们自己内心世界的状况，取决于他们自己和他们的社区内情感的平衡。这种信念中隐含着一种增强的功效——一个设想，即如果一个苏巴克能设法达到一种集体和谐的状态，这种效果就会渗透到整个生活世界。这些信仰与婆罗门教的传统背道而驰，婆罗门教认为国王，而不仅仅是农民，是秩序和繁荣的源泉。我们又回到了本书前言中首次提出的问题：两个治理概念之间的较量，一个基于种姓等级制度，另一个基于集体权力。正如我们所见，有充分的证据表明，巴厘农民和西方社会科学家都把这些视为对立的原则。为了发挥作用，苏巴克发现有必要令行禁止表达种姓的规则，然而从婆罗门的角度来看，等级制度是人类社会的组织原则。但是，如果一个社会对秩序的起源

【197】如此着迷，却把"等级人"和"平等人"之间的关系当作一个尚未解决的悖论，即两个不可调和的原则之间的永恒较量，那将是令人惊讶的。

事实上，正如我们所看到的，这种冲突通常被描述得相当不同。种姓被视为男性化的，源于男性祖先神的生殖能力，而"平等人"（homo aequalis）则是服务于万神殿与生育能力相关的女神。男性和女性原则之间的关系被二元论（rwa bhineda）定义为平衡和互补的，而不是对立的。① 但这种关系比人们想象的要复杂得多，因为英语中的"男"和"女"（"male"和"female"）两个词并没有抓住这种对比的全部含义。在巴厘语中，普鲁沙（purusa）不仅指男性，还指阴茎和男性后裔的祖先。这样，它就直接将男

---

① 二元论（rwa bhineda）的意义，参见 *Jnanasiddhanta*, edited and translated by Haryati Soebadio, The Hague: Martinus Nijhoff, 1971, pp.57–58。

性与等级人的起源联系起来，因为它的普鲁沙的效力决定了每个男性后裔群体的等级。普拉达纳的意思是"女性"或"女人"，但它也指构成自然世界的元素。它起源于梵语（和古爪哇语）术语普拉达纳特瓦（pradhanattwa），意思是宇宙物质的原始来源，未演化的自然。普鲁沙和普拉达纳之间的对立由此引发了两种截然不同的秩序来源。普鲁沙给人的印象是男性力量的源泉代代相传，而普拉达纳则关注自然世界的女性特质，特别是生长能力。[1]

然而，阐明这种对比的意义只会增加神秘感。普鲁沙以纯粹的男性术语定义了国王和族长的权力，宣称他们是守护者和保护者，他们的力量使他们能够粉碎敌人。它们将不可避免地争夺统治地位（事实上，克利福德·格尔茨认为这种竞争是前殖民王国政治的驱动力）。当普鲁沙的男性力量获得支配地位时，普鲁沙的女性力量就必须撤退。那么，在某种意义上，它们可以被理解为是互补的——特别是当统治者有必要通过庆祝他们的普鲁沙至高无上的地位来"使不平等变得迷人"时，就像格尔茨所说的那样。[2] 为了回答【198】这个问题，我建议回到1905年最后一位巴东国王所作的诗，在第五章中我对这首诗作了简要的介绍。这个故事探讨的中心主题是普鲁沙的本质：是否存在这样一种情况，它的力量不是导致秩序，而是导致秩序的逆转？男性特质和国王职责之间的关系是什么？

---

[1] 这些象征性的关联让人联想起共和时代的罗马。"部落"这个词来自丁词"tribus"，它可能来自最初的三个平民部落。在古罗马，三个部落声称对女性权力的增长，特别是在农业的背景下，当贵族将自己与血统相关的男性权力和神联系在一起时（参见 Oxford Classical Dictionary, 3rd ed., 1996, p.1550），平民发展了他们自己的崇拜，中心是谷物女神（Ceres），和生育之神（Liber），和阿文汀山（Aventine Hill）。（John Boardman, Jasper Green, and Oswyn Murray, *The Roman World*, Oxford History of the Classical World, New York: Oxford University Press, 1986, p.18.）

[2] Clifford Geertz, *Negara: The Theatre State in Nineteenth-Century Bali*, Princeton, N.J.:Princeton University Press, 1980, p.123.

在《普瓦·圣加拉》一书的中间部分，国王描述了佛陀在世界下一个末世时的人间漫游。为了加快毁灭的步伐，毁灭之神鲁德拉（Rudra）和普鲁萨达·卡拉（Purusada Kala）加强了一个叫普鲁萨达（Purusada）的食肉恶魔的力量，这个名字让人联想到男性血统或阴茎普鲁沙的术语，从而暗示了男性本身。毗卢遮那佛（Wairocana Buddha）化身苏塔玛索（Sutasoma）来回应这一危机，并开始了一段孤独的人类世界之旅。他的目标不是与普鲁萨达和吃人魔（raksasas）战斗，而是唤醒他们的慈悲之心。这个故事的重点不是佛陀和毁灭者之间的简单竞争，而是人类面临的更复杂的选择，尤其是英雄和国王，他们的力量也来自普鲁沙。在苏塔玛索漫长的旅途中发生的一件小事，让我们了解到国王对这些选择的重要性的看法。

苏塔玛索遇到了桑·波伽（Sang Boja），维达尔巴（Widarba）的国王，他正在执行崇拜众神的仪式（Dewa Yadnya）。许多祭司和贵族都来参加，所有人都由国王赠送礼物和奖品。在他们中间出现了一个非常吵闹的祭司，他断断续续地念错了吠陀祷文。国王问自己，这是谁？喧闹的祭司走近国王，仿佛他带着神的信息，他预言仪式不会成功，因为参加仪式的士兵和贵族都是全副武装的，就好像准备打仗，这与必须以纯净之心进行的仪式不相符。但是国王回答说，他的人全副武装，是为了防备那些可能出现的违背正法（adharma）且毫无怜悯之心的吃人魔。但国王对祭司的话半信半疑，在他犹豫不决的时候，他变得心烦意乱。祭司，也就是恶魔普鲁萨达的化身【199】抓住了国王，把他带上一辆会飞的战车，成为普鲁萨达想要供奉给毁灭之神的一百个国王之一。威达尔巴的人民处于恐惧和悲伤之中，成为吃人魔的牺牲品。

在这首诗中，几乎每一个角色的正法在故事开始前就已经确定了。恶魔神灵、苦行僧、圣贤和凡人履行着他们不变的职责,只有英雄和国王必须努力去理解对他们的要求。在世界上每一个连续的时代,力量的平衡都不可避免地向阿达哈玛转移,创造了一个历代统治者必须努力寻找出路的时代。《普瓦·圣加拉》将1732首诗记录在一本323页的对开本中,分为3部分。他们每个人讲述的故事基本上都是以世界不同时代为背景的。这种结构允许诗人探索选择的细微差别;随着世界变得越来越黑暗,英雄行为的机会也越来越多。这三个故事的背景都是一样的:正如诗的开头一位女神向另一位女神解释的那样,"我刚才在宫殿里无意中听到了圣人韦哈斯帕蒂(Bhagawan Wrehaspati)的话。他说这个时代的问题是苦行主义(tapa)失败的结果,这种苦行主义以追求善为目标"[1]。但是对于国王来说,禁欲主义和对神的崇拜是不够的,正如桑·波伽被俘获的故事所显示的。相反,他们唯一的任务是试图理解他们所面临各种力量的平衡,也就是理解佛法在他们那个时代的运作方式。后来在诗中,苏塔玛索能够拯救百位国王,并借此机会宣扬布道所要求的:"不要狡猾,不要对自己的地位或财富傲慢自大,不要无谓地杀戮,要谨慎地讲真话,不要(盲目地)追随你的欲望,就像对所有为你服务的人一样,给那些有过失而不是罪过的人带来更多的圆满。"[2]

然而,随着故事的继续,很明显,即使是那些遵守所有这些戒律的英雄,也只能希望获得暂时的胜利。在这首诗的后面,在世界的下一个时代,苏塔玛索的角色被人类的国王苏普拉塞纳(Suprasena)取代。苏普拉塞纳

---

[1] Kocap wecanan sinuun, Begawan Wrehaspati, masaning kali sengara, kocap masane puniki, wantah arang ada tapa, tapane mamerih becik. Kranane mangkin pakewuh, baose wau ring puri, kaula miarsa matra. [Geguritan Purwa Senghara, Pupuh 24, verses 27–28, original manuscript housed in the library of the Fakultas Sastra, Udayana University, Bali(my translation).]

[2] Eda cinging da ngaguang luih, dadi ratu da ngaguang kasugihan, miwah mamatimamatine, plapanang mangde patut, rangkung abot yen mutang pati, ring jadma tan padosa, da mapilih kayun, ring sarwa-sarwa sewaka, mangde katah sampurane ring wong alit, tambet tan saking cekap.(Geguritan Purwa Senghara, Pupuh 21, verse 27.)

遇到了魔王，魔王与18位人类国王结盟。在一场高潮迭起的战斗之后，国王苏普拉塞纳化身为毗卢遮那佛将所有的死人复活，包括人类和吃人魔。他们离开战场，一起去了苏普拉塞纳的宫殿："到了迦毗罗（Kapila）的宫殿

【200】，他们享受了40天的时光，吃喝玩乐，有人类，也有恶魔，他们内心都很平静。随后，魔王被允许返回他的国家觉提斯普拉巴·曼荼罗（Jwotispraba Mandala）。"

这篇文章是1985年三位巴厘作家的一篇评论的主题，得出结论说，"在这篇文章中所要表达的和平，当然是指内心的和平，以及生活在一起的人之间的和平，避免以前存在于人与恶魔之间的冲突与和谐"①。但这种和平只持续40天，很快，所有的角色又开始追求他们的（印度教的）法则，吃人魔再次致力于品尝暴力、欲望和权力的乐趣。因此，在上面叙述的第一个事件中，当桑·波伽开始动摇他的注意力时，有寓意的普鲁萨达抓住他，使桑·波伽的人民对普鲁萨达的恶魔军队所代表的男性欲望和暴力毫无防备。

正法修行（Dharmasadhana），一个出现在巴厘文学中的梵文术语，是实现一个人的佛法的一种方式。对于国王来说，这可能不仅仅是被动地学习或服从法律，而是主动地批判性反思。《普瓦·圣加拉》一书中一场接一场地描绘了几十场精心安排好的冲突，就像一份国际象棋比赛的目录。每个棋手——圣人、恶魔、仙女或女神——都被他们的角色固定下来，只有国王和英雄例外，他们必须试着理解整个棋盘才能找到通往胜利的道路。因此，每一个情节都可以被解释为一个寓言。巴东国王在1905年为自己设定的任务是深入了解这些冲突的意义，不仅是作为离散的故事，而且是在世界的三个时代中展开的累积性叙述。不久，他将写下自己的篇章，这一篇章（正如他

---

① Made Sukada, Made Suarsa, and Wayan Suarya, *Amanat Geguritan Purwa Sengara*, Yogyakarta: Departemen Pendidikan dan Kebudayaan, Direktorat Jendral Kebudayaan, Proyek Penelitian dan Pengkajian Kebudayaan Nusantara, 1985, p.103.

所预见的那样）几乎肯定会包括他自己王国的毁灭。但是从他的分析中获得的洞见，这种暂时的失败可以通过灵魂战胜迦梨时代的毁灭灵魂的毒药而得到救赎。

黑格尔在他的《法哲学原理》的序言中写道："哲学……是被把握在思想中的它的时代。"他是欧洲最后一位试图将人类置于一个有意义的宇宙中的大哲学家，他与《普瓦·圣加拉》的作者都认为，只有当思想能够追溯自身发展的道路时，理性的象形文字才会在回忆中显现出来，"密涅瓦的猫头【201】鹰只有在黄昏降临时才展开翅膀"①。和黑格尔的现象学一样，《普瓦·圣加拉》是对世界的连续时代的思想运动的一次雄心勃勃的考察。像现象学一样，它赋予了国王一个特殊的角色。在黑格尔看来，"国家的人格实际上只是一个人，君主"②。君主制国家不仅仅是一个治理体系，因为它代表了"伦理思想的现实性"③。类似的主题贯穿着《普瓦·圣加拉》。例如，在一段具有代表性的文字中，乌格拉塞纳国王对雅都（Yadu）王国的人民说："危险源于我们的思想，源于六个敌人（破坏性情绪），它们使一个人成为嫉妒或邪恶的牺牲品；这些可能导致（社会）的普遍解体或衰败。如果我们的思想和品格是清净纯洁的，以道德为基础，那么就没有瓦解的危险。"④

但是，即使每个人在自己的生活中努力遵循"法"，但如果没有国王的引领，人们也无法成功，因为国王创造了一个由明确的伦理原则规范的社会秩序。事实上，正如苏塔玛索向百位国王解释的那样，一个无所作为的君主

---

① G.W.F. Hegel, *Hegel's Philosophy of Right*, translated by T.M. Knox, Oxford: Oxford University Press, 1967, p.13.
② G. W. F. Hegel, *Hegel's Philosophy of Right*, translated by T.M. Knox, Oxford: Oxford University Press, 1967, p.182.
③ G. W. F. Hegel, *Hegel's Philosophy of Right*, translated by T.M. Knox, Oxford: Oxford University Press, 1967, section 257.
④ Geguritan Purwa Senghara, Pupuh II, verse 16, p. 58.

就像一个寻找静谧之地躲藏的幽灵，在他的王国里毫无存在的意义。[①] 巴厘国王认为，他们有责任在自己的领土内积极维护"法"的至高权威，在雨季结束时，每年都要举行盛大的祭祀，以重建对布塔卡拉的控制。如果国王们停止履行这些职能，违背正法的势力将迅速占据优势。

黑格尔认为国家的伟大之处在于它是理性本身的体现，是理性伦理原则的具体化。但是对于《普瓦·圣加拉》的作者来说，这个想法是理所当然的。政治的关键之处不在于国家是"法"的体现，而在于"法"的胜利总是岌岌可危——因为人性的弱点。理性受到情感的制约，情感不仅在思想上，而且在更广阔的世界里，都是混乱和动荡的根源。王国和社区受到了圣加拉（混乱或无序）的威胁，而圣加拉的起源，即《普瓦·圣加拉》，就在于人类的思想容易受到不羁情感的影响。这一主题在黑格尔那里几乎不存在。但它是 13 世纪意大利共和国民法架构的出发点，也是巴厘人治理理念的核心。

※※※※※

【202】　令人惊讶的是，即使荷兰人剥夺了国王们的权力，国王是世界秩序的主要来源的想法并没有消失。相反，正如我将要表明的那样，这种观念继续在前王国的统治中发挥着至关重要的作用。在巴厘历法年末的某个时刻，社会被认为是最脆弱的。女巫的力量和其他具有破坏性的力量达到了顶峰，需要加以控制，以免它们超越人类的掌控范围。对王权的崇拜提供了一种建立在男性权力或普鲁沙的解决方案。但正如《普瓦·圣加拉》的作者所见，混乱的最终根源可能是普鲁沙本身。

现在统治着前庞里王国的高级公务员每年都会与王室一起举行仪式，在第九个朔望月，即年末之时。代表团事先被派往乌伦·达努·巴图尔神庙和

---

① Geguritan Purwa Senghara, Pupuh XVII, verse 23, p. 90.

一座海神庙寻求圣水。在昔日皇宫大门外的十字路口，供品排列在一尊巨大的湿婆（Siva）雕像前。仪式的焦点是一把古代皇克力士宝剑（kris），象征着庞里王朝的普鲁沙。这把剑被称为巴塔拉·卡维坦（batara kawitan）。巴塔拉是被神化了的祖先的称呼，卡维坦是神圣起源的意思，所以剑代表了皇室家族和其王朝创建者的男子气概和权力的联系。在准备仪式时，宝剑会用神圣的白布包裹起来，放在祭坛上方一个华丽的黄色轿辇上。正午将至，皇室成员、高级公务员、贵族和村长在宫门外就座，面向祭坛和宝剑。在他们中间是一个高高的平台，三个婆罗门祭司坐在那里，拿着铃铛、碗和花。婆罗门进行了一系列的祈祷，首先是净化自己，然后邀请王朝的祖先进入宝剑并接受为祖先准备的祭品。当这些祈祷结束时，最后一位庞里国王的男性后裔的长子来到供品前。他把宝剑放在旁边的圣水容器上，这样就创造出了充满庞里王朝男性本质的蒂尔莎。他把圣水倒在更大的容器里，又从山、湖、海中加上蒂尔莎。接下来，他把这种混合物洒在聚集在一起的权贵们身上，首先是庞里政府的民间首脑，他因此承担了国王的象征性角色。普通的寺庙祭司再接手，把圣水洒在所有的客人身上，把少量的圣水倒进容器里，然后运到庞里的主要寺庙。在每一个寺庙中，都添加了更多的圣水，代表着寺庙的神灵们的祝福。然后将混合物运送到每个社区（班贾尔），在那里还会举【203】行另一个净化仪式。每家每户都派一个人到班贾尔，求取一杯圣水和一把米饭。回到家后，圣水和米饭就被用来净化房子的入口，保护它不受女巫和其他邪恶的布塔卡拉的伤害。最后，圣水被带到屋内，并被带到供奉祖先的神龛里，祈求祖先为其增添祝福。然后整个家族都会进行净化仪式：玛比尤·卡拉（mabiu kala）。仪式结束时，每个人都要喝一小杯圣水，然后由家长把剩下的洒在屋内各处。第二天，也就是新年的开始，人们祈祷危险的布塔卡拉会从身边远离。

这一仪式象征性地调动了与庞里王朝普鲁沙有关的力量，这些权力与王朝的起源以及在他们死后被神化的前统治者的力量有关。虽然庞里不再由国王统治，但使这个王朝获得权力的关键力量仍然代表着该国男性权力的顶峰。这种仪式将这些权力描述为这个王国的现任统治者的力量的增强，即一个包括每家户主在内的男性统治阶层。他们需要团结一致的力量来克服威胁王国的危险，这些危险在婆罗门的祈祷中被明确地指出：敌人、疾病、吃人魔、地震、老鼠，以及更普遍的混乱状态或圣加拉。反抗圣加拉的主题和《普瓦·圣加拉》的主题是一样的，这首诗的作者无异于一个世纪前在他自己的宫殿门口参加了类似的仪式。

在巴厘人眼中，这些仪式的效力取决于巴塔拉·卡维坦（家族祖先之神）的效力，这是王朝权力的源泉。当王公们死后，他们会回到男性力量之中，他们葬礼上的庄严盛大仪式被认为是巴塔拉·卡维坦力量的象征。正如克利福德·格尔茨在他对19世纪巴厘岛王国的研究中所展示的那样，这些场景具有竞争性的一面。国王们统治着不断变化的封建领主联盟，其中任何一个领主都可能希望建立一个王朝，使自己的普鲁沙在这片土地上变得卓越。19世纪国王的死亡仪式常常动员了整个王国：1847年，4万到5万巴厘人目睹了一场皇家火葬，其中三个年轻女子成为人殉，据格尔茨说，这表明"世俗地位有着宇宙基础，这种等级制度是宇宙的统治原则"[①]。这些等级制度的竞争性庆祝活动今天仍在进行；唯一缺少的元素是活人献祭。例如，2004年，前乌布（Ubud）王的9个孩子中最后一个去世者的遗体被抬到一座80英尺[②]高的华丽的塔里火化。大多数住在前王公领地的家庭派代表帮助准备，作为回报，他们收到了皇室的食物和礼物。这场葬礼花费了数万美元，目的是打造一场与近期其他皇家葬礼媲美或更壮观的场面。巴厘现存的

---

① Clifford Geertz, Negara: *The Theatre State in Nineteenth-Century Bali*, Princeton, N.J.: Princeton University Press, 1980, p.102.

② 约24.4米。——编者注

巴厘王室家族之间正在进行的葬礼仪式竞争，在规模较小的村庄葬礼仪式中也有所体现。在普鲁沙之间竞争激烈的地方，为了举办出期望中的隆重葬礼，家族中的男性长辈典当或出售自己农田的并不少见。

格尔茨把这些仪式看作"庄严壮丽力量组成的世界的一个例证"[1]。但由于其耗费巨大，仪式本身也可能产生相反的效果，使家庭走向衰败。更普遍地说，正如《普罗·圣加拉》一书的作者明确认为的那样，普鲁沙本质上并不是有助益的，只有在被牢牢控制的情况下，它才会变得有所助益。作者列出了同类国王需要的16种正念形式，从吉里布拉塔（Giribrata，面对敌人时使人变得顽强如山的坚韧不屈的心态）到因陀拉塔（Indrabrata，对别人所说的话，特别是指挥人民或军队时，持怀疑态度）。如果在其中任何一个问题上有所懈怠，都有可能释放出普鲁沙的破坏性。[2] 因为即使一个稳固的男性权力等级制度给一个国家带来了秩序，它的影响也注定是暂时的。那些能够压制对手并取得统治地位的国王仍然容易受到自身激情的伤害，而这种激情甚至比他们的外部敌人更危险。

鲁瓦·比内达（Rwa Bhineda）二元论学说认为，普鲁沙统治世界的力量并不是无限的，因为男性的力量总是需要女性的对应物。我们很自然地认为，这一女性原则起到了抑制男性统治欲的作用。但这种假设反映的是西方对男女关系的看法，而不是巴厘人对普鲁沙和普拉达纳的看法。普鲁沙包含了从神圣的祖先神到每一代父权领袖的权力，使他们能够参与统治权的斗

---

[1] Clifford Geertz, Negara: *The Theatre State in Nineteenth-Century Bali*, Princeton, N.J.: Princeton University Press, 1980, p.102.
[2] 普鲁沙可以被理解为一个宇宙学原理。印度教三大至高神：梵天（Brahma）、毗湿奴（Wisnu）和湿婆（Iswara）。

争。但普拉达纳的女性仪式与统治或祖先无关。相反，它们由代表生活世界基本组成部分的符号排列组成，这些组成部分被象征性地转换成更高或更完美的形式。象征的焦点从个人的能力转移到集体的能力，从过去转移到未来。这样，普拉达纳提供了另一种关于人类事务中秩序起源的概念。然而，虽然普拉达纳没有直接挑战男性的支配地位，但它可以对普鲁沙之间的竞争产生抑制作用。这一点在凯迪桑村的年终庆典上可以清楚地看到。这些仪式的总体目标与上文所述的庞里王室的仪式相同。但对于保护社区免受威胁的问题，它们提供了完全不同的解决方案。

【205】

读者们可能还记得凯迪桑村，在那里，普鲁沙（男性后裔群体）之间的竞争曾一度变得如此激烈，以至于一年内都无法举行苏巴克会议。和平一度得到恢复，但2002年，一个普鲁沙的成员坚持他们的家庭祭司应该被允许代表整个社区在所有的村庄寺庙主持仪式，这让他们的邻居感到震惊。这被解释为试图维护其普鲁沙的至高无上的地位。敌对的世系成员被激怒了，村长开始采取预防措施，在不得不召集会议的日子里，他会请求警方派一整车穿制服的警察到村里来。

正是在这种信任逐渐瓦解的气氛中，村里的妇女们开始准备年底所需的祭品。一年的最后一天早晨，当庞里皇室成员聚集在宫殿的大门前时，凯迪桑的妇女们把她们的祭品带到村庙前的十字路口，开始把它们组织成曼荼罗的图案。这些女性仪式中没有出现任何象征普鲁沙的男性符号，没有镶嵌宝石的短剑或对祖先神的召唤。相反，每家每户的妇女轮流制作一系列的供品，以代表生活世界的本质（sarin）。总的来说，这些供品是共同象征着内在世界和外在世界以及存在的三个等级的形而上学的层次。在原始梵文中，后者指的是三个上层世界中的第一个：大地（bhur）、天空（bhuwah）和太阳以外的空间（swah）。但在巴厘语中，这些术语意味着动植物、人类和神各自的领域。仪式的总体目标是促进村庄范围内所有生命在形而上学层次上的秩序化和提升。植物和动物的最低层次由几只鸡、一只鹅、一只山羊、一头猪和一条狗组成。根据颜色,它们被选为祭品,这被解释为一个标志,表【206】明它们在曼荼罗秩序的抽象系统中的位置。例如,红色是朝向大海方向的颜色、梵天神,他在自我中的对等物,字母 B,音乐音调,伴随分娩的血液,等等。(这些都在曼荼罗秩序中有对应的位置)一般来说,在巴厘的村庄里,红色的狗很少能活到高龄,因为它们罕见的颜色表明,它们有机会尽早在更高层次上获得重生。在红色、黄色、黑色和白色的旗帜下,代表所有活着的动植物的供品以对称的图案排列在一个贝班吉周围。

在人类(世界)的中间层面(凡间),人们针对可能是未来一年威胁村庄的危险进行祈祷。人们的注意力都集中在潜伏在村庄里的危险的布塔卡拉上,它很容易在年底失控。这些布塔卡拉通常被描述为被不受控制的欲望扭曲的人形:凸出的眼睛或生殖器,倒过来的身体,或露出尖锐牙齿的嘴。因为,布塔卡拉被认为是杜尔迦的孩子,重新控制他们需要鼓励杜尔迦每年转变成乌玛女神。在凡间层面,这一转变的象征是,杜尔迦及时离开当地的坟墓,同时她作为乌玛出现在一个村庄的寺庙里。在最高的形而上学层面,也就是诸神的层面上,当乌玛和湿婆的象头之子迦纳(Gana)能够再次把他的母亲当作女神来崇拜时,杜尔迦转变为乌玛就是一个象征性的标志。在此之前,只要她保持杜尔迦形态,她就是不完美的,也就得不到儿子的尊崇。杜尔迦重新发现了她的神圣本性,恢复了布塔卡拉的秩序,并为村里人类居民的情感重组提供了一个典范。

这一复杂的仪式既提供了对人类世界混乱根源的诊断,也提供了恢复秩序的范例。它不被认为是国王仪式的替代品。如果凯迪桑村恰好位于庞里王国的边界内,那么村里的男性长辈们无疑会乐意接受皇室提供的圣水。但接受皇室圣水并不能免除他们在年底举行净化仪式的需要。

可以说,村民仪式的象征核心是通过控制危险情绪来恢复原始家庭的秩序。是迦纳，孝顺的儿子，首先揭露了他的母亲的耻辱，然后评判她是否适合回到家庭。迦纳的画像通常在净化仪式上展示，因为据说所有的布塔卡拉都害怕他。杜尔迦神话的主题，即一个人的本质取决于对情感的掌握，是普遍的，并扩展到所有生命形式之中。人类被描绘成与恶魔和神灵都如此接近，近到很容易变得超越或不及人类的范畴。正是为了控制自己的情绪而进行的斗争，才会把灵魂推向一个或另一个方向。在经典的婆罗门传统中，这种斗争是由英勇的男性贵族在他们的祭司顾问的帮助下进行的。但是在普拉达纳的女性仪式中，人类社区被动员起来帮助"所有有生命气息的人"。在凯迪桑，普鲁沙之间的竞争有演变成暴力冲突的危险，这些年终仪式有力地提醒人们，如果这种竞争不能得到遏制，这个村庄将失去多少东西。

【207】

法国历史学家尼科尔·洛罗（Nicole Loraux）认为，古希腊民主治理体系的建立导致女性被排除在公共生活之外，因为她们被视为象征具有威胁秩序的特质。政治共同体将是一个男人的共同体。[①] 洛罗等人认为，这一政策源于雅典人关于女性的天性即非理性的观念，即"女性天生具有哪些不利于有序生活的特质"[②]。最极端的例子是希腊神话中致人噩梦的生物，都是野蛮的、无法控制的、女性形象的：哈耳庇厄（Harpies，鹰身女妖）、复仇女神（Furies）、美杜莎（Medusa）。[③] 女性的情感脆弱所带来的危险，以及因

[①] Nicole Loraux, *Mothers in Mourning*, translated by Corinne Pache, Ithaca, N.Y., and London: Cornell University Press, 1998; original edition, 1990. 同样参见 Roger Just, *Women in Athenian Law and Life*, London and New York: Routledge, 1989, p.198. He cites Demosthenes 43 ［Makartatos］: 62; Loeb translation, modified。
[②] 参见 Just（1989），尤其是第 9 章，引用见 P218。
[③] 引用自 John Gould, "Law, Custom and Myth: Aspects of the Social Position of Women in Classical Athens", *Journal of Hellenic Studies*, Vol.100, 1980, pp.38-59。

此需要将她们排除在公共生活之外,在罗马共和国时代,斯多葛派哲学家的著作中也很突出,而意大利文艺复兴时期的政治理论家们又重新拾起了这一观点。塞内加对"女性心理弱点"的警告[1]得到了锡耶纳、佛罗伦萨和奥尔维耶托等共和政体中民主支持者的响应。这一主题在锡耶纳市政厅的壁画中得到了生动的描绘,壁画创作于14世纪早期,当时,锡耶纳人正在努力维持自治制度。暴政被描绘成巴比伦的妓女,她手里拿着一个盛满淫乱的金酒杯,脚下是一只代表淫欲的山羊。她掌管着恶政的法庭,这包括了负面情绪(贪婪、傲慢和虚荣)以及残酷、背叛、欺诈、愤怒、分裂和战争。这幅【208】壁画作为当代政治意识形态的反映,已经被包括尼古拉·鲁宾斯坦(Nicolai Rubinstein)、奇亚拉·弗鲁戈尼(Chiara Frugoni)、昆廷·斯金纳(Quentin Skinner)和伦道夫·斯达恩(Randolph Starn)在内的学者深入研究。[2] 他们认为这幅壁画描绘了民主统治的核心问题,即以牺牲共同体利益为代价的私欲满足。一个有序的政治共同体所需要的理性的自我控制等同于男性的天性,而不是与女性相关联的无序的情感宣泄。

正如我们所见,巴厘对这些关系的看法有些不同。一方面,杜尔迦是女巫之王,布塔卡拉的母亲,这个可怕的形象代表了放纵的罪恶。据说女性特别容易受到杜尔迦的诱惑。但解决的办法不是把女性排除在公共生活之外。相反,杜尔迦转变为一个善良的女神,成为所有生命都能经历积极成长的典范。这将一个新颖的主题引入巴厘的社会治理理念中,这似乎是欧洲传统所没有的。和斯多葛学派的哲学家一样,巴厘人认为男人和女人都有女性特质。但是,斯多葛学派把控制情绪与男性联系在一起,巴厘人把控制女性情

---

[1] Seneca, "De Consolatione ad Polybium", in *Moral Essays*, Vol. 2, translated by John Basore, Cambridge and London: Harvard University Press, 1932, pp.365–367.

[2] Chiara Frugoni, *Pietro and Ambrogio Lorenzetti*, Florence: Scala, 1988, pp.63–66. 参见 Randolph Starn and Loren Partridge, *Arts of Power: Three Halls of State in Italy, 1300–1600*, Berkeley: University of California Press, 1992, 大量壁画的文献引用于此。

绪与成长能力联系在一起。在普拉达纳的仪式中，这一思想被表述为一个宇宙学原理：生命世界趋向混乱和无序的倾向是可以被克服的。一个无处不在的曼荼罗象征不断重复着一个简单的信息，那就是所有的事物都是由一组共同的元素构成的，这些元素具有无序的自然倾向。把它们正确地排列起来，一个新的更伟大的整体就会出现。这种成长或积极转变的能力（nyomian）被视为女性特质，而女性在实现这一能力的过程中扮演着特殊的角色。当需要合作时，"女性化"的治理方式也为男性在需要合作时的互动提供了一个典范。在一个通过男性竞争普鲁沙来表达争夺统治地位的世界里，女性组成了"平等人"的合作模式。[1] 为了支持这种解释，我提供以下证据：

【209】秩序和混乱的来源都是原始家庭

男性可以通过普鲁沙获得支配性的父权力量，但随之而来的竞争会造成情感上的混乱。在一个家族的兄弟之间、在普鲁沙的家族之间、在一个村庄的对手普鲁沙的家族之间，以及在一个王国里的贵族家族之间，都存在着一场争夺主导地位的持续斗争。成功需要公开承认某人优越的父权权威。这种斗争纯粹是男性的；没有可与男性相比的女性后裔等级制度。相反，女性通过接受丈夫的普鲁沙来建立家庭之间的纽带。但是她们很容易受到男性竞争浪潮所带来的负面影响。持续的支配斗争产生了怨恨的受害者，包括妻子、兄弟和侄子，他们必须屈从于权的权威。在涂尔干之后，我提出了圣加拉的宇宙学原理，即人类世界不断受到无序威胁的观点，可能起源于这种社会生活的经历。

---

[1] 继琼·斯科特之后，值得指出的是，作为普拉达纳的女性这一概念本质上是形而上的。另外，它无疑在界定女性社会角色的文化期望方面起到了积极的作用。Joan Scott, "Gender: A Useful Category of Historical Analysis", *American Historical Review*, Vol.91, No.5, December 1986.

情绪会带来可怕的后果

家庭和村庄容易发生暴力争吵，这在种植水稻的村庄尤其具有威胁，在那里每个人的生计都依赖于维持高水平的合作。人们认为，嫉妒或不快乐的女人将不可避免地开始秘密地培养她们的杜尔迦本性，并开始损害家庭的利益。布塔卡拉和巫术的形象生动地描绘了可能发生的恐怖景象。

普拉达纳是关于秩序的创造

普拉达纳的女性主义原则使女性的角色与女神的角色相一致。在神的领域，生命的生长是由许多女性神祇共同完成的，包括大地女神普瑞提维（Pretiwi），稻米女神斯里（Sri），还有水之女神达努（Danu）。在人类的世界里，女性是普鲁沙的竞争对手，她们联合起来，进行生育和（自我）净化的仪式。为了这些仪式的成功，女性必须模仿乌玛和生育女神，同时她们要避免杜尔迦的诱惑。这些仪式的女性特征也很明显，因为没有男性象征：没有对男性普鲁沙的祖先神的诉求。来自社区或苏巴克的每个家庭的妇女平等地参与普拉达纳仪式，个人身份淹没在集体之中。

秩序是通过元素的重新排练来实现的

混乱是通过将组成内在或外在世界的元素适当地排列，用曼荼罗模式表示来避免。明确的目标是实现更高的统一，整体大于部分之和。

符号之所以能产生共鸣，是因为人类环境被配置成反映符号

【210】

仪式祭品中描绘的曼荼罗模式被复制到从建筑到音乐、历法和对人类思维运作的描述的一切事物中。通过这种方式，一种形式逻辑逐渐渗透到环境中，人们可以看到并感觉是一套一致的思想体系的体现。

在水神庙里，男性遵循普拉达纳的模式

水神庙的仪式反映和体现了普拉达纳的女性逻辑。男性把他们的

等级差异放在一边，把自己配置为统一的社会群体的成员，以促进他们的作物的丰产和当地社区的和谐秩序。这些群体的规模从单一苏巴克到多苏巴克水神庙，再到乌伦·达努·巴图尔神庙的会众。水神庙的仪式遵循了普拉达纳的逻辑，其中促进生育和生长的问题是根据元素的排列来确定的。这种象征反映了农民的认知，即当他们齐心协力时，小的秩序奇迹就会经常发生，就像宝石般的完美梯田会带来普遍的繁荣。

水神庙仪式是网络结构的主观实现

苏巴克的灌溉系统是为了促进合作管理而设计的。只有一小部分苏巴克完全控制他们的水源：那些位于运河或泉水源头的苏巴克。其他所有人都必须依赖与其他苏巴克的水资源共享协议。人们对水资源的比例分配系统进行了精心的维护，使水分配的公平性得以验证。例如，人们不会试图通过在上游水渠下方挖掘隧道的方式，来保护脆弱的渠道系统和输水管道免受上游苏巴克的影响。因此，合作破裂的代价是很高的。水神庙为农民提供了方便的集会场所，表达他们对神灵的感激之情。但更重要的是，他们的仪式为灌溉系统所依赖的合作问题提供了解决方案。

我们研究团队最后加入的成员是桑·卡勒·苏拉塔（Sang Kaler Surata），一位巴厘的生物学家。虽然卡勒最初对我们项目的生态方面感兴趣，但很快他就对合作的问题产生了兴趣。他特别感兴趣的一个观点是，婚姻有助于在苏巴克内部长期维持社会关系，为男性后裔群体之间的竞争提供平衡。卡勒建议，我们可以通过调查一个特殊的村庄的婚姻模式来进【211】一步验证这一假设，这个村庄住着他许多表亲。这个村庄叫坦普阿甘（Tampuagan），位于庞里地区的高海拔处。坦普阿甘类似于塞巴图，因为它有几个用于灌溉的大泉眼。但与塞巴图不同的是，在坦普阿甘也有一个大型的旱地苏巴克，它利用了位于泉水上游的农田。根据我们的假设，"湿润"型"苏巴克"对合作的需求越大，就越会提升内婚率。

根据卡勒的建议，我们对坦普阿甘的婚姻进行了调查。结果如表7-1所示。尽管所有农民在苏巴克的内婚率都很高，但在湿润地区的苏巴克，内婚率更要高得多。①

表 7-1 庞里坦普阿甘村的婚姻

	同一个血统内		同一个苏巴克内		样本数
	母亲占比	妻子占比	母亲占比	妻子占比	
湿地苏巴克	59%	54%	95%	92%	56
旱地苏巴克	49%	37%	71%	69%	41

我们询问了农民们自己和他们母亲的婚姻情况。第一栏是对结婚前亲属关系问题的回答：这个女人和她未来的丈夫出生在同一个血统群体吗？第二个问题是，该女子的父亲是否与她的丈夫属于同一苏巴克。

我们的调查还显示，在坦普阿甘有6个主要的普鲁沙（男性后裔群体）。根据卡勒的说法，从人们记事起，他们就一直在为自己的地位而竞争，就像我们在帕莫斯水神庙的苏巴克看到的那样。人们强烈地倾向于从自己的血缘群体中选择新娘，但这种愿望被一种更强烈的需要平衡，那就是与自己苏巴克群体成员的女儿结婚。普鲁沙和苏巴克之间的紧张关系可能已经持续了几个世纪：坦普阿甘的泉水地理位置理想，适合在宽阔山谷上方的缓坡上进行灌溉，而湿润型的苏巴克可能自古以来就以某种形式存在。相比之下，13世纪在意大利一些城市开展的民主治理实验遭遇了不同的命运。在所有情况下，由于强权人物或寡头政治集团从管理委员手中夺取了权力，这些民主实验都没能超过一个世纪。

---

① 我们并没有试图调查坦普阿甘人对巫术的态度，因为这个话题非常敏感。但很可能在坦普阿甘和其他地方一样，人们更倾向于娶本苏巴克的女人，这反映了他们害怕与那些可能不把父系家族利益放在心上的外人结婚。

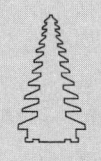

苏巴克研究的
其他出版物

MASTER'S THESIS

Daniel R. Latham, "Temporal and Spatial Patterns of Asynchronous Rice Cropping and Their Influence on Pest and Disease Occurrence in a Balinese Landscape: Developing Predictive Models for Management", M.S. thesis, School of Natural Resources and Environment, University of Michigan, 1999.

DOCTORAL DISSERTATIONS (SUBSTANTIAL SUPPORT)

I.W.A. Arthawiguna, "Kontribusi Sistem Usahatani Padi Sawah terhadap Peng-kayaan Hara Nitrogen, Fosfor dan Kalium Drainase Permukaan Pada Ekosistem Subak di Bali", Instituut Pertanian Bogor, 2002.

John W. Schoenfelder, "Negotiating Poise in a Multi-hierarchical World: An Archaeological Exploration of Irrigated Rice Agriculture, Ideology, and Political Balance in the Coevolution of Intersecting Complex Networks in Bali", Anthropology, UCLA, 2002.

PUBLICATIONS

J. Stephen Lansing, "Balinese Water Temples and the Management of Irrigation", *American Anthropologist*, Vol.89, No. 2, 1987, pp.326-341.

——, *Priests and Programmers: Technologies of Power in the Engineered*

Landscape of Bali, Princeton, N.J.: Princeton University Press, 1991.

——, "Emergent Properties of Balinese Water Temples", *American Anthropologist*, Vol.95, No. 1, March, 1993, pp.97–114. Also published in Christopher Langton, ed., *Artificial Life III*, Redwood City, Calif.: Addison-Wesley and the Santa Fe Institute Studies in the Sciences of Complexity, Vol.10, 1994, pp.201–225.

——, *The Balinese*. New York: Harcourt Brace, 1994.

James N. Kremer and J. Stephen Lansing, "Modelling Water Temples and Rice Irrigation in Bali: A Lesson in Socio-ecological Communication", in Charles A. S. Hall, ed., *Maximum Power: The Ideas and Applications of H. T. Odum*, Niwot, Colo.: University Press of Colorado, 1995, p.412.

J. Stephen Lansing and James N. Kremer, "A Socio-ecological Analysis of Balinese Water Temples", in D. M. Warren, L. Jan Slikkerveer, and David Brokensha, eds., *Indigenous Knowledge Systems: The Cultural Dimension of Development*, London and New York: Intermediate Technology Publications, 1995, pp.258–268.

——, "Engineered Landscape: Balinese Water Temples and the Ecology of Rice", *Encyclopedia Brittanica Yearbook of Science and the Future*, 1996.

J. Stephen Lansing, "Stella in Bali: Systems-Ecological Simulation Modelling of Irrigation systems", in Jonathan B. Mabry, ed., *Canals and Communities: Small-Scale Irrigation Systems*, Tucson: University of Arizona Press, 1996.

——, "Bali and Daisyworld: Ecological Feedback and the Emergence of Functional Structure in Ecosystems", *Mathematical Social Sciences*, Vol.33, 1996, pp.95–96.

——, "Systems Theory", in Thomas Barfield, ed., *The Blackwell Dictionary of Anthropology*, Oxford: Blackwell Publishers, 1997, pp.462–463.

J. Stephen Lansing, James N. Kremer, and Barbara B. Smuts, "System-Dependent Selection, Ecological Feedback and the Emergence of Functional Structure in Ecosystems", *Journal of Theoretical Biology*, Vol. 192, 1998. pp.377–391.

J. Stephen Lansing, "Anti-Chaos, Common Property and the Emergence of Cooperation", in Timothy Kohler and George Gumerman, eds., *Dynamics in Human and Primate Societies: Agent-Based Modelling of Social and Spatial Processes*, New York: Santa Fe Institute and Oxford University Press, 1999.

Vernon L. Scarborough, John W. Schoenfelder, and J. Stephen Lansing, "Early Statecraft on Bali: The Water Temple Complex and the Decentralization of the Political Economy", *Research in Economic Anthropology*, Vol. 20, 1999, pp. 299–330.

Kremer, J. N, R. C. Murphy, J. S. Lansing, and P. Kremer, "Bali's Reefs: A Qualitative Survey and Potential Inputs of Land-Derived Nutrients", Report to the World Wide Fund for Nature (WWF) in Indonesia, 2000, unpublished.

Vernon L. Scarborough, John W. Schoenfelder, and J. Stephen Lansing, "Ancient Water Management and Landscape Transformation at Sebatu, Bali", *Bulletin of the Indo-Pacific Prehistory Association*, Vol. 20, 2000, pp.79–92.

J. Stephen Lansing, Vanda Gerhart, James N. Kremer, Patricia Kremer, Alit Arthawiguna, Suprapto, Ida Bagus Suryawan, I Gusti Arsana, Vernon L. Scarborough, and Kimberly Mikita, "Volcanic Fertilization of Balinese Rice Paddies", *Ecological Economics*, Vol.38, 2001, pp.383–390.

J. Stephen Lansing, "'Artificial Societies' and the Social Sciences",

Artificial Life, Vol. 8, October 2002, pp.279–292.

——, "Irrigation Societies", *International Encyclopedia of Social and Behavioral Sciences*, Oxford: Elsevier Science, 2002, pp.7910–7913.

——, Comment on "The Precolonial Balinese State Reconsidered: A Critical Evaluation of Theory Construction on the Irrigation, the State, and Ritual" by Brigitta Hauser-Schäublin, *Current Anthropology*, Vol. 44, No. 2, April 2003.

J. S. Lansing, T. M. Karafet, M. H. Hammer, A. J. Redd, I. W. Ardika, S.P.K. Surata, J. S. Schoenfelder, and A. M. Merriwether, "A Foreign Trader in Ancient Bali?" *Antiquity*, Vol. 78, No. 300, June 2004, pp.287–293.

J. S. Lansing and John H. Miller, "Cooperation Games and Ecological Feedback: Some Insights from Bali", *Current Anthropology*, Vol. 46, No. 2, 2005, pp.328–333.

Guy s. Marion, Robert B. Dunbar, and David A. Mucciarone, n.d., "Organic Nitrogen $\delta^{15}N$ in Coastal Coral Reef Skeletons Reveals Isotopic Signatures of an Agricultural Revolution", in press, *Pacific Science*.

FILM AND TELEVISION

1988 *The Goddess and the Computer*.

A one-hour ethnographic film, produced and directed by J. Stephen Lansing and Andre Singer. Camera by J. Stephen Lansing and Mike Thomson. Produced by Channel Four London and broadcast over British television November 11, 1988. Acquired for U.S. broadcast on the PBS science series *Nova*, WGBH Television (Boston). British selection for Italian International Festival of Ethnographic Films, Sardinia, 1–3 October 1990. Distributed in the United States by Documentary Educational Resources, Boston, Mass. (Tel. 617-926-0492).

1994 *Farmer's meeting, From the Mountains to the Sea, Aftermath of the Green Revolution.*

Three short videos for the Balinese agro-ecology exhibit in The Great Technology Challenge, a traveling exhibition on sustainable technology created by the California Museum of Science and Technology. Videos are shown in a Balinese farmers' meeting pavilion, accompanied by photos and interactive displays based on *Priests and Programmers: Technologies of Power in the Engineered Landscape of Bali.* Available as streaming video from http://www.ic.arizona.edu/~lansing/home.htm.

2003 *The Sacred Balance.*

Sequences on Balinese ecology in a four-part science series hosted by David Suzuki and cofunded by the National Science Foundation. See http://www.sacredbalance.com/web/baliintroduction.html.

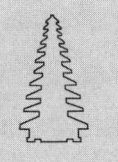

索 引

abiseka ratu ritual (installation of kings), 21, 119, 158

adat (legal systems), 62

agrarian kingdoms: forces shaping Southeast Asian, 23–24; three successive phases of, 22–23

Airlangga inscriptions (A.D. 1021, 1037), 47

Airlangga (Javanese ruler), 47, 48 *amrta* (Hindu water of immortality), 51 *anak wanua* (persons of the wanua), 28 Anak Wungcu (Balinese king), 130 ancestral line (*purusa*), 141

ancestry status, 51–52

Ardika, Wayan, 22, 24, 25, 34

Artaud, Antonin, 1

Asian Development Bank, 12

Athenian democracy, 149–150

Austronesians: artifacts of, 27; colonization of Bali by, 24–25; elaborate funerary rites of, 57; rites and religious traditions of, 29–30; *subak* as reconciling beliefs of Indian and, 48–49, 51; temples constructed by, 26

awig-awig (written legal code), 196

Axelrod, Robert, 69

Babad Patisora (religious text), 168

Badung, Guru, 183

bale lantang (temple), 46

Bali: aerial tour of, 24; comparing development of Java and, 42–46, 63–64; comparing development of Mayan sites and, 32–34, 35*fig*, 41–42; Dutch colonialism of, 57–62, 64–65, 95, 180; early agriculture in, 24–25; intertwined histories of Java and, 53–54; Japanese invasion of, 180; map showing sites mentioned in text, 34 *fig*; modernization drive implementation in, 7; modern nationalism/ political crisis in, 180–183; reconquest by Majapahit empire (Java), 55–56; replacement of royal temples with village temple networks, 53–62; significance of water in, 46–54. *See also* State

Bali Aga/Mula (Original Balinese), 45

balian ketakson (sorcerer's trance), 139, 160

balians (magic user), 142n.12

Balinese kings: *abiseka ratu* ritual (installation of kings), 21, 119, 158; Brahmanical tradition on order/prosperity through, 196–197; cult role in constructing, 157–159; divine kingship cult and, 20–22, 23, 56–57, 65–66, 203; human sacrifice/rituals during funerals of, 56–57, 203–204; maleness of powers and obligations of, 197–201, 204; parallels between Polynesian chiefdoms and, 26–27; participation in Ulun Danu Batur temple by, 187, 188; powers identified with maleness, 197–198; religious traditions allowed by, 29–30; rituals to "construct a king," 21, 202–204; royal inscriptions by, 28–31, 34, 42–43, 54, 191; tax system instituted by, 27–28, 30–31,63–64; theater state validating, 20–21,22, 147–148, 157–158; water temple networks replacing royal temples of, 53–62,64–66. *See also* State

Balinese priests: comparing perspectives of Western science and, 2–3;

concern with hierarchy, 4–5; dualism as central to authority of, 166–170; funeral ceremony performed by apprentice of, 1–2; myths on role of, 168–169; *premade* (medium) endowing authority onto, 160–161; selfperception of, 4; Ulun Danu water temple, 155–156, 166–170, 173, 186–189. *See also* Brahmanical tradition; high priests

Balinese religion: aristocratic Brahmanical tradition of, 131–136; caste system and spiritual progress belief of, 126–127; on coherence of universe, 123; cosmological dualism doctrine of, 123–126, 129–131,148–149, 157–158; cosmological symbolism of, 123–125; karma doctrine of, 98, 126–127; metaphysics of, 128–129,137–138;reincarnation beliefs of, 166; restricted access to religious texts of, Balinese religion (*continued*) 126–127; water temple cult as system of beliefs in, 125–126. *See also* Brahmanical tradition; magic worldview; rituals

banua (village), 173

batara kawitan (royal sword), 202

Batur village: compared to other *subaks*,

188–189; governance by Elders, 165–166;marriage ceremonies at, 162–163, 165; Moojen's report on importance of, 178–180; people seated for rites, 163*fig*; photograph of, 177*fig*; preparing meal for temple visitors, 164*fig*; pro–and anti–nationalist factions of, 181–185; recording history of Ulun Danu Batur temple and, 186–187; reunification of, 185. *See also* Ulun Danu Batur water temple

Bayad (Pamos subak), 103

Bayung Gde village, 180

Beautiful Kings ceremony, 165–166

bebangkit (basket offerings), 146–147

Bellwood, Peter, 25

Besakih water temple, 185

bhuana agung (macrocosm), 123

bhuana (cosmos), 133

bhuta (any living thing): described, 129–131; self-knowledge to control, 137–138;theory of recombination of the, 136

bhutakala (bhuta subject to time): Blerong manifestation of, 143; described,130–131; as explanation for crimes/ hatred, 145; images of, 140*fig*; myth on birth of the,137–139; offerings to control, 145–146; rats classified as *merana* form of,145–146; State created by monarch with mastery over, 150–151; *tirtha pawitram* offering to, 149

bhUtakAla (past time), 131

bhuta tanmatra (Saivasiddhanta tradition of bhuta), 130

Bhuwana Winasa (poem), 133–135

Blerong (magical spirits, dangerous manifestation), 110, 143

Brahmanical tradition: Balinese religion and aristocratic, 131–136; on creation/ nature of the State, 150–151; envisioning kings as source of order, 196–197. *See also* Balinese priests; Balinese religion; caste system

Brahmins, 55

Buddha, 198–200

Buddhist philosophy, 2

Bwahan B inscription (A. D. 1025), 29

Calon Arang ("candidate witch" story), 147–149

Calo (Pamos subak), 101–107

CAS (complex adaptive systems), 83–86, 85*fig*, 87

caste system: abolished in Pujung Kaja village, 116–120; as basis of society, 3; development of Balinese, 127–128; Dumont's explanation of, 4–5; extended by origin temples for descent groups, 54–55, 65–66; perceived as masculine,197; spiritual progress belief of, 126–127.*See also* Brahmanical tradition

Cebok (Pamos subak), 112–115

civilization, 3

civil society: controlling ungovernable ambitions in, 195; laws defining acceptable behavior in, 195–196. *See also* societies

communal land ownership, 59

Communist Party, 183

corruption (*korupsi*), 100–101

cosmological dualism doctrine: authority of high priests and, 166–170; as challenge in everyday life, 126; philosophical basis of, 129–131; significance of sea in Balinese, 148–149; Ulun Danu water temple focus of, 157–158. *See also* dualism doctrine (*rwa bhineda*)

cosmological symbolism, 123–125

Dalem Baturenggong, King, 168

democracy: Balinese witchcraft beliefs entwined with, 151–152; exclusion of women from Athenian, 207–208; Hegel on failure of Athenian, 149–150; Pamos survey on *subak*, 99–107, 102*t*;Pujung Kaja village, 116–120. *See also* governance

descent group status, 51–52

Dewi Danu (Goddess of the Lake), 155, 156, 161, 166–167, 173–174, 178

Dharmasadhana (fulfilling of dharma), 200, 201

Dharmasastra-s (religious text), 126

Dharmasastric kingdom, 127

divine kingship cult: Balinese, 20–22; human sacrifice as part of, 56–57, 203; unique status conferred by, 23; water temple network origins in, 65–66

Dlod Blumbang (Gunung Kawi), 112–113, 114

Drawings of Balinese Sorcery (Hooykas), 140*fig*

dualism doctrine (*rwa bhineda*): function of, 204–205; gender, 162–163, 165, 197, 205–207, 208–209. *See also* cosmological dualism doctrine

Dubois, Pierre, 56

Dumont, Louis, 4

Durga (goddess), 131, 133, 138–139, 147–148, 152, 162, 206, 208. *See also* Uma (goddess)

Durkheim, Emile, 10, 125, 209

Dutch colonialism: beginnings and development of, 57–59; full-time farmers during, 95; Japanese invasion ending, 180–181; land tenure systems under, 59–62, 64–65

Dutch East India Company, 56, 57

dwijati (twiceborn), 127, 128

ekajati (once born), 127

Elders (Ulun Danu Batur water temple), 165–166, 170, 186–189

emergence concept, 136–137

emotions: relationship between problems of governance and, 195–196; terrifying consequences of, 209

end of the year rituals, 202–204, 205–207

Eschbach, J., 134

ethnoarchaeological research, 22

families: ancestry status of, 51–52; farm inheritance conflicts of, 98*t*, 139–143;household shrine (*sanggah* or *mrajan*) of, 141

femininity: used in approach to governance, 208–209; comparing views of Stoics and Balinese on, 208–209; *pradana, pradhanatattwa* rites and, 197, 204–207, 209,210. *See also* maleness/masculine; women

Five Year Plans, 6–7

Fontana, Walter, 13, 15

The Forest of Taboos (Valeri), 122

Fourth Batur village, 185

Frankfurt School, 19

Friederich, Rudolf, 56

Frugoni, Chiara, 208

funeral ceremony: reenactment of, 1–2; rituals of royal, 56–57, 203–204

game theory models: applied to irrigation water cooperation, 71–86, 193–195;Prisoner's Dilemma, 69–71, 70*t*. *See also* water temple simulation models

Gana (elephant–headed god), 138, 206

Gde (Cebok subak head), 114–115

Geertz, Clifford, 5, 20, 22, 24, 64–65, 157,197, 203, 204

Gelgel dynasty (Bali), 57

gender dualism: balancing, 162–163, 165,197, 208–209; Kedisan Kelod village and, 205–207

General Theory (Keynes), 6

The Goddess and the Computer (film), 175 Goddess of the Lake (Dewi Danu), 155,156, 161, 166–167, 173–174, 178, 187.*See also* Ulun Danu Batur water temple Gordon, Robert W., 195–196

Gould, Stephen, 170, 171

governance: differences in development of *subak*, 89–90; by Elders of Batur village, 165–166, 170, 186–189; feminine approach to, 208–209; nature of Ulun Danu Batur water temple, 160–161; Pamos survey on *subak's* democratic, 99–107, 102*t*; relationship between emotional control and problems of, 195–196. *See also* democracy

Greater High Priest, 166–167, 169–170, 188

Greater Subak (*Subak Gde*), 105, 106–107

Greek myths, 207

Green Revolution, 7, 12, 68, 193

Guermonprez, Jean-François, 22 Gunung Kawi Sebatu springs, 112,113*fig*, 114

Gunung Kawi temple rituals, 113, 114

Haar, Controleur, 179–180

Habermas, Jürgen, 10

Happé, P.L.E., 61, 62

Hardin, Garret, 68

Harinjing inscriptions (A.D. 804, 921,927), 47

Hauser-Schäublin, Brigitta, 174

Hawaiian chiefdoms, 26–27

Hegel, G.W.F., 4, 124, 149, 150, 172, 190

Heine-Geldern, Robert, 23

Helms, Ludvig Verner, 56

Herodotus, 90

hieroglyph of Reason, 150, 151,172, 200

high priests: diffuse authority of, 169; funeral rites of, 169–170; Greater and Lesser, 166–167, 169–170, 188; irrigation management role of, 175–176; selection of,169–170; Wibusakti title of, 188. *See also* Balinese priests

holy water (*kamandalu*), 162

holy water (*tirtha pawitram*), 149

homo aequalis, 4, 5, 197, 208

homo economicus, 195

homo hierarchicus, 4, 5, 18, 197

Hooykas, Christiaan, 140

Horst, Lucas, 8n.5

household shrine (*sanggah* or *mrajan*), 141

Howe, Leopold, 120n.8–121n.8

Huaulu taboos, 122, 125

human sacrifice rituals, 56–57, 203

Ida Dalem Masula–Masuli (human guide), 161–162

inheritance issues: family conflicts over farm, 139–143; Pamos survey on, 98*t*; psychosocial burden on women by, 141–144

Irihati, Made, 103, 104

irrigation system cooperation: CAS (complex adaptive systems) applied to,

83–86, 85*fig*, 87; consequences of breakdown of, 88–89; decision making and payoffs of, 72–87; example of, 67–68; game of cooperation between rice farmers, 73*t*; game theory models applied to, 71–86, 193–195; "live and let live" system applied to, 69–71; Prisoner's Dilemma applied to, 69–71, 70*t*; synchronized flooding as, 72*fig*–73; "tragedy of the commons" applied to, 68–69, 80, 193. *See also* water temple simulation models

irrigation systems: comparison of Mayan and Balinese, 32–34, 35*fig*, 41–42; during Dutch colonialism, 61–62; high priest's role in management of, 175–176; origins and development of Balinese, 62–66; royal role in development of, 32–37; Subak Sebatu, 50*fig*; tax for use of, 30–31. *See also* rice cultivation

Jacobs, J., 61

Jasan (Pamos subak), 92

Java: comparing development of Bali and, 42–46, 63–64; intertwined histories of Bali and, 53–54; reconquest of Bali by Majapahit empire of, 55–56; royal inscriptions of, 42–43, 47

Kaler Surata, Sang, 210, 211

Kali (destroyer goddess), 131, 133

kamandalu (holy water), 162

karaman (village council), 45

karma doctrine, 98, 126–127

Kauffman, Stuart, 84

Kebayan (elderly priests), 119

Kedisan Kelod village (Pamos subak), 106–107, 114, 205–207

Keynes, John Maynard, 6, 10

kings. *See* Balinese kings

klijan soebak (subak head), 61

Korn, V. E., 20, 61, 62

korupsi (corruption), 100–101

Kremer, James, 11–12, 14, 16, 17

Kulke, Hermann, 22–24, 27, 31, 44

land tenure: communal land ownership, 59; Pamos water temple, 93–97; *pecatu* (provisioner) form of, 60 – 61, 64 – 65;*punggawa* land ownership, 59 – 60

law: absence of uniformity in *adat* (systems) of, 62; *awig-awig* (written legal code) of *subaks,* 196; Colonial authority legally based on, 59 – 60; king's task of critical reflection of, 200. *See also* royal inscriptions

Lesser Higher Priest, 166, 167,169–170, 188

Lewontin, Richard, 170, 171

Liefrinck, F. A., 59

Liefrinck, F. L., 61, 62

Loraux, Nicole, 207

macrocosm (*bhuana agung*), 123

Madri, Pan, 180–181, 182

magic worldview: on money stolen by magical spirits, 110; Mulyadi's magical belt, 104; sorcery beliefs of, 110 – 111; Western science and, 2. *See also* Balinese religion

mahabhuta (five elements), 129–130

Majapahit empire (Java), 55–56

maleness/masculine: caste system viewed as, 197; comparing views of Stoics and Balinese on, 208–209; powers of kings and patriarchs as, 197–201, 204. See also femininity

Maling (Subak Calo head), 101 – 3

maps: Gunung Kawi Sebatu springs, 113*fig*; Petanu River, 91*fig*; Pura Gunung Kawi (Sebatu) area, 38*fig*; Pura Gunung Kawi water temple, 39*fig*; showing Bali sites mentioned in text, 34*fig*; Tampaksiring–Sebatu area, 37*fig*

marae (Hawaiian courtyards), 26

marriage: avoidance of witch descendant for, 143–145; balancing gender dualism through, 163, 165; Beautiful Kings "marriage" ceremony, 165–166; rate of endogamous, 144; survey of preferences for, 144; in Tampuagan village, 211*t*; Ulun Danu Batur rituals associated with, 162–163, 165, 167

Marx, Karl, 4, 10, 18, 90

Masceti Pamos survey: on accountability of subak head, 99*t*; on democratic governance of subaks, 99–107, 102*t*; on farm inheritance, 98*t*; on honorariums for subak heads, 101*t*; participants in, 97–98; on selection of subak head, 100*t*, 101*t*; on subak right to assess fines, 98*fig*; on water thefts, 96*t*, 97–98, 99*t*

Masceti Pamos water temple: annual ritual cycle at, 105–106; breakdown of cooperation in, 88–89; cooperative system used at, 68; development pattern of, 155, 172; distribution of landholdings in, 93–97, 94*fig*; laborers/sharecroppers of, 94–95; mean farm size among subaks of, 94*fig*; overview of irrigation system/water rights of, 90–93*t*; study of subaks forming congregation of, 17–18; survey of farmers of, 96*t*, 97–100

Masceti Pamos water temple conflicts: cases of, 101–107, 108–115;

investigating, 89–90; Pujung Kaja abolishment of caste system, 116–120; understanding dynamics of, 107–115

Massive Guidance program, 9–10

Mayan sites: comparing irrigation systems of Bali and, 32–34, 35*fig*; comparing "water mountains" of Bali and, 41–42

medium (*premade*), 159–161, 170

melasti (pilgrimage to the sea), 148–149

merana (rats), 145–146

metaphysics: used as framework for emotional states, 137–138; water temple cult rites based on, 128–129

Middle Batur village, 182–183

Miller, John, 72

models. *See* game theory models; water temple simulation models

mode of production, 118–119

modernization: paradox of Five Year Plans for, 6–7; water management system, 7–10

Moojen, P.A.J., 176, 178–179

Mount Agung, 155

Mount Batur, 25, 32, 153, 155, 156

Mount Merapi, 43

Mount Meru, 23, 153, 161

Mount Sumeru (Java), 161

Mulyadi (Bayad subak head), 103, 104,105

myths: female nightmares of Greek, 207; on Goddess of the Lake (Dewi Danu), 155, 156, 161, 166–167, 173–174; on origins of satellite temples, 168;

temple activities defined by, 167–169; of Uma and Durga, 131, 133, 138, 138–139, 139, 147–148, 152, 162

National Science Foundation, 16

Negara: The Balinese Theatre State in the Nineteenth Century (Korn), 20

Nordholt, Schulte, 21

North Batur village, 181–182, 183, 185

nyepi (silence, emptiness), 148

Oosterwijck, Jan, 56, 57

order: achieved by realignment of elements, 209; Brahmanical tradition on sources of, 196–197; *pradana* principle role in creation of, 209

The Origins of Order (Kauffman), 84

Pamos water temple. *See* Masceti Pamos water temple

Parisada Hindu Dharma, 185

Parsons, Talcott, 10

patirthan (sacred bathing pools), 51

pecatu (provisioner land tenure), 60–61, 64–65

penyejeg ritual, 188

pest invasions: irrigation system cooperation to prevent, 72–76; water shortages versus damage of, 75*fig*

Petanu River, 90, 91*fig*

Phenomenology (Hegel), 201

Philosophy of History (Hegel), 124, 200 pilgrimage to the sea (*melasti*),

148–149 Plato, 116

PNI (Partai Nasionalist Indonesia), 182

Polynesian chiefdoms, 26–27

Prabusakti (Lesser Higher Priest title), 188

pradana (woman) rites, 197, 204–207,209, 210

premade (medium), 159–161, 170

priests. *See* Balinese priests

Prisoner's Dilemma, 69–71, 70*t*

PSI (progressive socialists), 182

public goods investment, 194–195

Pucangan Empu, 168

Pujung Kaja village democracy, 116–120

pulakerti ritual, 187–188

punggawa land ownership, 59–60

Pura Dalem (Durag's temple), 147

Pura Gunung Kawi (Sebatu) area map, 38*fig*

Pura Gunung Kawi water temple: map of,39*fig*; overview of, 38–40

Pura Kehen water temple, 173

Pura Pucak Penulisan water temple, 173

pura puseh (village temple of origin), 54

Purusada (demon), 198–199

Purwa Senghara (Origins of Chaos): author of, 133, 139; compared to *Phenomenology* (Hegel), 201; conflicts described in, 200; kingdoms described in, 133–134; monarchical state as ethical idea theme of, 201; resisting *senghara* theme of, 203; story told in, 132–134, 135–136,198–200; structure of, 199;

Sutasoma (human form of Buddha) in, 198–199; on task of rulers, 135–136, 204

Raffles, Sir Stamford, 58

rakarayan (court official), 43

raksasas (demons), 198

Rangda (queen of witches), 133

Rata, Nyoman, 102–103

rats (*merana*), 145–146

Reason: hieroglyph of, 150, 151, 172, 200; state embodiment of, 201

reincarnation beliefs, 166

religion. *See* Balinese religion

rice cultivation: farmers' views on own yields relative to others, 77–79, 78*fig*; impact of water temple network behavior on, 191–193; increase in harvest yields in, 79–80, 82*fig*; model cropping patterns after 11 simulated years, 79–80*fig*; observed cropping patterns (1987), 79–80, 81*fig*; terraces after flooding, 36*fig*. *See also* irrigation systems

Rice Goddess (Bali), 48

rituals: *abiseka ratu* (installation of kings), 21, 119, 158; *batara kawitan* (royal sword) use in, 202; Beautiful Kings ceremony, 165–166; *bebangkit* (basket offerings), 146–147; becoming a *premade* (medium), 159–161; cognitive aspects of, 125; conferring authority, 169–170; "constructing a king" purpose of, 21, 202–204;of the dead, 148–149; end of the year, 202–204, 205–207; functions of water temple, 196, 204; Greater High Priest funeral rites, 169–170; Gunung Kawi temple, 113, 114; household shrine(*sanggah*), 141; human sacrific, 56–57, 203; mandalic patterns and symbolism of, 210; Masceti Pamos water temple, 105–106;

penyejeg, 188; *pulakerti,* 187–188; to purify birth order/gender balance, 162–163, 165; social solidarity promoted by, 125; as subjective realization of water temple network structure, 210; theater state of, 20–21, 22, 147–148, 157–158; transforming water into *tirtha,* 51; women (*pradana, pradhanatattwa*), 197, 204–207, 209, 210. *See also* Balinese religion; symbolism; water temple cult

Roman republic, 207

Romijn gates, 8, 9

royal inscriptions: Balinese, 28–31, 34,42–43, 54; examining origins of subaks/water temples through, 191; Javanese, 42–43, 47; as legal foundation for revenue system, 56. *See also* law

Rubinstein, Nicolai, 208

Rudra (demon), 138

rwa bhineda (dualism), 162–163, 165, 197, 204–205

sacred origin metaphor, 52–53*fig*

sad ripu (destructive emotions), 159

Sahlins, Marshall, 11

Saivasiddhanta, 2–3, 126

Samkya Hinduism, 126

Sang Boja (king of Widarba), 198

San Marco Basilica (Venice), 170–171

Santa Fe Institute, 11, 12, 15, 16

Santi, Pan, 181, 182, 183, 184, 186

sapasuk wanua (all resident in the wanua), 44

sarcophagi (Sebatu)s, 25–26

Scarborough, Vernon, 22, 32, 33, 34

Schoenfelder, John, 22, 34, 39

Sebatu (Masceti Pamos subak), 92

Sebatu village: sarcophagi/artifacts found around, 25–26; site selection of, 24–26

segmentary state, 23

Seneca, 195, 207

senghara (disorder or chaos), 201, 203

sharecroppers, 94–95

shrine (*sanggah* or *mrajan*), 141

sima grant, 30

simulation models. *See* water temple simulation models

Siwa (supreme god), 133, 138, 147, 162

Siyem, 183–184, 185

Skinner, Quentin, 208

slavery/slaves: Balinese legal codes on sources of, 58; *punggawa* land worked by, 59–60; war captives sold into, 58, 64

societies: caste system and Brahmanical, 3; emergence of Western, 3–4; Hegel on creative accomplishments of, 124; laws defining acceptable behavior in, 195–196; patterns of change in traditional, 10–11. *See also* civil society; Western societies

Songan village, 172–173

sorcerers, 110. *See also* witches

sorcery: beliefs in, 110–111; myth explanation for origins of, 137–139. *See also* witchcraft

Sources of the Self: The Making of the Modern Identity (Taylor), 2

South Batur village, 183, 185

Starn, Randolph, 208

State: Brahmanical tradition on creation/nature of the, 150–151; ethical idea represented by monarchical, 201; Hegle on Reason embodiment of, 201; public goods investment by, 194–195. *See also* Bali; Balinese kings

Stoic philosophers, 207, 208

subak abian (dry-fields subak), 101

subaks: Austronesian and Indian religions reconciled through, 48–49, 51; *awig-awig* (written legal code) of, 196; description and organization of, 5, 47; models of cooperative irrigation systems and, 71–87; rate of endogamous marriages within wet, 211*t*; using royal inscriptions to examine origins of, 191; sacred origin metaphor for, 52–53*fig*; self-governance differences and development in, 89–90; as "supporters" of the temple, 158; videotaping meetings to study, 115–116; water temples ignored by,12. *See also* water temple networks

Subak Sebatu irrigation canal, 50*fig*

Suma, Guru, 183

Swietan, Colonel van, 58

symbolism: cosmological, 123–125; of *pradana* rituals, 210; as resonating by permeating environment, 210. *See also* rituals

synchronized flooding cooperation, 72*fig*–73

taboos (Huaulu), 122, 125

"tail-ender problem," 80

Tambiah, S. J., 21

Tampaksiring royal monuments (12th century), 35*fig*

Tampaksiring–Sebatu area map, 37*fig*

Tampuagan village, 210–211*t*

Tasu exile, 162

tax systems: instituted by Balinese kings, 27–28, 30–31, 63–64; irrigation water use tax, 30–31; royal inscriptions as legal foundation for, 56; *sima* grant, 30; "tax farming," 27–28, 45, 54

Taylor, Charles, 2, 3, 4, 151

Tengkulak A inscription (A.D. 1023), 29 *thani* (physical location of village), 45

theater state model, 20–21, 22, 147–148, 157–158

The Theory of Communicative Action (Habermas), 10

Tikal pyramid (Mayan), 33

tipat (household shrine offerings), 141

Tirtha Empul water control system, 34, 36

tirtha pawitram (holy water), 149

tirtha (sacred bathing pools), 51–52

"tragedy of the commons," 68–69, 80, 193

trance divination, 160

transmigration government program, 184

Trowulan site (Majapahit empire capital), 44

twiceborn (*dwijati*), 127, 128

twinship, 162, 165

Udayadityavarman II, 23

Ulun Danu Batur water temple: balanced birth order/gender dualism beliefs and, 162–163, 165; challenging caste and kingship ideologies, 156; cosmology focus of, 157–158; described, 153, 155; divine royal power of, 174–175; financial support of, 155; irrigation management by priests of, 175–176; limitations and failures of, 156–157; meal preparation for visitors to, 164*fig*; nationalism/political crisis and impact on, 180–185; nature of governance of, 160–161; participation of royal families in, 187, 188; *penyejeg* ritual of, 188; priesthood leadership of, 155–156, 173; procession in courtyard of, 154*fig*; *pulakerti* ritual of, 187–188; rebuilding of (1935), 180; recording history of Batur village and, 186–187; reports on earthquake damage (1917) to, 176, 178–180; rivalries among Elders, priests, and mediums of, 159–161, 165–166, 170, 186–189; rivalries with other water temples, 172–175; significance of annual cycle of rites at, 159; tracing pattern of development of, 171–176; twinship connection to Goddess and, 161–162; unique attributes of, 155–156, 188–189. *See also* Batur village; Goddess of the Lake (Dewi Danu)

Uma (goddess), 138, 139, 206. *See also* Durga (goddess)

Vajrayana Buddhism, 126

Valeri, Valerio, 20, 122, 124, 125

van der Kraan, Alfons, 58

village charters (A.D. 882), 28–29

wanua (village), 28, 44

Waraiga tenung (book of time), 138

watek (intermediate administrator), 43

water management systems: described, 7–8; ethnoarchaeological research of,

22; modernization of, 7–10; Tirtha Empul, 34, 36; water temples simulation model to study, 11–19, 13*fig*

water temple cult: challenging caste and kingship ideologies, 156; emergence and development of, 195; kings constructed through, 157–159; metaphysical basis of rites, 128–129; self-discovery process as core of, 150–151. *See also* rituals

water temple networks: as CAS (complex adaptive systems), 83–86, 85*fig*, 87, 190–191; caste system extended by, 54–55, 65–66; conclusions regarding behavior of, 191–195; cult of Balinese, 41; examining functionality of, 14–19; origins of, 191; replacement of royal temples with, 53–62, 64–66; rites as subjective realization of, 210; using royal inscriptions to examine origins of, 191; *See also* specific water temples; *subaks*

water temple simulation models: actual observed cropping patterns (1987), 79–80, 81*fig*; CAS (complex adaptive systems), 83–86, 85*fig*, 87, 190–191; conclusions from, 81–86; conclusions on network behavior reached from, 191–195; effects of varying k on coadaptation of subaks, 85*fig*; farmers' views on own yields relative to others, 77–79, 78*fig*; increase in harvest yields in, 79–80, 82*fig*; initial conditions for simulated, 79*fig*; mathematical theory of dynamical systems and, 83–86, 85*fig*; model cropping patterns after 11 simulated years, 79–80*fig*; simulated years in, 76–77*fig*. *See also* game theory models; irrigation system cooperation

water thefts: Cebok subak accused of, 114–115; Masceti Pamos survey on, 96*t*, 97–98, 99*t*

Weber, Max, 4, 10

Western social sciences: on change patterns of traditional societies, 10–11; comparing Balinese priests' perspective with, 2–3; Frankfurt School of, 19; on magic as antithesis of rational, 2

Western societies: individualism and decline in witchcraft beliefs, 151; as lacking hieroglyphs of Reason, 150, 151,172, 200. *See also* societies

Wibusakti (high priest title), 188

Wisseman Christie, Jan, 27, 30, 43,44 – 45, 48

witchcraft: Balinese democracy entwined with beliefs in, 151–152; beliefs in, 110–111; myth explanation for origins of, 137–139; Western individualism linked to decline of, 151; women tempted by use of, 141–145. *See also* sorcery

witches: avoided as wife, 143–145; belief in,110; *Calon Arang* ("candidate witch" story) about, 147–149; images of, 140*fig*; inherited power by descendents of, 142–143; *tipat* test for, 141–142. *See also* sorcerers

Wolters, Oliver, 23

women: Athenian notion of irrationality of, 207–208; becoming a *premade* (medium), 159–161; inheritance issues and psychosocial burden on, 141–144; significance of Uma myth for, 139; temptations of witchcraft and, 141–145; *tipat* test submitted to by, 141–142. *See also* femininity

women (*pradana, pradhanatattwa*) rites, 197, 204–207, 209, 210

Zollinger, Henrich, 56

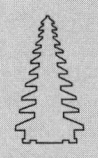

附录：书评

内卷化与后殖民
——以爪哇稻作农业为核心的讨论*

20世纪50年代，格尔茨根据印度尼西亚的实地考察，提出的"内卷化"主要指稻作农业的劳动边际报酬极度下降时，仍旧过多地投入劳动力。印尼内岛和外岛的生态系统、经济状况以及政治统治存在巨大的张力、紧密的依存关系和二元的发展。内卷化有着复杂的生成机制，从格尔茨的文化生态学观点、水利社会研究、殖民与现代世界体系等视角有助于综合理解"内卷化"的内涵以及概念形成的社会历史过程。再结合李伯重江南人口史和农业生产的研究，能够清晰辨别出，束缚于"人口压力"说的黄宗智对于"内卷化"的误用和对城市系统与乡村系统依存关系的忽视。韦伯对于城乡依存关系的讨论为格尔茨的讨论奠定了比较研究的基础和走向。

在麻省理工学院国际研究中心的主持与资助下，20世纪50年代，格尔茨作为成员之一，在鲁弗斯·亨顿（Rufus Hendon）指导的印度尼西亚实地考察研究小组中，把跨学科研究应用于印度尼西亚的政治地理区域。另一个同期开展的是本杰明·希金斯（Benjamin Higgins）指导的有关印度尼西亚经济和政治发展的研究。这个项目更像是一个对印度尼西亚有着专门兴趣的学者组成的"社区"，拥有不同学科背景、擅长不同研究领域的成员们经常

---

* 本文原载于《青海民族研究》2023年第3期。本文的想法源于译者攻读博士学位期间对格尔茨《农业内卷化》一书的翻译工作。兰星的《完美的秩序》是继《尼加拉》和《巴厘的诸世界》产生于巴厘岛的最重要的民族志作品之一，其关于水利社会、印度教宇宙观、生态环境与社会关系的研究成为论证"内卷"这一概念的重要依据。巴厘岛的"完美秩序"是否可略为延展，例如用于整个印尼社会，此处略而不论。本文的写作离不开译者的文本启发，在此作为附录，通过人类学与社会学研究方法，以爪哇稻作农业为核心考虑内卷化与后殖民问题，不草率地加以延伸。本文在杨圣敏教授和张亚辉教授的指导下完成，我向他们表示特别的感谢。原文内容在编校过程中有所改动。

聚在一起讨论，对印度尼西亚以及摆在当时人民面前的任务及其革命的崇高希望达成了统一的看法。

在"农业内卷化"的研究之前，格尔茨从事的两项关于印度尼西亚的研究，一份报告涉及爪哇的宗教[1]，另一份报告则将巴厘岛与爪哇中东部的企业家精神进行比较[2]。在《农业内卷化——印度尼西亚的生态变迁过程研究》中，格尔茨对于在三个世纪荷兰殖民统治下以及独立后印尼的社会经济问题给予了关注。笔者从格尔茨的文化生态学观点、水利社会研究、殖民与现代世界体系等视角综合理解"内卷化"的内涵以及此概念形成的社会历史过程。

一、格尔茨的文化生态学

研究有机体与其环境之间的功能关系，将人类自己的生存环境与周围的环境对比，是人类学古老又根深蒂固的主题和基本前提。格尔茨认为"人文地理学"（anthropogeography）或"环境可能论"（possibilism）的回答并不能令人满意。在人文地理学方法中，埃尔斯沃思·亨廷顿（Elsworth Huntington）的气候学理论根据人类文化受环境条件影响的程度和方式来表述，这一立场并不必然涉及彻底的环境决定论，因为此理论也承认，人类文化的某些变化不受地理因素的影响。在环境可能论中，环境并不被视为因果关系，而仅仅被看作有限的或选择性的，克鲁伯（A. L. Kroeber）发现北美原住民种植玉米区域限制在有 120 天充足降雨且没有致命霜冻的地区；环境本身并不能刺激玉米的生长，但它可以确保玉米的生长不受影响。格尔茨认

---

[1] Geertz Clifford, *The Religion of Java*. Glencoe, Illinois: The Free Press,1960.
[2] Geertz Clifford, "Religious Belief and Economic Behavior in a Central Javanese Town: Some Preliminary Considerations", *Economic Development and Cultural Change*, Vol.4, No.2, 1956, pp.134–158.

为这两种观点都不足以进行精确的分析，二者将"文化"和"环境"分离成不同的领域，"文化在多大程度上受到环境的影响？""人类的活动对环境的影响有多深远？"答案只能是笼统的："在某种程度上，但并非完全。"[1]

（一）生态系统：技术论与整体论

在生态学中，生态系统由相互关联的生物及其在共同栖息地形成的生物群落组成，强调构成一个共同体的各生物之间相互的物质依赖关系及所在环境的相关物理特征，研究其内部发展变化的方式和动力，根据海克尔法则，一个生态系统各个部分之间模式化的能量交换维持着"自然平衡"。然而，适应生态分析的原则和概念并非全部适用，格尔茨并不打算将生态学作为对人类社会和文化进行结构分析的框架来使用。20世纪30年代，斯图尔德将生态学思想引入人类学，60年代，格尔茨首次明确提出用"文化生态学"的方法进行人类学研究，并具体分析印度尼西亚的生态系统，可以说，这是格尔茨人类学研究的起点，也是"内卷化"这一经典概念提出的背景和分析工具。格尔茨认可其观点与朱利安·斯图尔德（Julian Steward）更为接近。

斯图尔德以"文化生态"（cultural ecology，指特定民族文化与所处自然和生态系统之间，经过长期互动与磨合而形成的"实体"）作为一个研究实体去探讨文化变迁，认为文化与其生态环境不可分割，相互影响、相互作用。文化生态学试图去解释因地区而异的某种文化特质与文化模式的起源，而不是得出可以普适于所有文化——环境状况的准则，因而不同于人类生态学和社会生态学。其对文化历史的观点也不同于立足于文化、起源于文化、把当地环境看作文化以外的因素的文化相对论或新进化论。文化生态学要确定人类社会对环境的调适是否需要一套特殊的行为模式并存，或是在一

---

[1] Geertz Clifford, *Agricultural Involution: The Process of Ecological Change in Indonesia*, Berkeley, CA: University of California Press, 1963, p.3.

定范围内允许所有可能的行为模式。这个问题使文化生态学不同于"环境决定论"和与之相关的"经济决定论",但普遍认为它们的结论包含在该问题之中。①

生态学主要是指"对环境的适应"。斯图尔德早在20世纪30年代已阐释了文化的生态适应性原理:在特定的生态环境中,人们改变了传统文化特点,以便适应新环境,文化对生态环境的适应是最具创造性的文化变迁实例之一。自达尔文时代以后,环境被视为一个生命之网(生态系统),在这个网内所有有机体彼此互动,而且都与特定环境的自然特征相互作用。"文化核心"(culture core)指与生计活动和经济安排有最密切关系的各种文化特征的集合。其他的文化特征可能具有很大的潜在变异性,称为文化的次要特征(secondary features),因为它们并不强烈地依附于文化核心,很大程度上由文化—历史因素所决定,比如无意识的创新或传播,尽管它们被赋予了与文化核心相似的外部独特性。文化生态学主要关注通过经验分析能证实的并与环境的利用有着最密切联系的那些特征。②在任何一种特定环境中,文化发展可能会经过一连串非常不同的过程,文化类型应当视为文化核心特征的集合。这些特征源于对环境的适应,并代表相应的社会整合水平。例如,尽管栖息地不同,布须曼人、澳大利亚原住民、塔斯马尼亚人(Tasmanians)、火地岛人(Fuegian)等的父系群表现出相似的社会结构特征,因为他们所处的环境、文化的生态适应与整合层次上相似。

技术在每个环境中可以有不同的利用方式,新技术是否有价值,取决于社会文化水平功能和环境潜力,所以文化生态学主要研究社会文化系统,只

---

① 参见[美]朱利安·斯图尔德《文化变迁论》,谭卫华、罗康隆译,杨庭硕校译,贵州人民出版社2013年版,第26页。
② 参见[美]朱利安·斯图尔德《文化变迁论》,谭卫华、罗康隆译,杨庭硕校译,贵州人民出版社2013年版,第26页。

有特殊技术对一个地区的文化生态适应产生影响时才关注。虽然"处于不同环境的文化变迁基本可归因于技术与生产安排的变化所引起的新一轮适应"。算是一个较好的解释[①],但是这种文化适应的"技术论"依然受到了格尔茨的质疑和挑战。

正如斯图尔德意识到的,试图在自然和文化过程之间的关系中发现更广泛的共性,至少需要一个比较视角,《湿与干:巴厘和摩洛哥的传统灌溉》一文是对两个完全不同环境下的"传统"灌溉系统的比较:摩洛哥中东部和巴厘岛东南部。水资源丰富的热带巴厘岛,在灌溉设施的组织方面表现出高度的集体主义;干旱的摩洛哥对水的管制采取了一种更加个人主义的、以财产为基础的办法。通过描述这两种制度的内部组织,并追溯其与文化和生态因素之间的联系,格尔茨认为,"巴厘和摩洛哥案例的共同点是,物质的、社会的和文化的因素被整合到非常独特的生态系统中,即人类在其中的生态系统。不同之处在于该系统的组织方式和功能"[②]。

因此,格尔茨把生态和文化当成一个系统来对待,而人所处的是一个由生态和文化共同构成的系统。格尔茨的生态适应论倾向于文化作为一个整体去适应生态。文化和生态是不可分割的,文化本身就是在这个生态中生长出来的,这是格尔茨和斯图尔德的共同点。文化和生态是适应的,但是这个适应的过程实际上是无法追索的,个体处于由文化和生态组成的整体当中。整体论中,有机体、文化及其环境是一个整合系统,相互关联作用。例如,冰屋可以被看作因纽特人在与北极气候的机智斗争中最重要的文化武器,也是与其所处的自然景观高度相关的特征,人必须在其中适应。与圆顶冰屋紧密

[①] Geertz Clifford, *Agricultural Involution:The Process of Ecological Change in Indonesia*, Berkeley, CA: University of California Press, 1963, p.11.
[②] Geertz Clifford, "The Wet and the Dry: Traditional Irrigation in Bali and Morocco", *Human Ecology*, Vol. 1972, pp.23-39.

相连的是因纽特人的定居模式、家庭组织和性别分工；爪哇农民的水稻梯田，既是文化发展历史进程的产物，也是其环境中最直接的组成部分，与其稻作农业的组织方式、村落结构形式和社会分层过程紧密结合。当从生态环境方面确定一个民族的适应性时，不可避免地要同时从文化方面确定其适应性，反之亦然。这种分析模式是对系统整体（包括系统结构、系统平衡、系统变迁）普遍性的关注，而不是集中在"文化"和"生态"变化的成对变量之间的点对点关系。

（二）生态与经济的"二元性"

印度尼西亚存在两种生态系统，当然，这条生态对比的基本轴线并没有完全准确地划分："内印度尼西亚"（Inner Indonesia），主要是爪哇岛，还包括巴厘岛南部，龙目岛西部，爪哇西南部、中部、东部，是水稻种植的主要地区；"外岛"（Outer Indonesia）由苏门答腊岛、婆罗洲岛（加里曼丹）、西里伯斯岛（苏拉威西）、摩鹿加群岛和较小的巽他群岛（沙登加拉）组成。印尼的总人口（1961年）约为9700万，而仅爪哇人口就约为6300万，也就是说，大约9%的土地养活了当地将近三分之二的人口。按人口密度计算，印度尼西亚每平方公里约有60人；爪哇岛每平方公里有480多人，较拥挤的中部地区和中东部地区每平方公里有1000多人。除爪哇，外岛的密度约为每平方公里24人。爪哇每年有将近70%的土地被耕种，外岛只有大约4%的土地被耕种。

"外岛系统"90%的土地为"刀耕火种"临时性农田的农业耕种，在这些土地上，开垦、耕种一年或几年，然后休耕再复耕；"内印尼"以灌溉的水田稻作农业为中心，约有一半是一年两熟或多熟的水稻，大部分的旱地作物（玉米、木薯、红薯、花生、旱稻、蔬菜和其他）在爪哇轮作种植。[1] 内外印尼在生态环境、人口密度、土地利用方式、农业生产力等方面都存在显著差异。内印尼主要从事粮食生产或简单的手工艺品制作和小规模的家庭制造业，依赖进口的纺织品和其他基本消费品。随着殖民者的到来，外岛发展出高效大型、主要用于出口的工业。内岛和外岛的经济状况以及政治统治之间存在巨大张力和二元发展，这种"二元性"表现在：外国企业特殊的工业化形式造成的外岛的生产向借助技术的资本密集型方向发展；内岛则不断地向劳动密集型方向发展。[2]

格尔茨主张的"生态系统"分析框架引出一个概念——多样性指数，指一个生物群落中物种数量与生物体数量之比，普遍性的生态系统以高多样性指数的群落为特征，专门化的生态系统以低多样性指数的群落为特征。具有高多样性指数的热带森林是外印尼的主要特征，分布着大量种类繁多的动植物物种，刀耕火种农业维持原有自然生态系统的整体结构，把蕴藏在热带森林植被中的丰富营养物质转变为可收获的森林系统，保持刀耕火种农业和环境之间的长期均衡，是一个普遍化适应的过程；人类对自然栖息地进行有效利用，将普遍的群落转变成更专门化的群落，稻作农业可被看作以食用植物为重点的池塘管理系统，是人为创造出一个专门化特殊化生态系统的实例。在地形、水资源和可溶性营养物质相结合的地区，稻作农业的复杂生态一体化成为可能。可以说，任何形式的农业都代表着一种适应和改变特定生态系统的努力。[3] 充分理解这两种不同的类型，更能解释印尼人口分布的不均及

---

[1] Geertz Clifford, *Agricultural Involution: The Process of Ecological Change in Indonesia*, Berkeley, CA: University of California Press, 1963, pp.13-14.

[2] Geertz Clifford, *Agricultural Involution: The Process of Ecological Change in Indonesia*, Berkeley, CA: University of California Press, 1963, p.62.

[3] Geertz Clifford, *Agricultural Involution: The Process of Ecological Change in Indonesia*, Berkeley, CA: University of California Press, 1963, p.16.

其社会和文化的困境。

在涉及二元经济方面的探讨时，格尔茨自己也有内在矛盾之处，因为内岛的灌溉系统对自然和环境的改造比较深，外岛除了刀耕火种系统，后面的进程实际上变为一种嵌入式的经济模式，分析视角要从生态系统转向政治系统、贸易系统怎么发挥作用的问题转变为一种历史和文化的问题。

二、水利社会

印度尼西亚的稻田（sawah）作为生态系统具有非凡稳定性，难以置信地，可以在"缺乏植物营养"的土壤上有效持续生长并维持产量。这个谜题的答案在于水在稻田动态学中所起的关键作用。

灌溉水将营养物质带到稻田上，通过有机物的分解和水的温和运动使土壤通气。水稻栽培本质上是一种巧妙的农业开发手段，制造适当的水文环境对稻米生长更为重要，水量的调节、水的质量、排灌时机、不能让水淤塞、尽可能地保持水的平缓流动……"水的供应和控制……是水田灌溉栽培最重要的方面；如果有充足和控制良好的供水，这种作物将在多种土壤和多种气候条件下生长。因此，水比土壤的类型更为重要。"[①] 稻作农业社会的存在以水为中心，而人类学对"治水"社会的讨论也从未停止，那么，印度尼西亚到底是一个什么类型的与水有关的社会？

（一）大型"治水社会"

魏特夫（Karl August Wittfogel）强调大规模水利工程对政治和文化的深远影响，将整个人类文明分为治水和非治水两个基本类别。在大规模治水工

[①] Murphey, R., "The Ruin of Ancient Ceylon", *Journal of Asian Studies*, Vol.16, 1957, pp.181–200.

程的建设中,征集、组织和管理大量劳动力,制订并执行一体化的计划,并且需要强有力的领导和规范管理,从而发展出一个全国的组织网络——中央集权的政府,并以治水事业为中心,最终形成一整套专制制度,国家力量远高于社会,通过水利事业来实现社会控制——简言之,大规模灌溉农业导致了东方专制主义。① 魏特夫从治水的规模、管理、殖民统治历史、社会制度等方面的已有文献出发,把印度尼西亚和巴厘归于大型"治水社会"。其所引材料显示,"拥有几个独立水源的治水国家,治水工作由许多分散在各地的治水组织来进行。……在巴里,农民有义务为他们所属的当地的治水单位——苏巴克(subak)② 进行劳动……在这类活动中筑堤和挖沟是突出的工作"③。"在巴里发现的资料,使我们得以熟悉十分完整的治水制度运行情况。在这里,统治者和税收大臣对在什么时候和用什么方法灌溉各个地方治水单位作出最后决定。……各种稻田所有人即使同属于一个苏巴克,也必须共享可以利用的水,必须按照次序用水来灌溉他们的稻田。……分配灌溉用水的组织工作以其精致微妙和领导集中而著称……'水的分配以及有关用水的法律掌握在一个人的手中'。"④

魏特夫认为,在印度尼西亚,荷兰殖民者原封不动地保留传统的农业秩序,压制爪哇的商业,设法使农村在政治上处于软弱无能的状态,以一种有选择的和有限的方式推广西方制度,很少改变殖民地的单一中心社会。"西班牙、荷兰和英国的殖民者……并不打算使他们的东方属地彻底地现代化。……治水文明的主要地区人口稠密,大部分位于热带和亚热带,很少可能为欧洲人的大规模移民提供机会。因此,征服者通常只满足于在自己的治

---

① 参见[美]魏特夫《东方专制主义》,徐式谷等译,中国社会科学出版社1989年版,第16页。
② 苏巴克(subak)指农民从属于的专门管理稻田和灌溉系统的平等主义组织,苏巴克经常召开会议,遵循严格的民主集会礼仪。
③ [美]魏特夫:《东方专制主义》,徐式谷等译,中国社会科学出版社1989年版,第16页。
④ [美]魏特夫:《东方专制主义》,徐式谷等译,中国社会科学出版社1989年版,第46—47页。

水殖民地建立起一个强有力的管理机构,加上一切便利于进行经济开发的公共或私人设施。……因此,在印度尼西亚,在民主外衣下包藏着的社会结构非常类似过去的单一中心的治水模式,而不大像是现代的多中心的工业社会。"[1]

(二)小型"水利社会"

在"剧场国家"[2]的研究中,巴厘稻作农业的实际生产单位是水稻梯田和水利队,灌溉会社起到协调和分配的作用。特定的仪式活动为灌溉会社提供了合作机制,使灌溉会社体系成为逐层分级、非集权化、道德强制的仪式义务团体,有效地统治农民生产。[3] 塔巴南苏巴克是完全独立的,不依赖于任何国家管理或自治的超苏巴克财产或责任的供水系统。

格尔茨笔下的巴厘是由分化的"湿社区"组成的小型"灌溉社会"。"巴厘灌溉系统非常独特,被组织成一个个独立的、完全自主的社会形态,称为苏巴克。……是一个均匀的、精确的、多层次的、非常有效的系统。"[4] 水稻种植紧密依赖于水资源的调节,因此改善水的调节和控制、逐步完善灌溉技术、进一步发展现有的水利工程比建造新的水稻梯田具有更大的边际生产力。"事实上,长期以来,爪哇和巴厘独特的传统水控制系统在已有基础上不断改进。"[5] 所有的农业制度都要受到其所依赖的环境、技术条件的限制。

---

[1] [美]魏特夫:《东方专制主义》,徐式谷等译,中国社会科学出版社 1989 年版,第 455、458 页。

[2] [美]克利福德·格尔茨:《尼加拉:十九世纪巴厘剧场国家》,赵丙祥译,王铭铭校,上海人民出版社 1999 年版。

[3] 参见侯学然《评柯林武德对历史人类学的影响——读〈尼加拉:19 世纪巴厘剧场国家〉》,《西北民族研究》2012 年第 1 期。

[4] Geertz Clifford, "The Wet and the Dry: Traditional Irrigation in Bali and Morocco", *Human Ecology*, Vol.1, 1972, pp.23-39.

[5] Geertz Clifford, *Agricultural Involution:The Process of Ecological Change in Indonesia*, Berkeley, CA: University of California Press, 1963, p.34.

随着西方技术的应用、灌溉水稻的广泛推广、发展现有的水利工程等因素，稻田农业的复杂生态一体化已在巴厘基本实现，在特定系统内通过逐步的技术进步实现经济进步。由于开发新的稻田涉及灌溉沟渠的扩展和大量的劳动力及资金投资，耕作者最多在水资源和地形允许、已经灌溉良好的地区外围逐渐建造一些新的稻田，通过更精细的耕作技术、更多劳动力的工作，从原有的普通稻田中得出更多收获，这在巴厘村落吸收迅速增加的人口方面发挥了核心作用。对于扩张人口的接纳，相较于刀耕火种的弱弹性，稻作农业的确更适合吸纳人口的膨胀性。

兰星（J. Stephen Lansing）也十分重视巴厘稻作农业的传统水控制，"巴厘岛始于一些小型灌溉系统的出现，随着灌溉扩大，这些系统将与邻居接触并开始相互作用，改变水控制规模的能力将是成功的关键"[①]。他运用印欧人的共同体原则支持格尔茨对巴厘是小型"水利社会"的判断，比较了巴厘的治水历史与邻近的爪哇岛稻作农业的平行发展，更侧重于苏巴克之间的合作与水神庙网络的自我组织，在对巴厘岛南部排水系统的分析和模拟中，祭司和水神庙在计划生产和灌溉中的作用得到了证明。他把格尔茨"尼加拉"和"德萨"的对反归于属于南岛区域原有宗教系统中的二元宇宙论（dualistic cosmology），代表王权的宗教寺庙系统（男性原则）是追求社会的等级秩序的，而代表平等的水神庙系统（女性原则）则希望通过平等原则完美分配农业耕作所需要的自然资源，以达到丰产。[②] 相比于"剧场国家"理论突出国王—祭司与灌溉会社之间的声望竞争，兰星更强调男女原则之间必须互补与平衡才能合成一个整体的巴厘"水利社会"。

巴特（Fredrik Barth）同样对巴厘灌溉系统、苏巴克的组织结构和运作

[①] J. Stephen Lansing, *Perfect Order*, Princeton: Princeton University Press, 2006, p.26.
[②] 参见兰婕《以辉度对抗等级衰降——从〈尼加拉：十九世纪巴厘剧场国家〉看古代巴厘的印式王权》，《民族学刊》2016 年第 2 期。

方式给予关注,《巴厘的诸世界》中掌握的所有北巴厘的证据都支持格尔茨和兰星的评估,"即苏巴克是由农民组成的自主组织,'东方专制'为巴厘的灌溉和国家地位之间的关系提供一个完全不适的模型。因此,现在是时候把巴厘岛的幽灵作为'水利社会'的一个案例来最终埋葬了。……现在从兰星作品中浮现的画面显示,一些集中和协调的功能确实是由祭司和水神庙来执行的"[1]。实际上,格尔茨提出的"小型水利社会"源自韦伯对欧洲社会的判断。韦伯在《经济通史》中分析了灌溉农业的实质,并比较了东西方的差异。"东方的灌溉农业……发展了一种园艺耕作,利用江河进行灌溉……国王保有管理水利的权力,但需要一个有组织的官僚集团来负责执行。"[2] 在治水社会中,皇家的文官和军官是核心人物,而西方没有此传统,"由于宗教结义和自行武装的形式,城市的起源和存在方始有了可能"。个人的装备和法定市民权的结合使之成为一个正式市民,赋有行政自治权的城市之建立,这在西方才达到了完全成熟的阶段。"治水问题决定了官僚阶级的存在、依附阶级的强制性劳役以及从属阶级对帝王的官僚集团的职能的依附。帝王的权力也通过军事垄断权形式来表达的办法,正是亚洲军事组织和西方军事组织分歧的基础。"[3]

(三)争论:等级与平权

巴厘存在某种专制吗?本土学者争议的声音仍在。具有代表性的舒尔特·诺德霍尔特(Schulte Nordholt),在其《尼加拉:一个剧场国家?》[4]一文中,认为格尔茨的尼加拉研究完全忽略了一个元素:统治者和被统治者之

---

[1] Fredrik Barth, *Balinese Worlds*, The University of Chicago Press, 1993, p.70.
[2] [德]马克斯·韦伯:《经济通史》,姚曾廙译,上海三联书店2006年版,第37页。
[3] [德]马克斯·韦伯:《经济通史》,姚曾廙译,上海三联书店2006年版,第202页。
[4] Henk Schulte Nordholt, Negara: A theatre state?. *Bijdragen tot de taal-, land-en Volkenkunde*, Vol.137, 1981, pp.470−476.

间的真正互动和交流关系。这确实存在,并使巴厘国家不仅成为一个舞台和戏剧表演。而且精英阶层对当地生活的影响似乎比格尔茨所描述的要大得多,尤其在灌溉等问题上。

自治社会或灌溉系统只是非专制国家的必要条件,但不是充分条件。魏特夫从未说过,一个不需要国家力量的社会是没有发展空间的。杨圣敏同样选择了生态人类学的路径,通过坎儿井对气候干燥、水源稀少的新疆吐鲁番地区的农业和灌溉问题进行研究。坎儿井在历史上逐渐成为绿洲农田最主要的供水系统。"在干旱区开发和经营农业,需要有强大的组织力量,通过集体的劳动才能完成较大的水利工程,建立起灌溉农业的基础。水利工程的维护和管理,同样需要强大而稳定的组织力量。于是,在这种水权重于土地权的经济中,土地的国有制就成为主要的所有制形式。"[1]但在坎儿井出现以后,土地的私有制随之出现,原本集中的权力也开始松动起来,分权社会出现。"王权掌握着河渠。坎儿井则大多掌于村长、乡长之手"[2],可见,专制与自治集于坎儿井一身。受韦伯官僚制研究的启发,张亚辉在关于晋祠的研究中指出,一个多村庄参与的自主灌溉系统下,世袭的河长控制着水的分配,灌溉的顺序和祭拜仪式,与政府无关。如此自治组织的存在证明,传统中国并不是严格意义上的东方专制国家,因为它的基本结构并不完全是对立和两极化,而两极化是东方专制的主要特征。儒家知识分子——高贵的官僚集团限制了皇帝权力的扩张,皇帝、知识分子和平民有着各自的意识形态,构成了一个交错复杂的局面。[3]

印尼和摩洛哥是格尔茨掌握一手材料的田野,在此基础上他做出了基于

---

[1] 杨圣敏:《坎儿井的起源、传播与吐鲁番的坎儿井文化》,载周伟洲主编《西北民族论丛》(第一辑),中国社会科学出版社2002年版,第16—17页。

[2] 杨圣敏:《坎儿井的起源、传播与吐鲁番的坎儿井文化》,载周伟洲主编《西北民族论丛》(第一辑),中国社会科学出版社2002年版,第24页。

[3] 参见张亚辉《水德配天:一个晋中水利社会的历史与道德》,民族出版社2008年版。

政治与历史的一系列判断。当把二者作为代表新兴国家的实例来探讨制度变化与文化重建的交互作用时，可以揭示各社会所面临的问题源头：这些社会正努力将其称之为"人格"与"命运"的东西有效地协调起来。组成印尼传统的多元形式不会轻易让步给现代主义，"现在似乎还得是多元形式"[①]。本质主义与时代主义的紧张，在摩洛哥与印尼的后革命政治体制的兴衰中显而易见。"在宽泛的政体类别下，无论是封建主义还是殖民主义，也无论是晚期资本主义还是世界体系……其中都蛰伏着某种特性，像深刻的摩洛哥属性、内在的印尼属性，等待破壳而出。"[②] 摩洛哥一直都是单级的专制政体，由一些微型政体所构成的不规则场域，事物运转的基础是熟人之间当下、一对一、讨价还价的依存关系或庇护关系等更为广泛的社会关系。印尼的基本组成单元一直都是族群（suku），将其联结起来的是普遍共享的意识形态：他们在政治上都属于一体。虽经历了全面的变迁，其传统仍根深蒂固，根源在于历史的延续性，指政治任务的延续性。"在摩洛哥，政治任务是建立以地方性的个人忠诚为基础的治理模式；在印尼，政治任务则是建立以多元对立的集体认同为基础的治理模式。"[③]

从处理水的方式出发，通过灌溉系统的对比，格尔茨认为，在巴厘和摩洛哥文明的形成过程中，环境只是众多变量中的一个。总结起来，巴厘人组织成高度集中的、合作的、结构清晰的、相互独立的、自治的团体，寻求以高度发展的仪式系统来调整各成员群体之间的关系，呈现出比较平权的社会；摩洛哥人则热衷于在普遍的道德、法律法规范围内通过个人的正面相遇

[①] ［美］克利福德·格尔茨：《文化的解释》，韩莉译，译林出版社1999年版，第293页。
[②] ［美］克利福德·格尔茨：《追寻事实：两个国家、四个十年、一位人类学家》，林经纬译，北京大学出版社2011年版，第26页。
[③] ［美］克利福德·格尔茨：《追寻事实：两个国家、四个十年、一位人类学家》，林经纬译，北京大学出版社2011年版，第33页。

和竞争来组织和调解，进而形成高度等级化的社会[1]。总而言之，水与生态系统、政治系统、社会组织的关系成为探讨"内卷化"问题的一个基础。

三、殖民与现代世界体系

印尼"二元性"的不均衡分布如何产生？解释"内卷化"这种过载的、独特的土地利用模式要追溯整个印尼农业经济的生态历史。印度尼西亚农业经历了几个主要发展时期，古典时期（the classical period）过渡至殖民阶段（the colonial period）以公司（the Company）、栽培体系（the Culture System）到企业种植园制度（Corporate Plantation System）为核心的农业系统。

古典时期的印尼，正如荷兰地质学家莫尔（Mohr）所言，爪哇岛水田农业的繁荣（从公元前开始），通常可以用古代世界的四种元素——火、水、土和空气——的完美结合来解释。[2] 自然与气候条件是主要因素。8世纪起，马塔兰王国地区已出现稻田景观，纵观历史，殖民时代以前，甚至直到19世纪中叶，发达的稻作农业最早要么开发于较长的北流的封闭河流的内流河段，要么出现在较短的南流的河流的上游盆地这些特别有利的地区。但这些地区的灌溉问题都很难用传统方法解决，因此稻作农业的进展缓慢。虽然在被内陆文明滋养后，水田迟缓地向海岸移动，显然是被蓬勃发展的爪哇海上贸易经济吸引，但它从未真正到达海岸，当荷兰人在17世纪到达后，主要港口全面商业化，但海岸地区总体上还是人烟稀少，农业重心仍然位于内陆，在旧马塔兰地区。

---

[1] Geertz Clifford, "The Wet and the Dry: Traditional Irrigation in Bali and Morocco", *Human Ecology*, Vol.1, 1972, pp.23-39.

[2] Mohr, E, "The Relation Between Soil and Population Density in the Netherlands Indies", In Pieter Honig and Frans Verdoorn, eds., *Science and Scientists in the Netherlands Indies*. New York: Board for the Netherlands Indies; G. E. Stechert, 1945, p.262.

(一)殖民基础时期：公司和栽培体系阶段

在荷兰殖民初期，整个生态格局相当稳定：爪哇岛上，稻作农业的艺术地带逐渐向西部、东部和北部的欠发达地区转移。荷兰人像他们之前的葡萄牙人一样，先是对香料王国摩鹿加群岛产生兴趣，但他们很快将殖民经济"叠合"（Superimposed）在爪哇，直到19世纪末，视野才重新回到外围岛屿。① 荷兰对印尼的兴趣仍然是压倒性的重商主义，这是一个长期将印尼的农产品带入现代世界市场的尝试。殖民通常有自身的政策立场和市场，如在《甜与权力》中，大西洋诸岛的甘蔗种植园的生产完全倾向于市场②，在此阶段，荷兰人只要求印尼能够对世界市场提供原材料，保持原住居民为世界市场生产，并不会顾及其内在政治结构的合理性，逐渐演变出不平衡的"二元"经济结构。出口区存在着管理上的资本主义：资本持有者荷兰人控制销售价格，支配整个生产过程。国内区主要是以家庭为单位的农业、小型家庭工业和一些小型国内贸易。随着出口扩张，土地和劳动力从水稻和其他农作物中提取出来，投入甘蔗、靛蓝、咖啡、烟草和其他经济作物中；随着出口收缩，国内市场开始扩张以应对国际市场的崩溃，不断增长的农民试图通过扩大自给作物的生产来弥补其收入损失。③

东印度殖民历史的特点是希望通过一系列的政治经济手段（东印度公司、栽培体系、企业种植园制度），使"二元经济"中的欧洲"商业资本主义"一方更有效地组织出口作物的生产和销售，而印尼的传统"农民家庭"一方亦能得到更好的保护，以免受到这种大规模商业农业的破坏性影响。在不断增长的资本需求推动下，荷兰的策略使西方企业对印尼农村经济的渗透

---

① 第一次"叠合"指把农产品从岛上撬出来在世界市场上销售，所以不会从根本上改变本土经济的结构。
② 参见[美]西敏司《甜与权力——糖在近代历史上的地位》，王超、朱健刚译，商务印书馆2010年版。
③ Geertz Clifford, *Agricultural Involution:The Process of Ecological Change in Indonesia*, Berkeley, CA: University of California Press, 1963, p.50.

更深，当地人更难以脱离这些经济力量。

成立于1602年的荷兰东印度公司（Dutch East India Company）①，起初想尽一切办法把产品从货源充足的地方运到物资匮乏的地方，但商业发展意味着政治扩张，公司迅速转向了追求对供应来源更全面的控制，殖民经济实现与政治的结合：将原住民酋长变为其殖民从属，用贡物代替贸易。公司阶段确认了荷兰在印尼的存在，将经济作物从原有的自给经济中剥离出来，但这一阶段对整个印尼的生态格局的影响是非系统性的，在此基础上发展壮大的栽培体系阶段才让印尼真正受益。

栽培体系是印尼经济史上最具决定性的时期，也是殖民历史的经典阶段。这个体系首先高度关注爪哇，最终促成了印尼内外部的极端对比（此后继续加深）；其次强调了快速发展的资本密集的西方部门和稳定定型的劳动密集的东方部门的双重经济格局（差距后来增加）；最后，阻止了西方对爪哇农民和贵族阶层生活的深度渗透。栽培体系对爪哇本土农业的影响是通过耕种作为货币税的替代农作物来实现的，几乎每一种当时可能会有利润的作物都被尝试种植：靛蓝、甘蔗、咖啡、茶、烟草、胡椒、金鸡纳、肉桂、棉花、桑树、椰汁、大麦、小麦……② 栽培体系建立起深厚的基础使印尼农业体系逐渐成熟。

栽培体系的农作物分为两大类：一年生作物（甘蔗、靛蓝、烟草），可以与水稻在稻田上轮流种植，而多年生作物（咖啡、茶、胡椒，以及不那么重要的金鸡纳和肉桂）则不能与水稻进行轮作。这两种栽培方式表现为鲜明对比的相互作用模式。一年生植物与其栖息地建立起一种互利互惠的

---

① 荷兰东印度公司成立于1602年，是一个由州政府特许成立的远东贸易集团，拥有相当大的自治权（可以看作"国中之国"），目的是对抗亚洲商人和其他欧洲强国在印尼群岛周围进行的走私活动和活跃竞争，可以看作殖民经济力量的"先驱"。

② Geertz Clifford, *Agricultural Involution: The Process of Ecological Change in Indonesia*, Berkeley, CA: University of California Press, 1963, p.54.

关系，但多年生植物抢占尚未使用的栖息地，在"荒地"（即未耕种的土地）上种植，将自己与本土系统隔离开来。格尔茨以一年生的甘蔗和多年生的咖啡作为典型案例，说明占有大量土地，吸收大量劳动力，利润大的耕作方式对农民经济的总体结构所产生的持久影响。甘蔗的种植需要灌溉（和排水），所需环境几乎与水稻相同，劳动力季节性变化；咖啡喜欢高地环境，不需要灌溉，劳动力相对固定。

值得注意的是，在栽培体系阶段，荷兰已开始追求在本地建立一个合理的政治结构，政治控制加强。假设在甘蔗和水稻扩张的互惠关系中，农田越多，灌溉越好，可种植的甘蔗和水稻就越多，在同一块土地上耕种的农民，其粮食生产和商业种植都可以增加，生态纽带两边的动力支持着各自的生长。但是情况并非如此。在已定居的稻作农业地区，殖民者的政治控制、对碾磨业的控制、法律限制和压力都防止农民种植甘蔗的推广，即不让小土地持有者进入甘蔗种植业，而是殖民者主导的公司改善并扩大了甘蔗—水稻种植地区。在殖民的政治体制框架下，甘蔗和水稻之间的紧密生态联系反而成为经济彻底分离的基础。

咖啡情况则不同，在"荒地"上种植，需要至少半熟练、稳定的劳动力，与农民维持生计的农业间接相关，这种制度自然引起永久的、完全无产阶级化的工人形成。由于殖民政府把"荒地"视为其私有财产，易实现产业开发又便于管理。同之前的胡椒和之后的橡胶一样，咖啡可以直接融入刀耕火种农业中，在栽培体系衰落之后，荒地种植园的咖啡和橡胶种植全面发展，外岛更直接地感受到西方商业利益的影响。大约在19世纪中叶，咖啡之于爪哇就像纺织品之于英国一样——它实际上承载着产业经济，占印尼出口收入的四分之一到三分之一。

甘蔗和水稻的生态需求是相似的，甘蔗的种植甚至可以改善水稻的生态条件，使高密度、优质化和高生产力结合在一起，因此甘蔗被吸引到最肥沃、灌溉最好的稻田上。甘蔗、水稻和人口密度之间的联系显而易见：这三个"繁荣"在一起。相比而言，甘蔗的生产在栽培体系下的增长不那么剧烈，主要是因为它的进步是建立在技术改进的基础上的，种植和碾磨需要时间和资金来发展。所以，增长一旦开始，就会以加速的速度持续下去：到1900年，现代化的灌溉设施大量出现，甘蔗的种植面积增加了大约两倍，产量增加了5倍，在19世纪的最后25年和20世纪一直扮演着先锋工业的角色，直到1920年，糖的出口收入超过了100万荷兰盾，超出包括矿物在内的所有其他产品的出口收入总和。①

在荷兰殖民主导的栽培体系阶段，作物的种植已被整合进现代化的经济体系，产生了社会学上的"本土的"（印尼的）和"外来的"（荷兰的）根本差异。到1900年，大规模、资本充足、组织合理的种植园农业占印尼出口总值的90%（后来，到1938年外岛小农户兴起，占60%），本质上属于荷兰经济的一部分。追溯到公司时代，还没有形成真正的荷兰经济，只能算一个公认高度自治的荷兰经济分支和当时印尼的自治经济并存。二者之间的持续互动，从根本上确定了各自的发展方向，最后分道扬镳，殖民政策给印尼传统的农业模式刻下了不可磨灭的印迹。

（二）劳动力的分配和"内卷化"

1850年左右，在栽培体系的推动下，荷兰殖民者和种植园企业掀起了爪哇第一波"起飞"浪潮，荷兰人的定居引发了人口爆炸；外岛的资源、人口格局都比爪哇优越得多，所以外岛也成为"生长点和主导部门"。工业的发展，似乎让人感到印尼的人均收入初步上升，然而人们的生活水平并没有得到永久性的改善。与西方文明有了更密切的接触后，工业化意味着欧洲人

---

① Geertz Clifford, *Agricultural Involution: The Process of Ecological Change in Indonesia*, Berkeley, CA: University of California Press, 1963, p.69.

的定居，改善健康和营养，治疗疾病意味着提高生育率、降低死亡率。因此，收入的提高迅速被人口的加速增长抵消。多余的劳动力供应已成为一个核心问题。

种植园、工业、石油和采矿业等土地和资本密集型部门，技术系数相对固定，完全无法吸收人口增长，造成人口回归到技术系数相对可变的农业和小型家庭手工业，在乡村结构中寻找谋生的机会。丰富的劳动力、稀缺的资本以及爪哇稀缺的土地，使生产方式变成高度劳动密集型。外岛在20世纪后人口增长与19世纪末的爪哇一样快，也没有明显过剩的肥沃、易于清理和耕种的土地。外岛资本密集型部门的技术进步加剧了使用节省劳动力的设备的趋势，"内印尼"的个体农民或小型家庭工业技术水平、生产力十分低下，需要投入大量劳动力。

在现代世界体系的背景下，园艺改革提升了土地与农业对现代市场的贡献，使得农业与土地的价值重获肯定。[1]值得注意的是，格尔茨认为栽培体系阶段的咖啡种植是很成功的园艺改革案例，由于"外岛"高地咖啡的种植完全可以开发利用新的土地，不牵扯土地用途的转变，如稻田种甘蔗。而且咖啡种植需要大量的劳动力，当把劳动力释放到咖啡种植中，一定程度地应对了"内卷化"的问题。在这个层面上，栽培体系代表了荷兰为创造资本调动起"多余"的劳动力，解决了印尼的土地和劳动力充足但资本短缺而阻碍荷兰快速扩张的问题，而且体现出农民自力更生，发展财产经济的一种尝试。[2]强迫种植和伴随而来的劳动力技能提升，以及政府的直接援助，使社会资本形成、私营企业稳步推进，可以提供所需的大部分投资。栽培体系的

---

[1] 参见张亚辉、庄柳《从乡土工业到园艺改革——论费孝通关于乡村振兴路径的探索》，《厦门大学学报（哲学社会科学版）》2020年第1期。

[2] Geertz Clifford, *Agricultural Involution: The Process of Ecological Change in Indonesia*, Berkeley, CA: University of California Press, 1963, p.65.

延续（从 1850 年到 1915 年左右）成功地建立起一个出口经济基础，使原本因缺乏资本而受到阻碍的私营企业变得越来越可行，因此逐渐自发地被企业种植园体系取代。

荷兰人的财富不断增长，爪哇人的数量不断增加，社会适应的总体性质和方向是清楚的——"农业内卷化"。人口的快速膨胀使内印尼被迫转向劳动力越来的密集型的稻作模式，加上扩大的旱作种植，水稻凭借其非凡的能力吸收西方入侵产生的新增劳动力，维持边际劳动生产率水平，印尼进入"静态扩张"（static expansion）阶段。糖原料的种植、不平衡的稻田和人口分布，使爪哇农民只有一个选择：更精细地利用他们所有的农业资源——对土地的使用、租佃关系、合作劳动的安排更加复杂。

"内卷化"的其他重要来源在于，资本和技术集中型的外岛产业给整个国家提供了另一个基本的生存资源，这个生存资源随着殖民经济的发展拉动反过来使内岛的人口开始爆炸式增长，但外岛又没有足够的空间让渡给多余劳动力，只能引发内卷。这也是目前很多发展中国家仍然面临的困境，只有低端产业的发展才能解决就业，如果发展高端产业，人口和岗位的要求不匹配，则剩余的劳动力吸收不掉。一线光亮在于殖民后期，印尼外岛荒地的咖啡产业兴起，也可以吸收更多的劳动力时，某种程度地化解了"内卷"的问题，这个生机提示出要把劳动力的分配放在"二元"结构中讨论，才会理解得更通透。

（三）殖民全盛时期：企业种植园制度

栽培体系强有力地推动着企业种植园制度的形成。在韦伯看来，庄园制的出现与对从属的土地和劳动力的利用有关，显示出资本主义的强烈倾向，表现在种植园和大地产经济这两种形式上。种植园是用强迫劳动来生产，特别是为市场而生产园艺产品的一种建制。有集约耕种可能性的种植园经济是殖民地的显著特征。地产（an estate）是指一种大规模的资本主义产业，直接为市场生产，既可以专门从事畜牧，又能够专门从事耕种，或两者兼营。①

19世纪下半叶，随着制糖机械化的迅速发展，以爪哇劳动力取代荷兰资本为基础的栽培体系逐渐过时。有效的殖民地管理不再是劳动力动员的问题，而是更多地调整高度资本化的加工企业和与之共生的农民村庄之间的关系。② 是时候要在本地建立一个合理的政治系统了。荷兰人在1870年颁布了《土地法》，成为企业种植园时期的开创之举，和各种辅助性法令一起确保爪哇私营企业的盈利能力，又防止破坏其所依赖的乡村经济。"所有未开垦的'荒地'都是不可剥夺的国有财产"，这一好用的"概念"首次在正式法律的层面上，使种植园可能以正规、长期的合同方式租赁土地，获得此类土地的合法所有权及信贷。法令也支持了爪哇习惯法中禁止将农民土地完全转让给外国人的规定，允许小农户以商业用途把土地长期租赁给种植园企业，将商业经济与生存经济"叠合"起来，以刺激前者，稳定后者。③

这一法律革新的直接受益者是荷兰东印度群岛的私人种植园主。1870年私人种植的甘蔗约占总甘蔗产量的9%，20年后约占97%，咖啡、烟草，甚至大米等行业也涌现出企业种植园。19世纪80年代中期的经济大萧条后，到1900年，重组已经顺利进行，国家重商主义被企业彻底取代。在爪哇银行、荷兰银行、渣打银行等银行网络的支持下，种植园的生产多样化，不仅限于19世纪的甘蔗和咖啡，还扩展到印尼以外的一些地区，修建铁路和现代灌溉工程，建立农业试验站以提高产量，并在总体上创造出一个综合的农业产业结构，其复杂性、效率和规模可能是世界上任何地方都无法匹敌的。

---

① 参见[德]马克斯·韦伯《经济通史》，姚曾廙译，韦森校订，上海三联书店2006年版，第51—55页。
② Geertz Clifford, *Agricultural Involution: The Process of Ecological Change in Indonesia*, Berkeley, CA: University of California Press, 1963, p.83.
③ 此为第二次"叠合"。

到 1938 年，印尼共有 2400 个庄园，大部分由少数几家大型企业控制。[1]

大型企业种植园严格的耕作节奏与传统家庭农业较为灵活的节奏复杂而紧密地联系在一起，形成了一个独特的社会结构，资本雄厚的制造工厂、季节性变化较大的临时劳动力……爪哇的文化冲突是以耕作方式的冲突体现的。与牙买加和波多黎各不同的是，爪哇的制糖工业并非建立在缺乏劳动力、进口奴隶的基础上，也没有强迫农民加入荒地种植园，降级为完全的无产阶级、没有土地的劳动力。爪哇甘蔗工人成为工业工资劳动者的同时仍坚持做一个以社区为导向的家庭农民，他们一只脚在稻田里，另一只脚在制造厂，种植园和村庄共同体处于平行状态并相互适应，而适应方式又是内卷化的，劳动力在乡村共同体和种植园之间合理流动，通过制度和做法的细化和复杂化，乡村生活的基本模式得到了维持甚至加强。简言之，公共土地使用权使制糖厂以适合种植甘蔗的大田制系统经营，同时也使村庄能够按照适合种植水稻的小田制系统进行经营。[2]

逐渐地，旱地作物与水稻一起成为印尼真正的主食，东西方的碰撞，使爪哇的大豆、玉米、木薯、红薯、花生等成为乡村农业的一个完整组成部分，但这种渗透并没有改变稻田生态系统的基本结构。扩大与水稻轮作的旱地作物的种植之结果与农业部门的其他技术革新结果一样——边际劳动生产率维持在某一较低水平几乎不变，供给日益增长人口的粮食需求。这种内卷化过程表现出特有的稳定格局。在越来越多的人口和有限的资源的压力下，爪哇乡村社会保持了相对较高的社会和经济同质性，格尔茨称之为"共同贫困"。

---

[1] Geertz Clifford, *Agricultural Involution: The Process of Ecological Change in Indonesia*, Berkeley, CA: University of California Press, 1963, p.85.

[2] Geertz Clifford, *Agricultural Involution: The Process of Ecological Change in Indonesia*, Berkeley, CA: University of California Press, 1963, p.91.

产出细分的机制似乎更多地集中在土地耕作上，不是通过土地所有权控制总体结构的变化来调节的，而是通过对传统劳动关系体系，特别是分成制度的扩展，这种固定性中的灵活性使其作为一种内卷机制的特殊用途。在错综复杂的制度安排中，土地和劳动力结合在一起，在分租实践中，土地上的大量人口保持相对相似的生活水平。

当荷兰种植园主希望在机械、现代灌溉、科学试验等方面加大投资时，爪哇农民认为提高生活水平的唯一可行方法，是通过更精细的农业方法和更努力的劳动，对机械化产生怀疑。种植园主增加资本投入，生产过程变得愈加资本密集型；农民增加劳动投入，越来越劳动密集型，二元鸿沟越发不可逾越。格尔茨认为，这既是一个经济和生态的，也是一个文化模式和社会结构的适应过程。爪哇农业生产过程与农村家庭生活、社会分层、政治组织、宗教实践以及"民俗文化"价值体系相匹配。显然，以往的研究几乎完全以经济和农业问题为导向。人类学要做的是对爪哇的稻作农业村落在走向后传统性（post-traditional）的过程中发生过的事情细节有一个全面的了解。在印尼社会"内部"，农村社会不得不忍受社会变革，村庄被它无法控制的力量打击，也拒绝积极重建自身，在有限的框架内更灵活地发挥社会关系。一个完全内卷化的爪哇村庄，可以用社会的表面丰富和物质的单调贫困来概括。

（四）与现代世界体系的联系

外岛发生着一种与现代世界体系持续互动的不同进程。荒地蓬勃发展，一个真正的无产阶级正在形成，出口作物的小农种植急剧攀升。资本密集型产业、生产工业原料、农民阶级在出口经济中发挥了重要作用，是外印尼发展的三个特点。

烟草和橡胶的种植与现代世界体系的联系最为紧密。从生态学的观点来看，烟草可以作为连接内印尼的稻田和外印尼的游耕地之间的桥梁。无须灌溉、商业化、一年生、生长季节短，烟草几乎可以适应印尼的每一种农业模式，在外岛被整合到刀耕火种系统的多种作物的轮作结构，巧妙的出租系统使荷兰的种植园主成为了一个游耕的农场主，就像当地的农民一样。烟草种植和刀耕火种的这种关系不是上文提到的共生，相反，具有轻微的对抗性，不像爪哇的甘蔗和稻田村庄在一个紧密结合的更广阔的生态系统中互补并相互适应，而成为两个类似的独立生态系统，互不干扰，走向分离。

在劳动力方面，烟草种植园和游耕农场的区别更加明显。第一批中国工人和后来的爪哇工人作为完全无产阶级化的契约劳动力被引进。1913 年，约有 48000 名中国苦力和 27000 名爪哇苦力在东苏门答腊岛的烟草种植园工作，不到 1000 人是本地人。游耕生态系统遇到种植园烟草系统，没有发生根本的改变，新的土地不断开垦，种植多样化作物：黑胡椒、肉豆蔻、大米、罂粟、咖啡。直到橡胶工业带动整个印尼的经济起飞。橡胶作为热带产品，极易融入游耕综合体，就像甘蔗融入稻田综合体一样。在高度发达的橡胶产业的刺激下，外岛商业精神高涨，其他出口作物的小规模种植跟着蓬勃发展。随着印尼中部腹地逐渐成为一个同质的、后传统的农村贫民窟，外印尼分化成多个单调的社会和经济活力的飞地。[1]

一场"土地革命"似乎发生在 1908—1912 年，"孩子们甚至老师们都不去学校，而是在种植园里干活，因为他们看到一个咖啡农比一个可怜的小官员挣的多……"，"三年前没有咖啡的地方，如今却有大片的种植园，而且没有一座种植园的历史超过 7 年。……由于食物短缺，许多人返回家乡，在他

---

[1] Geertz Clifford, *Agricultural Involution: The Process of Ecological Change in Indonesia*, Berkeley, CA: University of California Press, 1963, p.116.

们的村庄开辟了种植园"。① 由于劳动力短缺，人们往往忽视水稻种植，转而种植商业作物。到 20 世纪二三十年代，稻米产量的减少引发稻米的进口，进而出现粮食短缺。正如施里克总结所说，精神上的革命类似于马克斯·韦伯和桑巴特所说的欧洲早期资本主义时期。经济思想，已经初露锋芒。②

伴随着现代世界体系的渗透，外岛发生一系列变化：土地所有制的灵活性增加，个人主义进一步发展，大家庭关系逐渐松弛，阶级分化和冲突加强，传统权威的弱化和传统社会标准的动摇，甚至带来了"新教伦理"般宗教意识形态的强化。这些变化不仅源于一种土地使用模式或一套生产技术，而是源自一个功能相互关联、相互适应的思想体系、制度和实践——"文化核心"。西敏司通过揭示糖在近代历史上所留下的轨迹，并从其生产与消费的形式来展现现代世界是如何被组织起来的，从而勾勒出一个资本主义世界体系的权力文化网络。③ 格尔茨通过揭示外岛进程与外部世界市场的紧密联系，把"文化生态学"的核心观点和现代世界体系的论述结合起来，与"内卷化"产生了对张关系。

1942 年，殖民者换成了日本，二元性、区域不平衡和内卷化继续存在，种植园受灾严重，成群的劳动力失业，日本试图通过让种植园工人种植粮食作物来实现地区的自给自足。从 1940 年到 1956 年，橡胶、锡和石油的出口量上升了 40%，而其他所有产品的出口量下降了大约一半，地区失衡加剧。内卷化从最初的甘蔗种植区扩展到几乎遍及整个爪哇。大萧条后，人口大量迁移，呈现出人口密度更高的趋势。战后爪哇大部分地区、巴厘岛、龙

---

① Geertz Clifford, *Agricultural Involution: The Process of Ecological Change in Indonesia*, Berkeley, CA: University of California Press, 1963, p.119.
② Schrieke, B., *Indonesian Sociological Studies*, *Part I.* The Hague and Bandung, van Hoeve,1955, pp.98–106.
③ 参见王宏宇、张亚辉《从西敏司〈甜与权力〉看世界体系的权力文化网络》，《民族学刊》2015 年第 6 期。

目岛等，传统的水稻农民村庄仍占主导地位，亲属关系、政治和宗教机构仍然很强大；外印尼的种植园和荒地，混杂着资本密集型产业与背井离乡的劳动力。

爪哇和日本有很多的相似性，人口稠密、实行以水稻为核心的劳动密集型、小农场、多作物种植的制度。面对西方的深刻碰撞和广泛的国内变化，两者都努力保持着自身的社会和文化传统。事实上，19世纪中叶，两者在农业表现方面非常相似，明治初期（1868）日本每公顷水稻的产量与公司种植园制度初期（1870）的爪哇大致相同。[1]但是在19世纪后期，日本已走上现代化道路，劳动力比例迅速下降，人均收入变为爪哇的近3倍。然而，爪哇却逐渐内卷化。

日本利用其迅速增长的人口的方式与爪哇对比鲜明。从1870年到1940年，爪哇岛增添3000万人，过渡到后传统乡村社会体系，继续延续"稻田决定论"的社会；日本总人口上涨了2.5倍，但农业人口相对稳定，新增人口被吸收到城市的非农业活动中。日本农业的技术进步是二者差异最直接的解释。在日本至关重要的30年中，农业通过征收极其沉重的土地税来支持工业，工业一旦运行起来，就会"反哺农业"，提供更廉价的肥料、有效的农具、技术教育和推广工作以扩大农产品市场，加之生产力不断提高，实现了"持续增长"。而在爪哇，农业通过提供价格低廉的劳动力和土地来支持工业，但产出的增加很快就被随之而来的人口激增淹没，税收立即被用来补贴外国经营的种植园系统的兼职劳动力，没有发挥出类似日本的工农业之间的动态互动，为印尼起飞适当提供资金的潜力也消失了，只能走入"静态扩展"。

如果要最终实现起飞，格尔茨绝非让爪哇稻作社会要以某种方式重演日

---

[1] Geertz Clifford, *Agricultural Involution: The Process of Ecological Change in Indonesia*, Berkeley, CA: University of California Press, 1963, p.131.

本模式，乐观的是，印尼经济仍有一些可开发的增长潜力，可能给稻作农业经济带来活力的来源有：首先，学习日本农业的施肥、种子改良等技术进步，提高农业生产力，核心问题是，能否像日本一样为能够吸收不断增长的人口的工业部门提供资金；其次，进行从游耕到商业化出口的"农业革命"。外岛农业是否有能力将印尼经济从不断加深的泥潭中拉出来，很大程度上取决于其在世界市场中的位置。

四、结语

格尔茨的"内卷化"主要指稻作农业的劳动边际报酬极度下降时，仍旧在过多地投入劳动力。印尼的情况在于，外岛的资本和技术密集型指向，无法吸收大量的劳动力，从而把劳动力赶回内岛，因此，内岛的内卷化一定要依存于外岛的发展而存在。但是，内卷化有着复杂的生成机制，不能单纯地看作由外部市场造成，也不会是单纯的生态原因。

问题的关键在于劳动力。中国会否出现印尼的情况，还是在不同阶段会呈现相应的变化。在黄宗智的研究中，高度人口压力下的华北农村在长期"内卷"的趋势下经历了不完全的社会分化和小农经济的持续。[1] 到长江三角洲的农业经济史研究时，他对格尔茨的"内卷化"理论展开增补，把"内卷化"运用于农民生产的各方面（包括粮食、经济作物的生产和家庭手工业）并发展出"过密型增长"理论。这种在劳动生产率下降情况下实现的经济增长是指，农民在水稻生产的劳动力投入达到劳动边际效益下降的时候就将劳动力的投入转向其他生产活动。[2] "过密型增长"与江南的多样化生产紧密联系。明清时期，江南的农村经济实现明显增长，虽然人口增加了2倍

---

[1] 参见［美］黄宗智《华北的小农经济与社会变迁》，中华书局1986年版。
[2] 参见［美］黄宗智《长江三角洲小农家庭与乡村发展》，中华书局1992年版，第17页。

以上，耕地面积却基本保持稳定，水稻生产并未"过密化"，"过密化"表现在大量的过剩劳动力被经济作物的种植和农村手工业的发展吸纳。这一劳动力的转向致使用纺织品交换粮食的必要，推动了农民生产的商品化程度不断提高——"过密型商品化"。新中国成立前，总产量的增长和劳动生产率的递减始终并存，"伴随商品化而来的不是小农家庭农场糊口农业的转型，而是它的进一步巩固……伴随城市发展而来的不是农村的现代化，而是它的进一步'过密化'"[①]。新中国成立后的集体化组织和家庭生产一样可以容纳过剩的劳动力，变化的实质是农业生产的进一步过密化，只不过不再采用商品化的形式。20 世纪 80 年代改革的主要意义是农业生产的反过密化——剩余劳动力向农业外生产的转移。"正是乡村工业化和副业发展才终于减少了堆积在农业生产上的劳动力人数，并扭转了长达数百年的过密化。"[②]这是黄宗智指明的质变性发展。

明清江南水稻生产的研究中，李伯重也认为水稻亩产确实在不断提高，到清代中叶已经达到传统农业时代（1949 年前）的顶峰。但这个提高并未伴随有水稻亩均劳动投入的升高，因此难以用"内卷化"的理论来解释。[③]他更多地将水稻生产经济效益的提高归因于自然环境的变化和人类的努力。李伯重认为黄宗智的"过密型增长"理论与江南历史实际不相符。并非 600 年来劳动生产率下降的趋势到 20 世纪 80 年代才被劳动力转移到近代工业中扭转，"正因为经济增长超过人口增长，因此明代后期以来江南农民的生活水平相当高……达到了温饱甚至小康水平"[④]。在反驳清代前中期建立在"人

[①] ［美］黄宗智：《中国农村的过密化与现代化》"自序"，上海社会科学院出版社 1992 年版，第 3 页。
[②] ［美］黄宗智：《长江三角洲小农家庭与乡村发展》，中华书局 1992 年版，第 17 页。
[③] 参见李伯重《多视角看江南经济史（1250—1850）》，生活·读书·新知三联书店 2003 年版，第 130 页。
[④] 李伯重：《理论、方法与发展趋势——中国经济史研究新探》，清华大学出版社 2002 年版，第 89 页。

口压力"理论和"劳动力过剩"的假设之上所产生的江南农民劳动生产率停滞或下降之说时,李伯重针对江南人口史的研究表明,江南人口增长自南宋减缓,到清代前中期劳动力的增长十分缓慢,同时,不断发展的城镇又越来越多地吸引着农村劳动力。此时江南的粮食生产已经不能自给,引入一些属于高度劳动集约型的高产的农作方式,但是由于江南的劳动力不足,难以承担这些耗用劳动较多的工作。[①] 可见,劳动力不但没有"内卷",反而被释放出去。

费孝通的江村研究呈现出裹挟在世界市场当中的社区所经历的社会变迁和精神变革。[②]20世纪30年代,中国农村出现的大量剩余劳动力,而由于工业技术比较薄弱,无法吸收众多人口。当时的中国还没有跨进大规模的私人化的民族企业阶段,即使可以引进一些先进技术,但私营资本对于整个国家的经济运作能够起到的作用微乎其微。而且,江村地主阶级得到的大量地租都被用于消费而非投入再生产,工业发展依赖的主要金属和能源矿产又都被日本攫取霸占。江村新兴的手工业固然重要,但在国际市场上没有竞争力,因而无从吸纳过剩劳动力。江村出现的资金危机和土地金融化现象皆因为农村的收支平衡被城市的现代工业打破,其经验并不适用于中国现代性转型过程中不同类型的农村。

黄宗智未能摆脱"人口压力"说的影响,他把人口当作一个给定条件,但是,人口的增长是有条件的,江南的情况表明,除了经济的整体提高和人们生活水平的提高,还因为有家庭手工业的支持吸纳多余劳动力,人口才有大规模增长的可能。农业劳动力通常是季节性的,农闲期间有劳动力剩余的农场,或许也要在农忙时期雇用劳动力。农忙时期的华北小农同时依赖家庭

---

① 参见李伯重《多视角看江南经济史(1250—1850)》,生活·读书·新知三联书店2003年版,第317—318页。
② 参见费孝通《江村经济》,北京大学出版社2012年版。

农场和佣工收入为生。江南基于经济作物之上的家庭手工业由妇女、儿童、老人劳动力和成年男子在闲暇时间承担。由于这些劳动力极少或根本没有市场出路，而一旦家庭手工业衰败，则劳动力回流农业而出现内卷化。因此，当内卷化已经发生，人口往往无法大规模增长。

印尼外岛和内岛的依存关系导致了"内卷化"状态。这种依存关系还集中体现在城市与乡村之间。韦伯在论述中古城市（中世纪晚期）的工商业发展时，认为要以乡村的农民经济条件为前提，城市经济才可能健康发育。① 当农业投入的内卷化程度降低，乡村手工业兴盛，产品去城市里进行交易，进而养活了城市的工商业者。社会的真正动力在于城市和乡村的依存关系和整个经济环境。而黄宗智认为明清城镇的兴起，未成为面向小农消费者的生产中心。"城乡间的商品流通几乎完全是单向的，小农向城市的上层社会提供丝和布、地租和税粮，但几乎没有回流。"② 这是完全忽略上述依存关系的论述。相对于印尼来说，中国的城市系统更发达，现代中国走的是在城市里发展劳动密集型产业的道路，城市吸收大量劳动力，农村人口外流，所以到今天，我们面对已经不再是农业内卷化的问题，而是"农业空心化"。

格尔茨呈现了印尼内岛和外岛的对张关系，总体上可以看作对韦伯在德国东西部差异问题上的讨论的回应。1895年，韦伯就任德国弗赖堡大学教授时发表的演讲呈现了德国东部庄园制和西部村落制社会之间的差异和移民的趋势。德国西南部人口密度大，土地掌握在农民手里，小自耕农拥有经济上的优势，有更强烈的市场需求；东部的耕地土壤优劣差异很大，区分为容克贵族的庄园区和农民的乡村区。这种差异的根源可以追溯到中世纪早期，日耳曼人和凯尔特人在欧洲的居住格局，东部以马尔克制度为主导的大型氏

---

① 参见［德］韦伯《非正当性的支配——城市的类型学》，康乐、简惠美译，广西师范大学出版社2005年版。
② ［美］黄宗智：《长江三角洲小农家庭与乡村发展》，中华书局1992年版，第92页。

族定居模式，公有经济比较发达；西部文明更古老，生产结构多元化，以更具有灵活性的小家户经济为核心，这种早期的定居形态对后来的政治形态和社会结构有深刻的影响。由于肥沃乡村区农民的生活水平要高于庄园区的雇农，而在贫瘠山地只有庄园才能理性地种植，经济地位和社会地位非常低的波兰移民集中在肥沃土地的庄园区和贫瘠地带的乡村区。在拥有最好土壤的庄园中，德国雇农却大量流出，斯拉夫人取而代之，而在高地贫瘠土壤地区，德国农民人数反而倍长。沃勒斯坦认为，劳动分工导致世界经济中不同区域的形成中心区、边缘区和半边缘区，这就是现代世界体系所采取的形式。德国西南部处于世界贸易体系的中心区，而以批量的粮食生产和粮食出口为主的东部处于边缘区。

封建时代的自然经济通过积累劳动力而不是通过技术上的创新和商业上的发展来积累财富，韦伯表达了对于束缚自由劳动力的自然经济的反感，因此担忧东部的波兰人涌入会带来自然经济和等级制的延续。德国东部雇农大量迁出而波兰人则朝向自给的自然经济区移民，而在格尔茨那里，劳动力压缩在爪哇形成内卷化，移向资本主义种植园。第一，最重要的原因在于波兰和印尼所处在现代世界体系的位置不同，印尼爪哇处于现代世界体系的外部竞争场，一旦脱离资本主义种植园，就彻底脱离了世界市场和世界贸易结构。

第二，爪哇人和日耳曼人的精神结构不同。在德国东部庄园，雇农生活是十分有保障的，可见德国雇农的迁出，并不是为了物质理由。日耳曼人的精神结构中有着对自由天然的向往，在日耳曼的小家户经济的结构中有着清晰的体现，在塔西佗的《日耳曼尼亚志》中亦揭示了日耳曼人对武士精神的崇尚。庄园内部的主奴关系呼唤出德国雇农内心深处对于自由的向往。庄园所需的季节性劳动力无法迈向经济独立，也不可能像德国西部的无产阶级那样，紧密地生活在都市中，由此增加自信。而波兰人在东部着重于满足自己的生活需求而不考虑市场,他们是凭着对物质和精神生活的低要求而立足的。第三,考虑到社会结构的差异,德国东部的庄园大领主制度和内印尼爪哇社会的村社制度必然会导致劳动力流动方向的差异。

总体来看,格尔茨通过内外印尼的依存关系呈现的劳动力流向和"内卷化"形态,并没有被黄宗智运用得十分恰当。韦伯对于城乡依存关系的讨论为格尔茨的讨论奠定了比较研究的基础和走向。因而,重新思考"内卷化"的前提和内涵,无疑对当今中国农村的劳动力分配和乡村振兴路径的探索具有重要的理论和现实意义。

巴厘"水之信仰"的隐藏秩序

斯图尔特·布兰德

人类学家斯蒂芬·兰星通过清晰的阐述和华丽的图形，揭示了巴厘传统水稻种植实践的隐藏结构和玄妙的运行状况。巴厘高产的梯田已有1000年的历史。管理水田的民主组织苏巴克（灌溉会社）也是如此，水神庙系统也是如此，它将苏巴克联系在一个嵌套的层次结构中。

1971年，当绿色革命来到巴厘时，突然间，一切都出了问题。伴随着高产水稻而来的是化肥和农药的"技术包"，以及用爱国主义的话来说要"尽可能多地种植"。其结果是：年复一年，巴厘损失了数百万吨的水稻收成，主要原因是水稻被贪吃的害虫吞噬。随着农药用量不断增加，效果却越来越差。

与此同时，兰星和他的同事们正在研究是什么让古老的水神庙系统如此有效。灌溉系统的普遍问题是上游拥有所有权力，却没有对下游农民慷慨的动力机制。那么，如何解释巴厘农民表现出的慷慨？兰星发现，下游农民也有权力，因为只有在整个系统中每个人都在同时种植水稻的情况下，害虫才能得到控制（在一个短暂的季节里，害虫有着过多的机会，而在其他时间，却让它们挨饿）。如果上游不让足够的水通到下游，下游可能会拒绝同步种植，害虫就会吞噬上游的水稻作物。

各苏巴克内部和相邻苏巴克之间的讨论考虑到了激励的平衡，而水神庙体系精致的公共仪式使每个人都注意到整个系统。

传统的同步种植对害虫的防治效果远比农药有效。"尽可能多地种植"是具灾难性的方案。

这种"完美的秩序"是如何自我维持的，似乎很清楚，但它是如何开始的呢？几个世纪前，是否有开明的王公制定了规则？兰星与圣塔菲研究所（Santa Fe Institute）的复杂性科学家合作，建立了一个基础的计算机模型，该模型包含172个苏巴克在随机时间种植，寻求最大限度地提高产量，并同时关注邻居的成果。系统是自我组织的！在这个模型中，在巴厘看到的这个平衡系统仅用了10年就自行出现了。不需要开明的王公。（有趣的是，当模型苏巴克不仅关注它们的近邻，还关注邻居的邻居时，产量就会达到最高。然而，如果它们把注意力主要放在遥远的苏巴克上，整个系统就会变得混乱。）

在巴厘的语言和巴厘人的理解中，"稻田"等于"宝石"，还意味着"心灵"。

兰星工作的一个结果是，在20世纪80年代，巴厘政府抛弃了"绿色革命"中"时常种植"和农药的部分，重新尊重水神庙系统。这个系统保留了上天赐予的高产水稻。不幸的是，肥料仍在不停地使用。巴厘的水天然地营养丰富，多余的肥料只是通过分水岭进入大海——在那里破坏珊瑚礁的藻类正在繁殖。而到目前为止，水神庙系统还没有到达那么远的下游。

兰星最后提出了一个关于时间感知和实践的建议。在标准的西方观点中，时间很长但很"稀薄"——只有过去、现在和未来。他说，在巴厘，时间却很"浓密"。巴厘人有十种不同的星期同时运作——太阳周、月亮周、七日周、六日周……直到一周只有一天（"今天永远是自由的"）。这就像多环状闪烁的加美兰（一组印尼的民族管弦乐器）甘美兰音乐与西方浪漫叙事音乐之间的区别——开始、中间、结束。

兰星说，"恒今基金会"应该想办法把巴厘的时间密度引入时间匮乏的西方。

祭司与工程师：巴厘工程景观中的权力技术

玛丽·乔·施耐德　威廉·M. 施耐德

这本书是关于巴厘水神庙在灌溉管理中作用的研究，简短而易读，依据的是在1983年至1988年期间，本书作者兰星在巴厘进行的六次实地访问中收集的材料，以及他在荷兰进行的档案查阅工作。这本书的大量研究是他与系统生态学家詹姆斯·N. 克莱默（James N. Kremer）合作完成的，他们在附录中提供了一个灌溉、水稻生长和病虫害控制动态的计算机模拟模型。

大多数关于巴厘的研究文本都忽略了水神庙的存在——巴厘的水神庙建筑数量众多，外观也都非常相似，而且每年只在节日中使用几天。然而，这些寺庙对兰星来说具有特殊的意义，因为他的田野工作时期恰逢巴厘引入"绿色革命"，在"绿色革命"过程中，人们试图用高产杂交水稻取代本地水稻品种。新的水稻品种需要化肥和杀虫剂，他们作为研究人员的职责是促进连作连种这一新农业政策。新的做法虽然提高了产量，但也带来了前所未有的问题，包括：水资源短缺、植物病害和虫害。当地农民告诉兰星，在"绿色革命"之前，当地水神庙控制着附近所有农田的灌溉计划，但现在，水神庙失去了这一功能。

和他之前的研究者一样，兰星对当地"水神庙可能才是灌溉管理者"的想法很感兴趣。马克思和魏特夫认为，巴厘国王的权力来自他们对水利灌溉的控制，但克利福德·格尔茨（Clifford Geertz）认为，巴厘国王与灌溉管理几乎没有关系。谁是对的？两者都对，或两者都不对。兰星的解释结合了这两方见解。他提出，这个系统从上到下，错综复杂地相互关联，各部分平等自主地运作。兰星认为，水稻农业的两个关键需求——水的最优分配和病虫害防治——是相互矛盾的。

最优的灌溉管理要求交错向土地提供水，而最佳的虫害控制是当土地同时进行种植和收获时才能实现。这两个需求必须达到平衡，在地方一级做出的决定必须与在更高一级做出的决定一致。与马克思和魏特夫一样，兰星认为，灌溉必须在高水平上进行协调，但他也表明，灌溉系统从上到下都是同质的，同时又独立于国家。

兰星还探讨了巴厘制度中仪式人员的象征互补性。他的观点令人信服，他所描述的相互关联的自治系统，并不是荷兰行政官员喜欢的论点，即早期巴厘王权解体的结果，而是一个长期存在并延续下来的可行性系统。

兰星运用了人种学家孔多米纳（Georges Condominas）的"仪式技术"（参见孔多米纳《瑞典农业的仪式技术》，载诺兰德、塞德罗斯、格丁编《亚洲水稻学会的问题与展望：概念以及马克思的"人化自然"》理念来理解巴厘的灌溉农业。人类的劳动不仅具有技术性，而且具有象征和宗教意义。水神庙仪式中使用的圣水象征着灌溉用水及其在各层级农业和各社会系统中的循环。在本书中，瓦莱里奥·瓦莱里（Valerio Valeri）称赞了兰星的分析，并补充了他自己的观点和批评，特别是关于兰星对马克思"人化自然"概念的应用。

这是一部非常好的著作，充满了民族志的眼光和理论的洞察力，对学术性和应用性的人类学家来说都有启发性和知识性的助益。

本书荣获美国人类学协会人类学与环境部 2007 年度朱利安·斯图尔德图书奖（Julian Steward Book Award）。

（原载《宗教科学研究杂志》1993 年第 2 期）